JN187360

日本未来話

ともにつくろう！　新しい国のカタチ

フォーラム21　梅下村塾29期生

丸善プラネット

はじめに

むかしむかしあるところに日本という国がありました。日本は他の国々に比べると、とってもちっぽけな島国なのに、世界中に大きな影響を与えていました。自動車、電気製品、洋服、歌舞伎、アニメ等々、その当時、そういまから１００年前のこと、世界の人々は日本でつくられた製品や文化が大好きだったのです。

日本に暮らす日本人は皆とても幸せそうでした。だからこそ彼らは自分たちが住む日本の未来にまったく関心を持ちませんでした。なぜなら誰もが皆、日本の未来は自分以外の誰かが何とかしてくれる、そして根拠なく、「そんなに悪い未来にはならないだろう」と考えていたからです。しかしいまから50年前、そう西暦２０５０年の夏、あの出来事が起こったのです。日本という国が滅びるあの出来事が……。

さてこの話、皆さんはどう思っただろうか。

もちろんこれは西暦２１００年に語られるお話として創作した、未来の「日本昔話」である。

「日本という国がなくなる？　そんな馬鹿な！」

きっとそう感じたことだろう。でもこの話、現実化する可能性はゼロではない。

「え？　ゼロではない？　どういうこと？」

まずはとにかく、そう思ってもらえたらとても嬉しい。なぜなら、財政赤字や少子高齢化に代表されるあらゆる社会問題は、「自分以外の誰かが何とかしてくれるだろう」という日本人の危機意識のなさが根本にあると考えているからだ。つまり本書は、そんな絶望的な未来にしないために、私たちなりに必死に考え抜いた提言書であり、そうしないために、いっしょに行動しようという宣言書でもある。


さてここで私たちのことを話したい。

人生とは選択の連続である。右に行くのか、左に行くのか、走るのか、止まるのか。その時々において選択していまを生きている。そして同じ選択をして集まった42名が私たちである。私たち42名はフォーラム21の29期生だ。


フォーラム21、通称「梅下村塾」。

塾長の梅津昇一氏は、１９２４年生まれの92歳。日本電信電話公社を退職後、日本を牽引する次世代リーダーの交流育成を目的に、1987年にフォーラム21を設立した。発起人は、真藤恒日本電信電話株式会社社長（当時）、小林陽太郎富士ゼロックス株式会社社長（当時）、そして梅津昇一（当時63歳）の3氏である。1999年には今井敬新日本製鐵会長（当時）から、「平成の松下村塾たれ」という想いを込めて「梅下村塾」と命名された。同塾は、毎年、主要企業や官庁から推薦を受けた中堅幹部が1人ずつ参加、1期1年で修了する。

その29期生が私たちである。現在、この梅下村塾の修了生は950名。官界、財界を中心とした一大ネットワークになっている。

そんな私たち42名が「このままじゃ日本の未来は暗い。明るい未来にするためにはどうすればいいか」という強い想いだけで提言する本書ではあるが、本論に入る前にぜひ知っておいてほしいことがある。それは私たちがこの1年どういう活動をしてきたかということだ。日本の未来に関して、少なくとも1年前までほとんど知識のなかった私たちが、確信を持って提言するには理由がある。

1年間、ものすごい量の勉強を重ね、関係者の話を聞き、先輩から厳しい意見をもらいながら、長時間、時には夜通し討議をしてきた（塾ではこれを「汗を流す」と呼ぶ）という事実だ。

もちろんそんな裏話、読者の皆さんには関係ないとは思うが、背景を少しだけでも知っておいてもらえると、私たちの話に興味を持ってもらえるのではないかと考えた次第だ。

残暑厳しい晩夏、先述した見ず知らずの42名が集まり、1泊2日で討議をした。そこで互いの問題意識をすり合わせ、大きなテーマを設定した。それが「日本の魅力を再構築する」である。その大テーマを元に私たちは4つの中テーマ、「安全保障」「社会システム」「経済」「日本人らしさ」を設定、そこから中テーマ別に10名程度に分かれ、活動を始めた。

各分科会の活動は平均週2回、個々の業務終了後に集まり、終電まで議論を繰り返すことが基本になる。そこに議論のためのアクティビティ（主に有識者へのヒアリング）が加わる。それは東京近郊に留まらない、たとえば岩手や京都、与論島、時にはアメリカやオランダなど、日本だけではなく世界中を対象にした知識吸収活動だ。

分科会活動だけではない。全体活動と呼ばれる42名が集まる勉強会も、月に1、2回ほどある。吉田松陰先生の教えがいまに残る明倫小学校を見学したり、冬の禅寺での参禅会で、ひたすら坐禅を組んだり、長い廊下を雑巾掛けしたり、また陸上自衛隊に体験入隊し、重い荷物を背負っての歩行や匍匐前進をしたり、または経済界の大御所たちから自身の経営論や人生哲学を拝聴したり、そういうことを体験してきた。それはつまり私たちがいままで真剣に考えてこなかった、日本という国のことをとことん考えるきっかけになった活動であった。

そんなことで約1年、大量の汗を流し続けてきた私たちだからこそ語れる話がここにある。ぜひとも戯言だと思わず、真剣に受け止めてほしい。

さて、本書を42名で執筆するにあたり、ある仕掛けを施した。それはあたかも1人の人間である「私」が20代の部下である「キミ」に話をするというものだ。

その私の名前は「二重九樹（ふたえきゅうき）」という。奈良県吉野町出身で現在は東京に住む47歳・男性会社員である。じつは出身地も年齢も42名の平均で割り出した。家族構成も平均値。結果、妻と息子の3人家族となった。

「私」は正義感に熱くおせっかい、だから日本の未来を憂い、「キミ」に熱く語る。部下は入社2年目（2015年4月入社）の男性、東京出身の独身である。彼はいままでは仕事に追われ、日本の社会問題について知ってはいるが、あまり自分の問題としてとらえていない。

という設定にした。

これは本書を若い人に読んでほしい、つまり日本の将来を担う若い人たちといっしょに汗を流していきたいという私たち42名の強い想いから、そういう工夫をした。もちろん、だからといって他の世代に関係ない話をするかというとそういうことではない。あくまで想いを具現化した表現手法として採用したに過ぎない。日本の危機は日本人全員の問題であることに認識のズレはないことは記しておきたい。

最後に。

本のタイトルを『日本未来話（にほんみらいばなし）』とした。日本の未来について話をしようということである。いうまでもなく、もしいま何もしなければ、待っているのは冒頭に書いた日本消滅の未来である。「日本未来話（ばなし）」ではなく、「日本未来は、なし」になってしまう。

そんな未来にしないためにも耳を傾けてほしい。43番目の29期生、二重九樹（ふたえきゅうき）が額に汗して語る提言がここにあるから。彼の話が、ともに学び、考え、行動するきっかけになれば、二重九樹（ふたえきゅうき）含む43名にとって望外の喜びである。

さあ、日本の未来について話をしよう！

目次

はじめに　iii

序章　日本の危機をどうとらえるか――1

日本を考える　2／危機Ⅰ――人口減少と地方消滅　3／危機Ⅱ――国際社会でのプレゼンス低下　6／危機Ⅲ――日本人の素養の変化　8／危機Ⅳ――当事者意識・危機感のなさ　10／日本の魅力を再構築しよう　13／日本未来話　15／ともにつくる未

来　16／テーマI 社会システム　17／テーマII 経済　18／テーマIII 安全保障　19／
テーマIV 日本人らしさ　19

第1章　もう逃げられない、ニッポンの不都合な真実——21

お年寄りは逃げ切れるけど、キミはどうする？　22

人口減少社会ってかなりヤバい　22

じつはもろい日本の制度　25

借金まみれの日本国株式会社　27

日本国の財政を会社に例えてみる　27／日本国株式会社の再建法　29

カギは「地方」と「社会保障」　31

きれいごとでは地方は創生しない　33

人口減少時代の地方再設計　33

学校がなくなる、コンビニがなくなる　33／人口密度と行政コストの関係　35／都市
集約による財政インパクトを試算してみた　37／町をたたむ？　39

地方のリーダー、なかなかやるね！　40

実際に「町・村」を見てみよう　40／神山町、なんかすごくいい感じ！　40／やった

らええんちゃうん！　44／県庁に営業部！　行政だってビジネスするんです　46／強烈なリーダーが町を復活させる　47

むしろ田園風景を守るための「選択と集中」　49

「選択と集中」は、地域のあり方に適用できるのだろうか？　49／きれいごとはやめよう　50／私たちが住みたい町ってどんなところ？　51／住みたい町が日本からなくなっているのかも！　52／自分が住みたいところに住むってのはエゴなの？　54／まずは、実態の「見える化」から始めよう　55／そしてグランドデザインを議論しよう　56／地域のリーダーもあわせて育てよう　57／本当に美しい日本の田園風景を守るためには、苦い薬も飲まないといけない　58

負担が重くのしかかる社会保障　60

ツケは若者に回っている　60

日本の社会保障の未来を大胆予測　62

10年後、病院では診察を受けない　63／20年後、「ひと」は社会貢献で評価される　67／30年後、年金は75歳までもらえない　69／40年後、健康を勝ち取るのは「日々の努力」　72

「健康長寿」と「コミュニティの力」が日本を救う　75

「アクティブ社会保障」の実現性を探る～ヘルシーアイランド構想　80

「コミュニティの力」の再構築に向けて　81／与論の魅力を再構築する「ヘルシーアイランド」を実現するには　84

キミの意識が未来を変える　85

逃げ切りは許されないが、逃げられもしない　85／一歩踏み出そう、未来へ向けて　87

第2章　日本の魅力をお金に変える
――まだ間に合う、いま変えること――　89

未来の経済だいじょうぶ？　90

キミが生まれてから日本は成長していない　91

国の予想は楽観的だ　93

維持できれば、まあ、いいか？　95

次の一歩が未来を決める　96

これからの仕事のカタチ　98

いまの仕事はなくなるかも知れない　98

早く大人になろう～自立した社会人へ　101

2つめの顔を持とう～副業のススメ　108

結婚も仕事も出会いが決め手～マッチングを考える　112
時間との上手なつきあい方　117
広がる海外市場を取り込むコツ～インフラ／農業／観光から考える　121
日本の魅力はどこにある？　123
インフラ輸出成功のカギはトモダチ作戦　128
農業だってモノづくり　132
観光も日本ブランドで行こう　140
ＫＵＭＡＮＯの場合～和歌山県田辺市の取り組み　146
世界に向かって日本の魅力を伝えよう　149
コラム　遠野にて　118
幸せと経済成長の関係　151
第３章　真の平和国家は一日にしてならず――157
日本の安全を守るものは何か　158
「平和」と書けば平和が手に入るのか　158
カギを握るのはアメリカと中国　160

中国ってどんな国 162
日中関係の現状 162
国家100年の計で考える国 165
中国の政治と経済 168
共産党独裁の仕組み 168／中国共産党が守りたいもの 170／高度成長は終わった 172
中国の外交と軍事 175
強気の外交とそれを支えるもの 175／中国にとって南シナ海が大事な理由 177／中国VSフィリピン——国際法は通用するか 179
台頭する中国にどう向き合うか？ 181
中国への対抗策 181
同盟関係の多角化 182／日米韓豪の安全保障面での関係強化 183／インドとの特別なパートナーシップ構築 185／活力あるASEANの出現を支援 186
中国との協調策 187
「航行の自由サミット」の開催 188／シーレーンの共同管理 189／航行の自由のための共同防衛の枠組み 190
日本の防衛は大丈夫か 195

自衛隊は日本を守れない？　195

軍事活動を活発化する中国・北朝鮮・ロシア　195／自衛隊の本当の「実力」　198／南西防衛強化へ大胆な改革を　199

日本の防衛産業に目を向けよう　203

人を傷つけることだけが「防衛産業」の目的ではない　203／防衛を「気持ち」だけで支える日本企業　204／日本の防衛産業が抱える問題　205／防衛産業強化のためのロードマップ　206／経営を安定させる　207／負のイメージと制約を取り除く　208／海外展開を促進する　209

安保法をめぐる日本人の国民意識　210

安保法とその必要性　211／安保法に対する戦争反対論は議論の飛躍　212

憲法9条は見直すべきか？　217

憲法と安全保障　217／憲法を守らなければならないのは誰？　憲法は何のためにある？　219／憲法に侵略戦争の放棄・自衛権を明記しよう　220／新たな同盟で平和を守るために　222／国民感情や周辺国への配慮　223／9条の改正案　225

日本を魅力ある「新しい平和国家」に　226

コラム　サイバー攻撃の現状　192

コラム 「安保イコール戦争」はいいかげん卒業しよう 215

第4章 世界に誇れる日本人らしさとは――― 229

このままでいいのか、日本人！ 230

Where are you from? 230

「日本人」って何だろう？ 232

「日本人らしさ」って海外で通用する？ 238

日本を知ること＝自分を知ること 240

伝統文化に向き合おう、そして未来へつなげよう 240

近現代史をもっと知ろう 247

グローバル日本人 251

世界を知ろう 252

異文化への理解が日本文化の根本にある 252／外国人に日本の四季を全て感じてもらおう！ 253／来てもらえる外国人を増やせないものか？ 255／外国に出て行く人材を応援するために 258

察してもらえない、さてどうする？ 263

グローバル化の中で大切な力　265
本当にこれだけでいいの？　268
キミはひとりで生きていない　269
日本人を意識するということ　272
コラム　サービスラーニングによる公共心の醸成　270
コラム　転機を迎える道徳教育　276
これからの日本人　279

終章　2040年夏――281
2040年8月、都内某社会議室　282／2016年夏の「危機感」はいま　283／日本の未来を話そう！　288

出版に寄せて　293
主要参考文献　299
執筆者一覧　303
編集後記　305

序章

日本の危機をどうとらえるか

日本を考える

最近調子はどう？　だいぶこの仕事にも慣れてきたようだね。

でも今日話したいのは、仕事のこととは別のこと。日本のことだ。

普段、日本について考えることなんてないよね。私もそうだった。

でも先日、小学生の息子に聞かれたんだ。これからお年寄りが多くなって、日本は年寄りの国になるって習ったけど、日本は大丈夫かって。

少子高齢化って言葉は知っていたけど、どれだけ大変かはちゃんと理解していなかった。

そうしたとき、ウチの会社の役員から、官民交流の塾があるので、1年間行ってこいって言われたんだ。

その塾で、日本がどういう状況にあるか学んだ。はっきり言って、危機的状況だ。漫然と生活しているなかでは「危機」なんて思わないかもしれないけど、このままでは日本はホントに「マズい」と話し合った。そして、日本の未来のために何をすべきか、1年間議論してきた。

正直言って、それまで日本について考えることなんてなかった。だけど、私たちは考えたんだ。私たち普通の社会人の一人ひとりが、日本のことを学んで、考え、実行に移すことが大切だってことを。

だから、これからキミと、日本のことを話したい。いっしょに日本のことを考えたい。私だって20代のころは目の前の仕事や生活に精一杯で、日本について考えることなんてなかった。でも、少なくとも日本について知ることは必要だ。そして変えていくことが必要なんだ。しばらく私の話につき合って欲しい。

危機Ⅰ――人口減少と地方消滅

日本が直面している第一の危機が、人口減少と地方弱体化だ。

私の親の世代では、7人兄弟なんてのも珍しくなかった。でも戦後、核家族化が進んで、2人兄弟が標準になった。その後、女性の社会進出が当たり前になる一方、仕事と家庭の両立策が後れを取った。非正規で働く若者も増え、未婚化、晩婚化、そして少子化が進んでいるんだ。一方で、医療が発達して長寿国となった。結果として少子高齢化が進んだ。いまは日本の歴史上初めて人口が減少している一方、人口に占める高齢者の割合が増えている状況だ。働く人、お金を稼ぐ人が減っている一方、年金、医療や介護などを必要とする高齢者が増えている。

労働力人口が減れば、経済成長も難しくなる。税収も少なくなる。一方で、社会保障にかかる費用は増えていく。税金や保険料の負担を増やさないと、賄えない。それなのにいまの日本は、税収は増えていないのに政府支出が増え続けている状況だ。足りない分は赤字国債。毎年40兆円もの赤字が増え、累積赤字は1000兆円を超えた。これからさらに労働力人口が減り、高齢者が増えるとわかっているのに、借金を重ねている。

その借金を返さなければならないのは誰？　そう、私たち、そしてキミたちの世代だ。ただでさえ少ない支え手で多くの高齢者を支えなければならないのに、過去の借金も返さなければならない。

図表を見て欲しい。人口ピラミッドの推移予測だ。日本の人口構造には2つの山がある。団塊世代、第1次ベビーブームの世代と、私たち団塊ジュニア、第2次ベビーブームの世代だ。これから団塊世代が75歳以上の後期高齢者になっていく。年金に加え、医療、介護をたくさん使うようになる。団塊世代が後期高齢者となるこれからの十数年、社会保障の負担に社会が持ちこたえられるかは、日本社会にとってひとつの大きなハードルになるだろう。

でも本当に大変なのは、第2次ベビーブーム世代が高齢者になる2040年以降だ。少子化が進んでいて、第3次ベビーブームはとうとう来なかった。だから少ない労働力人口で、第2次ベビーブーム世代を支えなければならない。そのころの社会の中核を担っているのは、キミたちの世代なんだよ。

人口減少は日本経済にも大きな影響を及ぼす。経済成長は、単純に言えば、労働力と生産性向上によってもたらされる。その労働力が、日本はずっと減少していくことになる。生産性向上についても、日本は早くから高い技術を維持していた分、これから生産性を大きく向上させ

日本の人口ピラミッドの変化

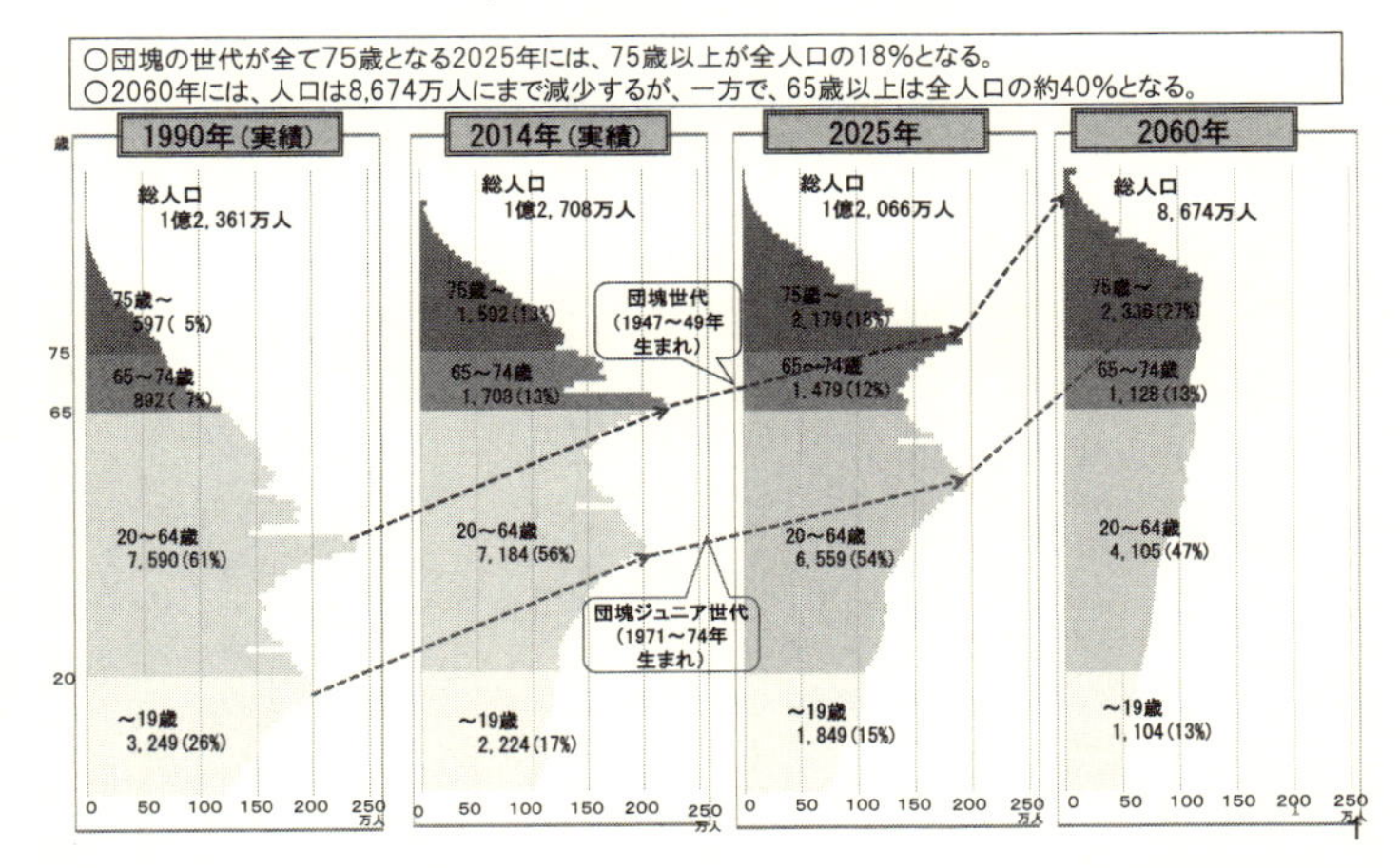

出典：総務省「国勢調査」及び「人口推計」、国立社会保障・人口問題研究所「日本の将来推計人口（平成24年１月推計）：出生中位・死亡中位推計」（各年10月１日現在人口）

るということは、いわゆる中進国といわれる国と比べれば困難だ。液晶テレビなんて、ちょっと前まではほぼ日本製品しかない状況だったけど、いまは韓国や台湾でつくられた商品の方が主力になっている。このままでは日本の経済はどんどん小さくなっていってしまうかもしれない。

そして、人口減少は日本の姿を間違いなく変えるだろう。日本はこれまで、経済成長にともなってその果実を日本全国で分かち合ってきた。全国津々浦々でインフラや行政サービスを整備してきた。

ところがいま日本では、人口減少と並行して東京への人口移動が起きている。県単位で見ても、県庁所在地への人口集中が起きている。その方が経済的には効率的だけど、人口が減って過疎化していく地域はどうするのか。コストをかけて一定程度サービスを維持していくのか、日本全体の競争力強化のためにある程度割り切って資源の集約を進めるのか、とっても大きな分かれ道だ。私の故郷・奈良県吉野町なんて、私が生まれてから、すでに人口が半分になってしまった。両親も、このまま住み続けたいけど、ちょっと不安だと言っている。

危機Ⅱ――国際社会でのプレゼンス低下

国内だけでなく、国外の情勢も変化している。

私たちがまだ学生だったころは、米ソの冷戦の時代。でもキミたちが生まれたころにベルリンの壁が崩れ、ソ連も分割された。アメリカが超大国となって、アメリカが世界の中心となって、アメリカが世界の平和も守った。パックス・アメリカーナといわれる時代となった。日本は第二次世界大戦後、日米安保で、米国に守られている状況が続いた。超大国に守ってもらっているので、心置きなく経済活動に注力できた。そして、世界第2位の経済大国となった。ジャパン・アズ・ナンバーワン、日本の商社や企業が世界を席巻した時期もあった。でもそうした国際情勢は、急速に変化している。

アメリカやヨーロッパ、そして日本などの西側諸国の経済成長が停滞する一方で、中国やインドなどの国の経済が著しい成長を遂げている。とくに中国はすでに日本を抜き、世界第2位の経済大国になっている。

軍事力を見ても、アメリカが軍事費を計画的に削減している一方で、中国は経済成長を背景に軍事費を急速に増やしている。いまはまだアメリカが優位だと思うけど、このままの傾向が続くと、中国がアメリカと肩を並べる日が来るかもしれない。

そうすると、世界のルールも変わってくる可能性がある。これまでは、アメリカやヨーロッパ、日本などの西側諸国の力が強かったので、自由・民主主義・法の支配といった価値観は正しいものと思われてきた。でもたとえば、中国の力が大きくなって、その影響を受ける国が増えてくると、こうした価値観も揺らいでいくかもしれない。

キミは中国が「力による現状変更」によって南シナ海での支配範囲を拡大しているというニュースを聞いたことがあるかな？　それは、これまでの国際ルールでは認められることではない。でも、今後、経済面などで中国に依存している国が中国の機嫌を損ねないようにと、中国の主張を支持するということも出てくるかもしれないよ。

アメリカにとっても、中国経済はすでに無視できない大きさとなっている。日本と中国はいま尖閣諸島の問題を抱えているけど、アメリカがいつまでも日本を守ってくれるという保証はない。２０１６年のアメリカ大統領選を注目して見てきたが、内向き志向というか、自国の利益を優先しようというアメリカ人が増えているように感じた。

そうしたなか日本はどうしていくべきだろう。平和、平和と唱えていれば平和が維持されるという幻想から、一刻も早く抜け出すべきだろう。

政治面、経済社会面においても、これから日本が世界の中で、どういう立ち位置で振る舞うべきか、考える必要がある。これまでの日本はある意味、アメリカ追随だった。高い経済力にものをいわせて、世界の中の中心国のひとつという立場を維持してこれた。でも、これからはどうだろう。アジアのいちばん東端の小国として、存在感がどんどん希薄になっていくということはないだろうか。

危機Ⅲ——日本人の素養の変化

もうひとつ、日本人らしさの喪失という論点も、私たちが議論を尽くしたなかで、いまの日本が直面している危機として挙げられたものだ。

「和を以て貴しとなす」は聖徳太子だけど、日本人というのは、昔から「和」を重んじてきた。江戸時代には「五人組」という制度によって、近所同士がお互いのことを助け合うということが制度化されていた。「向こう三軒両隣」という言葉があるなど、ご近所づきあいを大切にしてきた。企業においても、「家族的経営」という言葉があるとおり、終身雇用制のなかで会社は働く自分たちのものだという共有意識があった。同質性に特徴づけられた日本社会というのは、とても安全な社会だった。田舎の方ではいまだにカギを閉めずに寝ても大丈夫というところがある。和を乱す者については皆で監視するという気風があったのだと思う。

でも、いまとなっては、人や社会のつながりは弱まってきているように思える。キミは、キミが住んでいる隣の部屋にどんな人間が住んでいるか、知っているだろうか？　かつては、困っている人がいれば手を差し伸べる社会だったような気がするけど、昨今の風潮は、水に落ちた犬がいたらさらに叩けというように感じないかい？

日本人の特長としてよく言われていたのが、「勤勉さ」だ。新幹線はその象徴のように思える。時速３００キロで走るのに秒単位で管理されているところがね。山手線ほど短時間で多数の乗客が乗降し続けるシステムなんて、ほかの国ではまず真似できないだろう。

「働かざる者食うべからず」と、勤労を重んじる意識がそういう技術や文化をつくりだした。「努力」「友情」「勝利」は、いまも生きる少年マンガの3大テーマだけど、私たちは子どものころから、努力して道を究めることは尊いことだと教え込まれていた。

最近はどうだろう。頑張っているヤツを「うざい」なんて蔑んで言うのを聞いたことがある。堅実で高望みをしないいまどきの若者を「さとり世代」と呼ぶらしいけど、頑張っても仕方がないという態度を無前提に肯定するのは、何かおかしい。

第二次世界大戦をきっかけに、日本人の文化が変わってしまった面がある。自由、平等、男女同権などの、大切な価値観が導入された。明治維新のときと同じだ。日本人は新たな文化を受け入れるのに長けており、それを自分のものとして国の成長に役立たせてきた。

しかし一方では、失われていく価値観もあった。たとえば「父性」とか「家族主義」とかに象徴される伝統的な価値観だ。第1次ベビーブーム世代は子どものころ、大家族の中で育てられ、そうした古い価値観を教えられる環境があった。しかし、第2次ベビーブーム世代は核家族の時代、伝統的な価値観を受け継ぐ機会は与えられなかった。その子どもの世代には、つまりは私たちの子どもの世代だが、ほとんど継承されないだろう。たとえば、『サザエさん』の波平さんとカツオくんとの関係と、マスオさんとタラちゃんとの関係は、すでに違うものになっていると思うでしょ？

危機Ⅳ――当事者意識・危機感のなさ

以上は、いまの日本が直面している危機として、私たちが考えたものの一例だ。

でも、いちばんの危機とは、日本がそうした危機に直面していることを、私たち自身が知らないことだ。あるいは何となく知っているけど、自分の問題ではなく他人事と思ってしまっていることだ。

少子高齢化が大変、財政赤字が大変などと誰もが知っている話だ。皆が納得できるような負担の仕方、持続できる福祉のあり方をきちんと考えるべきだと、当然思うでしょ。

でも選挙になると、これこれの福祉メニューを充実させます、こんな施設をつくります、という立候補者に票が集まる。負担を増やしますと正面から言って選挙を戦えば、厳しい結果となることが明らかだからそうなる。そうした世間の雰囲気にマスコミが迎合している面もある。正論を報じても視聴率が取れないから。政府がこんな負担増を考えているとやった方が、数字がとれる。一部の生活保護を不正受給したタレントを叩いた方が、正義を語れる。じつは何の解決にもなっていない。

安全保障についても問題は同じだ。憲法に平和と書けば平和になるんだったら、そんな簡単な話はない。1週間でいいから新聞を読んでもらえばよくわかるはずだ。中国船が他国の領海に侵入している。他国の領土・領海だったものを、中国の支配のもとに置いてきている。北朝鮮は核実験やミサイル発射を繰り返している。国家対国家の争いだけではない。イスラムの過激な集団やテロ組織が世界のどこかで、人々を恐怖に陥れている。

「憲法9条があれば平和が保たれる」というのは明らかなフィクションだ。日本を攻めれば、アメリカから攻め返される。そうした抑止力が働いていたんだ。日本は戦後一貫としてアメリカという大国に守ってきてもらっていたと言える。アメリカの軍事衛星が日本の脅威となる北朝鮮を常時監視していた。

２０１５年、安倍政権は平和安全法制を制定した。日本を守る米軍が攻められたときに、自衛隊が米軍を守れるようにした。日本の人口はこれから減っていくし、経済も縮小傾向にある。それを守ろうとするアメリカの軍事力も相対的に弱くなる傾向にあると言われる。周辺に脅威となる国があるのはいま述べたとおり。だとすると、平和を維持していくために必要な対応は決して怠るべきではない。

ところが、この平和安全法制に対して、これは日本を戦争に導くものだとして反対運動が起きた。一部のマスコミも国会論戦も、現実的な必要性の議論をほとんど行うことなく、憲法違反かどうかに終始していた。私には「平和ぼけ」か思考停止状態に思えた。日本と日本人の平和を守ることがいちばん大切なことのはずなのに。

私自身にも反省すべき点はある。フォーラム21に参加するまで、正直なところ、平和安全法制についてまともに理解しようとしたことはなかった。議論があることは知っている。たぶんきっと必要なんだろうな、くらいにしか思っていなかった。財政赤字についても、日本のエリート層がきっと何らかの対策を考えているだろうと。自分にとっての問題は、目の前の会社での仕事と、いかに家族の要求に答えるかだ……。

キミはどう思う？　こうなってしまったのは政治のせい？　あるいは教育のせい？　マスコ

ミが悪い？　いや大切なことは犯人捜しじゃなくて、自分の問題としてとらえることだと思う。誰かのせいにして安心するんじゃ、いつまでたっても同じことの繰り返し。何も変わらないさ。

日本の魅力を再構築しよう

このように私たちは、まず危機感の共有を図ることから始めた。しかしながら、議論を深めていくうちに、日本は危機的な状況にだけある訳ではない、と思うようになってきた。日本にはこれまで積み重ねてきた地力がある。他国にはない魅力がある。そういう発見があったのだ。

たとえば、日本には「国民皆保険、皆年金」という社会制度がある。企業で働く人には健康保険や厚生年金、自営業の人などには国民健康保険や国民年金などがあり、国民一人ひとりから保険料を徴収する仕組みや、給付について診療報酬制度などでコントロールできる仕組みがある。介護保険制度もある。長寿社会には不可欠な制度だ。全国民をカバーするこれらの制度は日本の大きなアドバンテージと言ってよい。これを、到来する超高齢社会においてもどう機能させていくか、21世紀型の新しい社会保障のデザインを行うことが喫緊の課題なのだ。

たとえば、高度経済成長期には地方から都会に出てきた若者が必死で働き、日本の経済成長の原動力となった。働くことを美徳とする風潮がこれを後押しした。商社などの企業が世界進出を果たすようになると、日本企業の存在感が増した。世界の国々からの信頼と評価はすでに強固なものであり、極東の小国が見せた驚異的な成長の秘密を学びたいと熱望する国もあるだろう。日本はこうした過去の蓄積、財産をふんだんに持っている。そのうえで労働人口の減少や中進国の躍進などの経済環境の変化などに対処すればよい。

たとえば、「安全保障」について考えるときに、「平和国家」というアイデンティティは大きなメリットとなっている。自ら戦争はしないという憲法は世界でも貴重であり、核廃絶を当事者として声高に叫ぶのは、日本の果たすべき重要な役割でもある。今後も成長が見込まれるアジア諸国の一員として、日本はアジア、そして世界の中で存在感を示し、世界の平和に寄与する国となれるかが、重要な課題となっている。

たとえば、「日本人らしさ」を考えてみる。日本が、他の国とは異なる独特の文化と歴史を持っているということは誰もが認めるだろう。中国文明と海で接し、その距離は近すぎず遠すぎず、その進んだ文明を受け入れつつも独自の文化を育むことができた。明治維新後もそうだ。西洋の進んだ文化を受け入れ産業を興しながらも、和魂洋才の精神で発展をとげた。第二次大戦後もアジアの一国でありながら西側諸国の一員でもあるという独自の地位を保ってきた。京都や東京を訪れる外国人観光客は多く、柔道は日本発祥のオリンピック・スポーツだし、相撲や剣道もある。オタクやアニメはいまや世界に誇る日本の文化になっている。そうした財産をきちんと見すえて、私たちがいかに日本人らしさを再認識し、継承していくかが課題なのだ。

「日本の魅力の再構築」。これが、これから話すことの、統一したテーマだ。日本の、いいところを伸ばし、足らざるところを補う。これからの日本は、パイが大きくなる社会ではない。どこに力を入れ、どこを省くか、優先順位をつけていくことが必要だろう。日本が直面している危機について正しく認識し、同時に日本が永らく持ち続け、育ててきた魅力も正しく認識し、その再構築を図っていく。それが私がキミと共有したい哲学なんだ。

日本未来話

日本の未来について、キミと話がしたい。社会に出て働き始めてまだ数年のキミに日本の未来と言っても、「は〜っ?」という感じかもしれない。でも、間違いなく待ったなしだ。日本の構造を変えるには、10年以上かかるかもしれない。人口構造の変化からいえば、私たち第2次ベビーブーム世代が現役であるうちに、日本を変えなければならないと思う。私はもう47歳。いますぐ始めなければ間に合わないんだ。

国際情勢の変化も急激だ。アメリカの大統領選で見えた内向き志向は、今後の日米関係の変化をもたらしかねない。「まさかアメリカが……」とか「まさか中国が……」とか、あっと驚くことが起きないとも限らない。

国内経済も不安定要因に事欠かない。マイナス金利という経済学の教科書で想定していないことが現実に起きている。1000兆円の財政赤字がある国というのも財政学の想定外。今後何が起きるか予測できない。

人間ドックでいえば、要注意、要観察のレベルではなく、即治療の段階。緊急入院レベルだ。もし、いま何もしなければ、待っているのは悲惨な未来だ。「日本未来話」ではなく、「日本未来はなし」になってしまう。

ともにつくる未来

では、どんな日本をつくるのか。私たちがまずつくりたいのは、「安心」に暮らせる日本だ。女性が夜一人で歩ける、安全・安心な社会は日本の誇るべき特長だ。これを外交・安全保障のレベルにまで拡張し、日本の安心を維持していきたい。

次に、「心豊か」に「生きがい」をもって暮らせる日本。人は、単に衣食住が満たされれば幸せになるのではない。誰かの役に立って、誰かにありがとうと言われることが、大切だと思う。誰もが誰かのために働くことができ、努力が報われる社会でありたい。それが経済面でも成長につながるはずだ。

そして、「誇り」をもって暮らせる日本。日本人として生まれて良かったと思える日本。他国からも信頼され、尊重される日本・日本人。

こうした未来の日本を、つくっていきたい。

もちろん、まず40代の私たちがそのために実行していきたいと思うが、ぜひ20代のキミたちにも、ともに立ち上がって欲しい。私たちとキミたちが動けば、30代も動くだろう。そして、これから社会人になる未来の世代も動くだろう。

日本の未来をつくることを他人ごとではなく、自分ごととしていっしょに取り組もう！

テーマⅠ　社会システム

さあ、ここからは具体的なテーマ別に、話を進めていきたい。

第一のテーマは「社会システム」だ。人口が減少し、財政赤字が拡大しているなか、いかに社会の制度を改革していくか。

とくに日本の財政の中でも大きなシェアを占める、地方自治制度と社会保障について、いっしょに考えていきたい。人口が減少していくなか過疎化が進む地域のあり方についてとくに議論していきたい。すべての地域で一定の行政サービスを維持するか、それともある程度の選択と集中を進めるか。社会保障についても、何を守り、何を効率化していくべきか。私たち自身ができることはいったい何なのか。そして新しい社会保障はどうあるべきか。

ひとつの具体的ケースとして、私たちは鹿児島県、沖縄本島に近い与論島で、新しい社会保障の実現に向けた構想を練った。全国でもさまざまな取り組みが広がればいいと思う。

テーマⅡ　経済

第二のテーマは「経済」だ。労働力が減少し、生産拠点の海外移転や新興国の台頭などが進むなか、いかに日本の経済力を維持していくか。

経済の課題の中でも、とくに「働く」ということと「市場」ということにフォーカスを当てて議論していきたい。

経済成長は、労働力と生産性向上によってもたらされる。労働力人口が減少していくなか、それを補うためには、私たちの働き方を変えていくしかない。これからはＡＩ（人工知能）をどう生かしていくかも大切だ。そうした働き方改革について議論したい。

同時に、日本の人口が減少していくなかで、いかに「市場」を広げていくか。ＴＰＰ（環太平洋経済連携）の話を持ち出すまでもなく、日本は国際市場の中で生き残りを図っていくしかない。これまで世界経済の中で示してきた日本の存在感を未来に向けていかに維持・発展させていくか。

国民の幸せの基礎となる経済について、私たちが学んだことを中心に議論していきたい。

テーマⅢ　安全保障

第三のテーマは、「安全保障」だ。

中国の台頭というパワーシフトが起きているなか、いかに日本とアジアの平和と安定を保つか。中国の実態はどうなっているか。私たちは中国とどう向き合うべきなのか。対抗するのか、融和するのか。

また、日本の抑止力・防衛力は、いま考えられる危機に対応可能な、現実に即しているものとなっているのか。今後人口が減っていくなかでもそれを維持していけるのか。防衛産業のあり方や安全保障をめぐる国民意識についても議論したい。

そして、憲法9条を見直すべきかどうか。1946年にできた憲法。2016年を生きる私たちは、70年の議論と知見の蓄積をもとに、いま、そして未来の日本にふさわしい憲法9条を考えることができないか。

テーマⅣ　日本人らしさ

第四のテーマは、「日本人らしさ」だ。

そもそも、日本人らしさとは何か。そのもととなっているものは何か。ここまでも述べてきたとおり、日本人は和を大切として、外からのさまざまなことをあるがままに受け入れ、そるのか。

して道を究める。そうした日本人らしさがグローバル化が進展している環境においても通用するのか。

グローバル化がますます進展していくなかで、国際人として日本人が身につけるべき知識、スキルとは何か。また、それらはどうすれば身につくのか。これらの知識、スキルが身につけば、それだけで十分なのか。

グローバル化が進展しているからこそ、道徳心、公共心を育むことの大切さを改めて見つめなおし、さらには日本国民としての意識を醸成することも重要ではないだろうか。そんなことを議論していきたい。

＊

これら4つのテーマは、それぞれ関連しているけど、独立している。まずは、興味を持った、好きなテーマの話からで構わない。まず、議論を始めよう。

そして、私たちが学び、考え、行動しようと思ったことが、少しでもキミに伝わればと思う。

さあ、ともに日本の未来について話そう！

第1章

もう逃げられない、ニッポンの不都合な真実

お年寄りは逃げ切れるけど、キミはどうする？

人口減少社会ってかなりヤバい

未来の社会のあり方について話をしよう。ここでは、私が考えている社会の危機から話したい。

日本の社会は、戦後の長い間はとてもうまく機能していたんだと思う。私たちの親が若かったころ、人口は増大し経済はまさに高度成長の時代で、世の中はどんどん便利で豊かになった。都会も地方も全国津々浦々で、生活水準は上がっていった。高齢者を支える社会保障も人口が増加している時代には、みんなで薄く広くその負担を分担することができて、世界に誇れる安全で安心な社会が実現されていったんだと思う。

でもいま、日本の社会は大きく変わりつつある。とくに大きなことは人口が減りはじめたことだ。日本の人口は2008年の1億2808万人をピークに、急激な減少が見込まれていて、国立社会保障・人口問題研究所が発表した将来推計人口によると、2060年の人口は867

図表1　長期的な人口の推移と将来推計

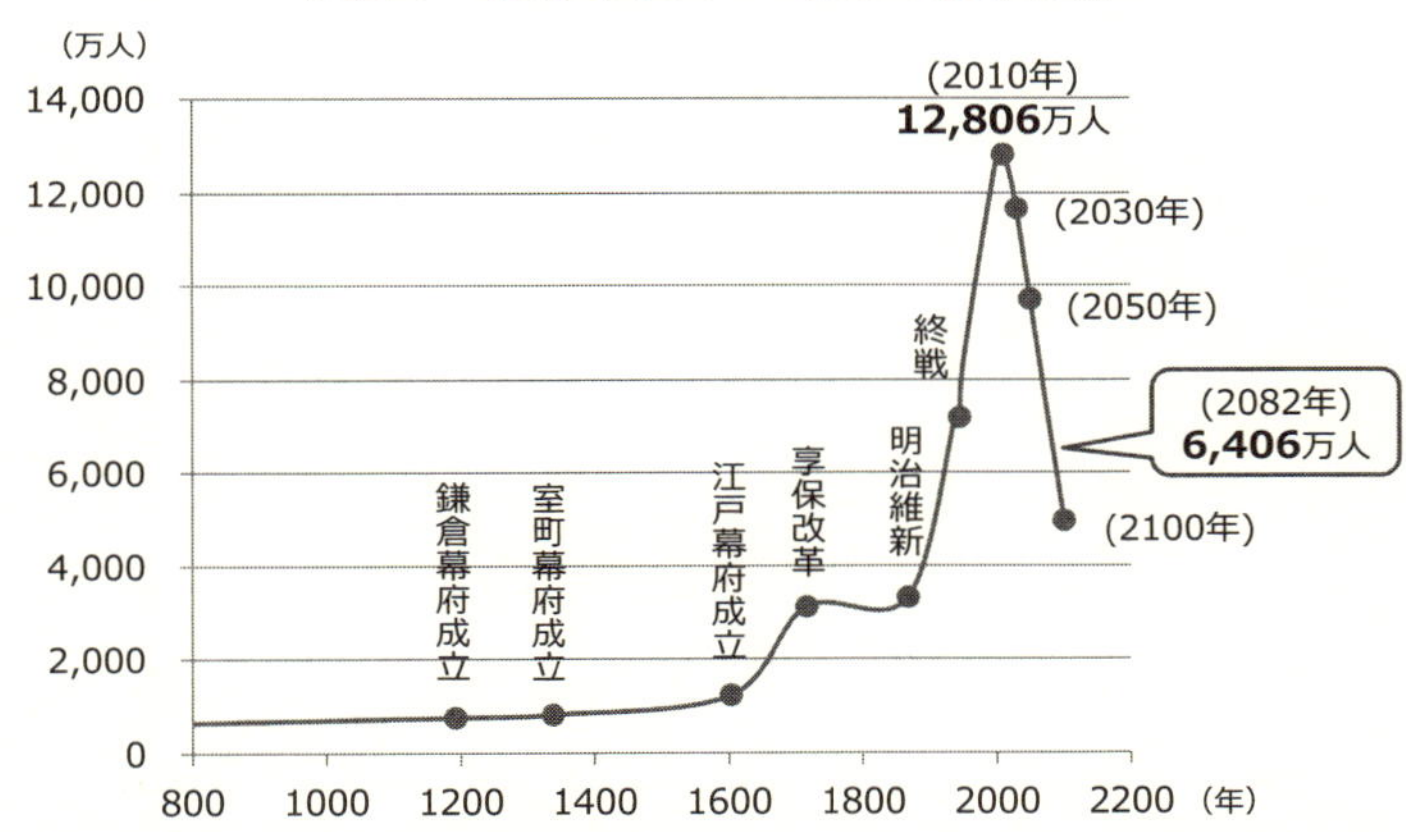

出典：国土交通省「国土の長期展望」（2011年）、国立社会保障・人口問題研究所のデータ（将来推計は中位推計）をもとに作成

4万人、その時の65歳以上の人口割合は39・9％だ。そして、いまから66年後の2082年、つまりキミが子どもを持ち、その子どもが60歳になるころに、日本の総人口は、なんと半分の6406万人にまで縮小していくという試算になっている（図表1）。自分の周りにいる人が半分もいなくなるなんて想像できるかい。

何もしなければ、これからはずっと人口減少が続いていくことになる。そして序章で話したように、人口ピラミッドは、大勢の高齢者を少ない若者が支えないといけなくなっていて、とくに地方は都市よりも先に人が減っているので、すでに厳しい状況になっている。たとえば秋田県は、もう3人に1人は65歳以上。都会でもこれから同じことが起こる。それも加速度的に。

じゃ、人口を増やせばいいじゃないかって思うよね。もちろん、それはそれで取り組むべき話だけど、日本の状況はそんなに簡単ではない。1人の女性が子どもを平均的に生む数として、人口を維持するためには2・07が必要だけど、2005年には過去最低の1・26を記録し、足元の15年では1・46なんだ。これ自体で危機的状況だよ。さらに、仮に今年が2・07になったとしても、今年生まれた赤ちゃんが、社会を支える側になるまでには20年程度はかかる。いま政府が目標としているのは1・8だけど、それでも、そんなの無理じゃないのと言われてるくらいなんだ。とすると人口減少傾向は絶望的なほど長く続いてしまう。背筋が寒くなるほどの話だと思う。

日本の人口減少が続いていくことは、もう避けられない現実なんだ。だから、人口減少に適応する社会にしていくために何をしなくてはいけないかを考える必要がある。そして重要なことは、いち早くそして抜本的に取り組む必要があるということ。誤魔化しちゃダメだ。行動に移すのが遅れるほど、小出しにするほど、効果は薄くなり時間切れになりかねない。これって企業がリストラに取り組む時も同じだから、私にはよくわかる。

図表２　社会保障給付費と保険料収入の推移

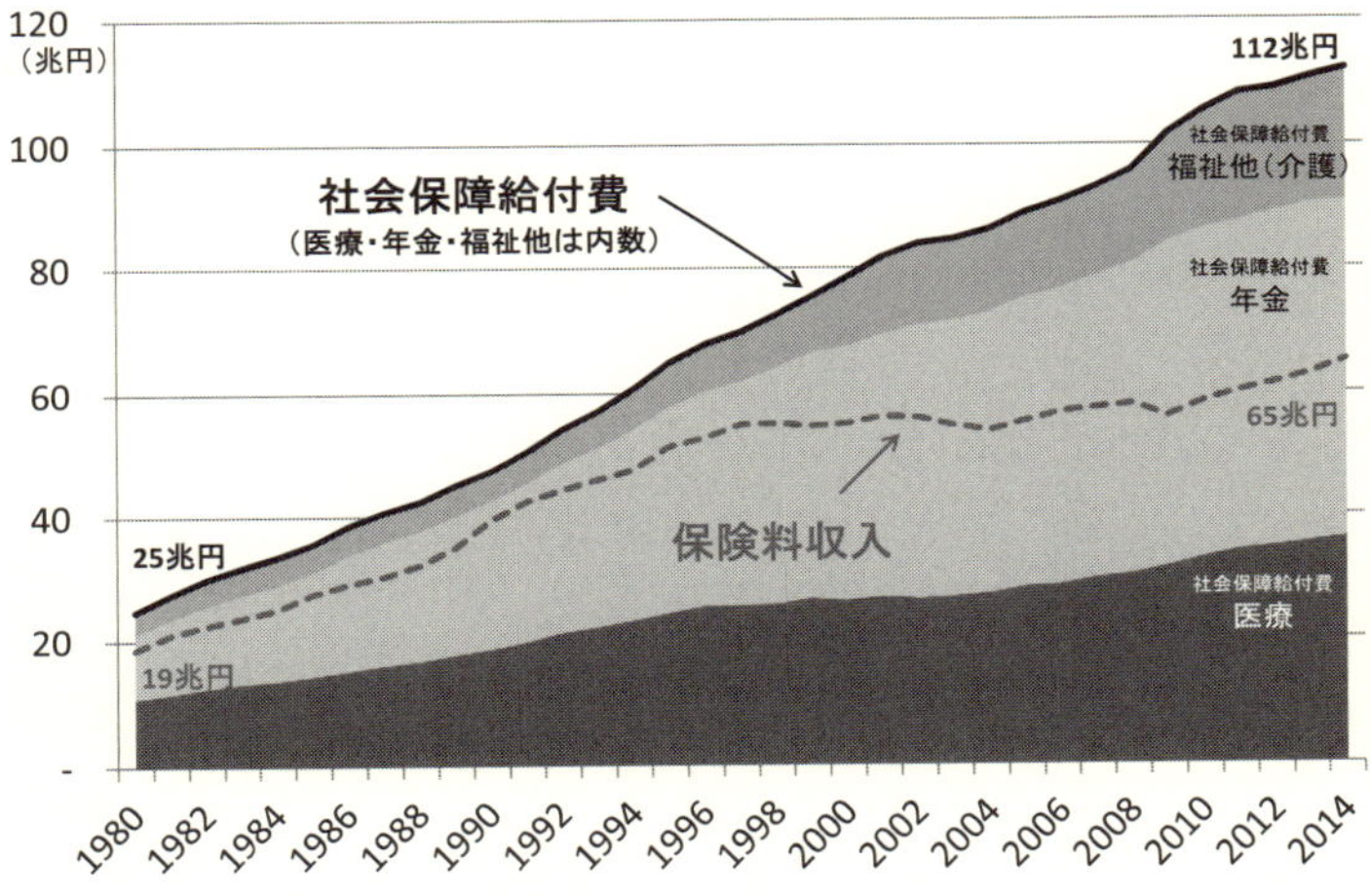

出典：国立社会保障・人口問題研究所のデータをもとに作成

じつはもろい日本の制度

子どもの数が減っていくなかで、日本は高齢化も進んでいる。長寿化すること自体はとても良いことだけど、これにともなってますます人口のバランスが悪くなっている。その結果、年金、医療、介護といった日本の社会保障制度がとっても危なくなっているんだ。

社会保障の給付費の推移を見てみよう（図表２）。右肩上がりに伸びているよね。

一方、経済成長率が低くなり人口も増えないので、保険料収入はそれほど伸びていない。そうすると、この収入と給付の差の分だけ、毎年税金を使っているということになる。この税金って誰が負担しているのか？　それは私たちやキミたちの世代、のみならず将来の世代なんだ。すなわち、いまのお年寄りは私たちやキミたち、さらには借金を通じてキミたちの子や孫たちに負担をお願いして、自分たちの年金や医療・介護に使っているってことになる。人口がずっと増えていれば、そんなことはなかったんだけどね。

キミたちはこの話、納得できるかな。みんなが安心して暮らしていくための社会保障制度が、このままだと不安定化しそうだ。そもそも社会保障制度の哲学は、まずは、自ら働いて自分の生活を支え、自分の健康は自ら維持するという「自助」を基本とするが、高齢になって働けなくなるリスクや病気になるリスク、介護が必要になってしまうリスクのように、皆が同じように抱えるリスクがあるので、これを分散しようという考え方、すなわち「共助」で自助を補完している。さらに自助や共助で対応できない貧困などに対して、生活保護や社会福祉といった「公助」が位置づけられている。公助は少しおいておくとして、皆で抱えるリスクを皆でカバーしようっていうことならば、本当は、いま必要なお金は、いま集めないといけない。現在のように、使いすぎてしまい足りないので借りてくるなんてことを言っていると、制度はいつか潰れてしまう。この点は、あとでもう少し詳しく話そうと思う。

借金まみれの日本国株式会社

日本国の財政を会社に例えてみる

人口減少の極端なスピードと社会保障制度の危機的状況、これは本当に深刻だ。

では、これらの問題を国のお金のやりくり、つまり財政で解決することができるのかを考えてみる。国の財政は厳しいと言われているけど、じゃあどれくらい厳しい状況なのか。

国の２０１６年度の支出である歳出は97兆円。それに対して、税金等の収入は62兆円。不足分は、国の債券の発行、つまり将来返さないといけない借金に依存することになる。

ここで私たちにも身近な株式会社に例えて考えてみよう。日本国株式会社は、キャッシュフローで表現すると２０１６年度は収入62兆円、支出97兆円の差し引き35兆円の赤字だ。支出のうち14兆円は借金返済に充てているので、結局、借金残高は21兆円増えている。しかも毎年雪だるまのように借金残高は増え続けて、いまは借金が８３８兆円もたまっている。これが一私企業だったら、どんな返済計画を書いても、銀行はお金を貸してくれないだろうね。みんながあの会社やばいんじゃないか、つぶれるかもって思ったら、もう誰もお金を貸してくれなくなり、本当につぶれる。ではなんで、この借金だらけで毎年赤字を垂れ流す会社が存続できるのか。

それはいまのところ、日本がつぶれるなんて、多分、誰も思ってないからだろうと思う。2010年にギリシャが財政危機に陥った例はあるけれども、それと日本の状況とは全然違うんだろうなと思ってるし、日本がそんな風になるわけないと〝大多数が〟思ってる。だから誰かが何となくお金を貸してくれていて、つぶれていない。当座、日本国は魔法の杖を使っているかのようにお金を借りることができている。でもそれって本当に大丈夫なのかな？　何か変じゃないかと感じるのは私だけじゃないだろう。

国は会社とは違うと思う。信用はたしかにあるんだ。つぶれそうな会社にお金を貸すのは心配だけど、国であれば貸してもいいかなと思うかもしれない。多分、そう思う人がいる以上、大丈夫なのだろう。

もっと言えば、国には会社とは違って課税権がある。会社だと、お金に困ったときに誰かから強制的にお金を奪うことはできないけれど、国の場合は強制的に課税し税金を集めることができる。これは会社とは大きな違いだ。

しかし、ちょっと待ってほしい。誰に課税するのかは気になるところ。消費税率の10％への引き上げを2回も延期したけど、引き上げなくなったという話は聞かない。ただひたすら延期しているように見える。

つまりは私たちの世代が税金が増やされるのが嫌だから皆で先送りして、キミたちやキミたちの子どもが将来増税されるってこと？　つまりは私たちは増税から逃げ切ることができるということ？　私の親たち、キミたちのおじいちゃんやおばあちゃん、そして私ですらも負担をしなくていい。ああ、なんとラッキーなことか……って。否、そんなことはない。私は先送りして逃げたりはしないよ。

日本国株式会社の再建法

じゃあ、この借金まみれの日本国株式会社がどうしたら再建できるのかを考えてみよう。

当たり前の話だが、赤字会社が経営再建するためには、まず足元の赤字を解消しなくてはいけない。赤字が止まれば、とりあえず借金が大きく増えることだけはなくなる。

国は、実力ベースの収支といえるプライマリーバランスの黒字化、すなわち借入金の影響を取り除いた歳入と歳出の差の黒字化を目標にしているけど、これは会社と同じだ。具体的には会社であれば、売り上げを増やし費用を減らす。国の場合は、税収を増やして歳出を減らすということだ。

税収を増やすことについて、やっぱり増税はそう簡単ではない。消費税増税を延期していることからも明らかだ。新聞が行っている世論調査でも、だいたいはみんなイヤだと言っている。

そもそも、この国の財政赤字を改善するために、本当に消費税の増税で対応するとすれば、消費税率は30％超にしないといけないという試算がある。消費税30％の世界を想像できるかい？　１００万円の車を買おうとすると、１３０万円支払わなければならない世界さ。そうはなってほしくないと思うけど、いまの国の借金を考えると、キミが私の年代になるころには、残念ながら、そういう状態も避けられないかもしれない。

歳出を減らすという方法も必要だ。政府はムダなことも行っているはずだから、そのムダをなくせばいいということだ。政府自身ではなかなかわかりにくいし、自分じゃ言いにくいんだろう。そこで、かつては〝事業仕分け〟なるものがあった。政府のムダを外部の有識者がダメ出しをしてこれを取り除こうとした。２００９年のことだ。

当時は劇場型だなんて批判もあった。いまも政府は〝行政事業レビュー〟として同じような取り組みを継続している。何もしないよりはいいと思うけれども、こうした取り組みで削減される予算はそんなに大きくはない。せいぜいが億円単位。もっと小さいものが普通だ。その一方で、社会保障の予算が、毎年、１兆円の規模で増えていることは忘れてはいけない。

では他に何か方法はないのか。

たとえば、帳簿の操作をして国の赤字を一瞬のうちに消すとか、そういうことをしたくなる。実際、そういうことを言ってる学者もいる。でも、それはやっぱり怪しい。企業のことを考えれば、会計上の操作で生き延びたところで、結局、実態がよくなるわけではないのでどこかでバレる。結局のところ、著名な企業があっという間に倒産したり、海外企業に買収され過酷なリストラにあったところもあるよね。

国だって同じだ。甘い話があるわけはない。税収を上げ、同時に歳出も抑えることが常道だろう。これが会社だったら、本当は充実させたい福利厚生費や頑張る地方支社への予算配分すら、厳しい削減対象にすることがある。本社の移転や売却だってあるだろう。ならば国だって、社会保障や地方への配分の見直しについて難しいなんて言ってる場合じゃない。本当にヤバい状況なんだ。もう先送りさせないためにいっしょに考えてほしい。

私たちだけではなくキミたちの世代も大きな借金を返済しなければならない。だけど私は逃げない。真剣に考えようと思う。まず、嫌なことから目を背けない。誰かが救ってくれるという根拠のない期待はしない。自分たちで何とか考える。皆で事実を知れば、何とかできるかもしれないと思うから。

カギは「地方」と「社会保障」

ここからは、日本の財政を脅かす2つのテーマについて語っていきたい。国の歳出の上位2項目は社会保障と、都市部で集めた税金を地方に還元する仕組みの地方交付税だ。この2つで、

図表３　国の一般会計歳出の内訳

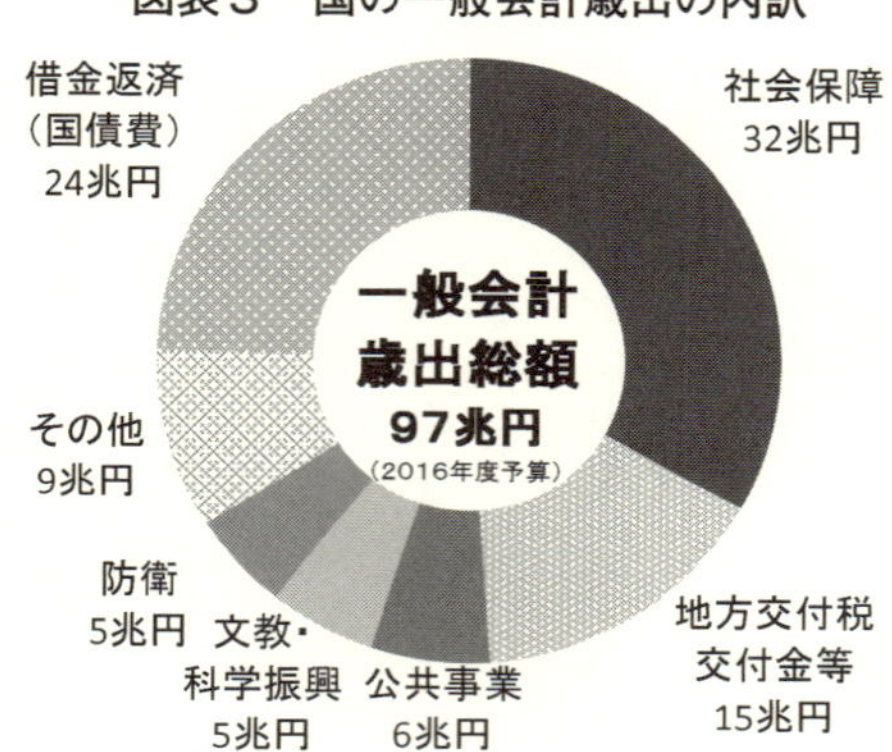

出典：財務省のデータをもとに作成

歳出全体の約半分を占めている（図表３）。

そこでまず最初に地方を取り上げてみたい。都会と比べて地方の人口減少問題は、先に進んでいる。人口が減ると、同じ行政サービスを維持するための一人当たりコストは上昇する。地方は、もうだいぶ前からそういう時代に入っているが、地方交付税によって地方財政は支えられてきた。想像に難くないのは、昔と比べると、サービスの受益とコストの負担のバランスが大きく崩れているのではないかということだ。その点を考えてみたい。それからもちろん、もうひとつの社会保障の問題も、地方交付税の次に詳しく議論したい。

地方と社会保障のあり方。この2つはじつは、高齢者と若者の「世代間格差」の問題でもある。その間に挟まれている私としては、世代間の対立を煽るつもりはないし、むしろその逆の立場だ。みんなが寄り添い、いたわり合う社会を目指すために、できるだけ早く受益と負担の正しいバランスに戻していく必要があると思っている。

きれいごとでは地方は創生しない

人口減少時代の地方再設計

学校がなくなる、コンビニがなくなる

第二次世界大戦後、日本は世界に類を見ない復興を遂げた。１９５０～60年代には高度経済成長期を迎え、１９７２年には当時の内閣総理大臣・田中角栄が『日本列島改造論』を発表。〝都市と地方の格差是正〟を旗印に、公共インフラ整備が加速した。モータリゼーションの発展に呼応するように山野を切り拓き、商業施設、宅地、農地を次々と開発、居住地を拡大してきた。私たちは便利な生活を手に入れる一方で、人口増を前提として道路、橋梁などの公共イ

ンフラを、広範囲につくりあげてしまった。そしていま、それらが耐久年数を迎え、老朽化が進み始めている。

前節で話したとおり、キミの子どもが60歳になるころには、日本の総人口はピーク時の半分になる。となると、これらのインフラを無計画に放置し続ければ、キミの子どもたちは少なくとも現在の2倍の維持費を負担していかなければならないことになる。

それから人口が減れば当然のこと、病院、学校、コンビニなど生活を支えるインフラは存続しにくくなる。自治体はどんどん小規模になってしまうし、電力や水道も縮小していかない限り、一人当たりの負担は加速度的に上昇していくことになる。国土交通省が「サービス施設の立地する確率が50％及び80％となる自治体の人口規模」を公表している（図表４）。

これによれば、人口10万人を超えると、映画館、美術館、フィットネスクラブが高い確率で存在できる。ハンバーガー店が存続するためには３万人、学習塾には５０００人の人口が必要だ。そして、人口が５００人を切ると、郵便局、理容業、診療所、コンビニの存続が困難になってくる。一方、文部科学省の学校基本調査によれば、２００４年から14年までの10年間に廃校となった小中学校はなんと３１１３校もある。1年に平均３００校が廃校となっている計算だ。

人口増加の時代に無秩序にベッドタウンや大型ショッピングセンターを郊外につくり拡大した居住エリアとそのためのインフラを縮小せざるをえない時がやってきたんだ。

図表４　サービス施設の立地する確率が50％及び80％となる自治体の人口規模

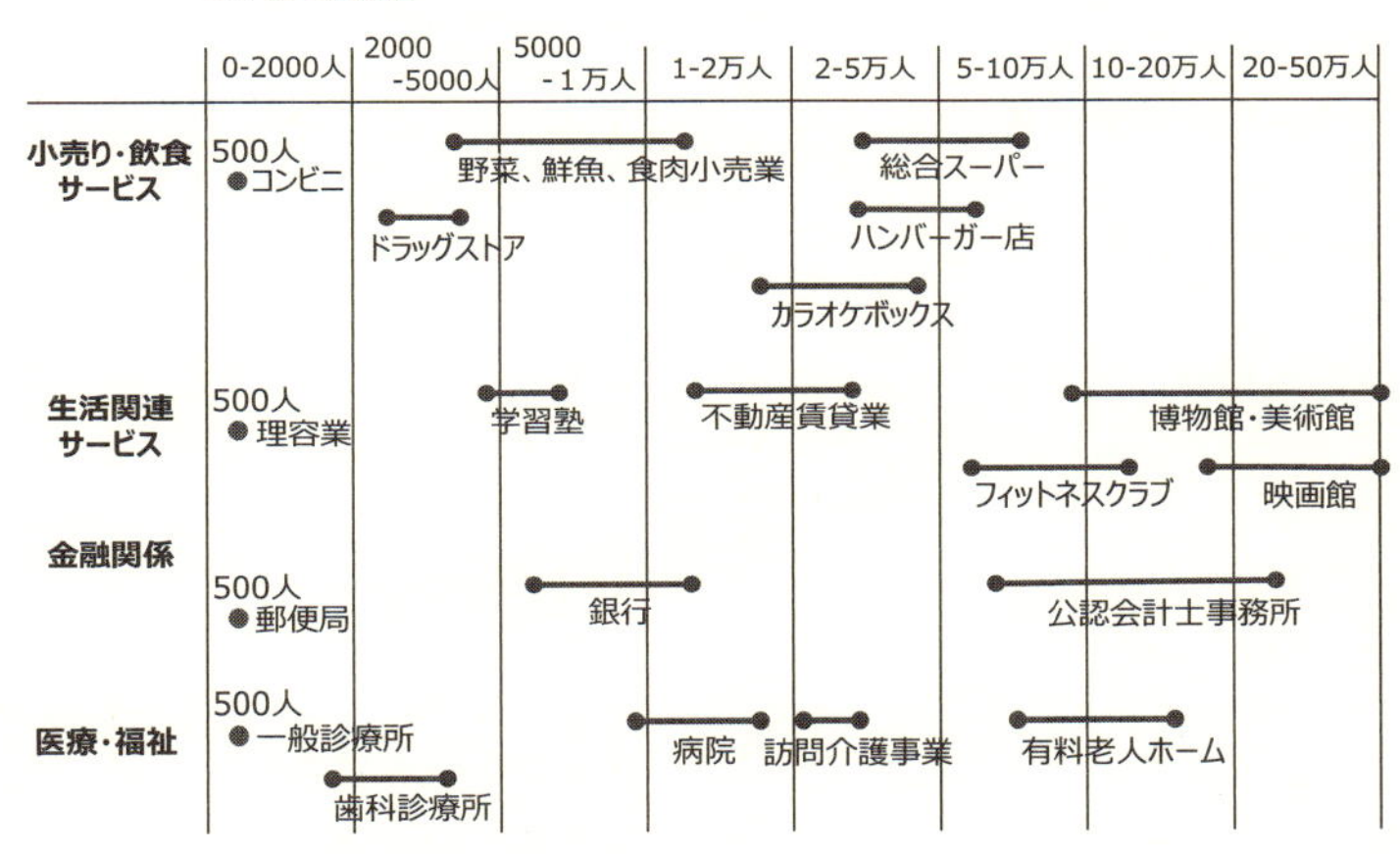

出典：国土交通省国土政策局作成資料をもとに作成

人口密度と行政コストの関係

市町村の人口密度と行政コストの関係を示すひとつのグラフ（図表５）を見てほしい。これは国土審議会で示されたものだ。その相関関係は一目瞭然である。

当然、人口密度が低ければ低いほど、行政コストは高い。ある一定量のごみを、大都市の総戸数１００戸のマンションのごみ集積所から回収するコストと、農村で１００軒回って回収するコストを考えてみれば、明らかだろう。

これだけの行政コストの差をもちながら、１７００以上の自治体がいまなお存在できている理由、それは地方交付税があるから。そもそもが地方交付税は、地方公共団体間の財源のアンバランスを調整して、どこに住んで

図表５　市町村の人口密度と行政コストの関係

▶ 人口密度が低いほど、1人当たりの行政コストは高くなる。

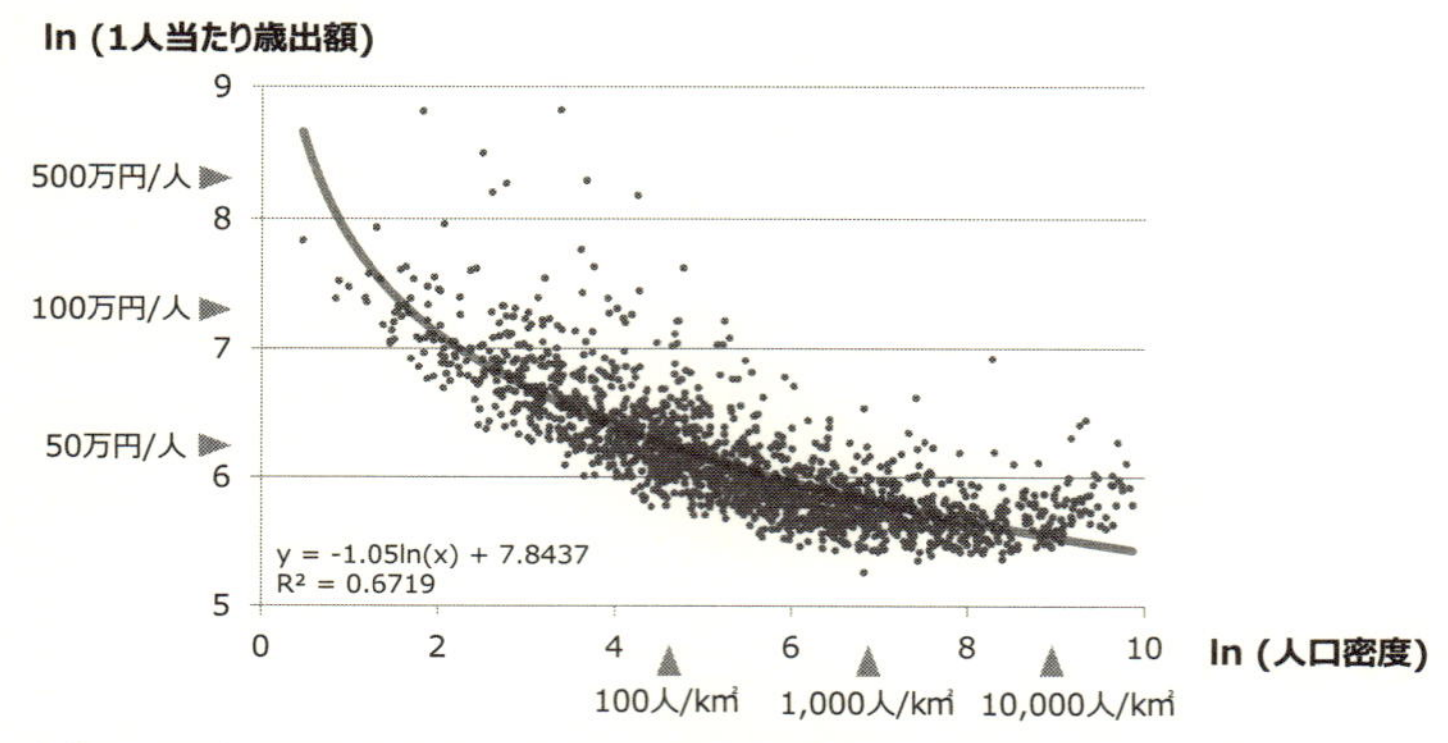

出典：国土交通省国土審議会「第３回長期展望委員会」資料をもとに作成

いても一定の行政サービスが受けられるように財源を保障するためのものである。もちろん私は、この地方交付税自体を否定するものではない。

問題は、地方自治体が自分たちで工面できる収入額との差額を補てんしてもらえる制度になっているために、自身では地方交付税を削減しようというインセンティブが働かないことだ。だから、国がどんなに厳しい財政状況にあっても地方交付税は高止まりしたままになっている。これが民間企業だったら、コスト削減を達成すれば当たり前に褒められるが、地方自治体ではそうならない。つまり、地方交付税が生きた金になっていない可能性がある。

そこで私たちは地方交付税がどう使われているのかを調べてみることにした。

図表6　都市集約による財政インパクト試算

- 2030年までに減少するとされている **1,144**万人（出生中位・死亡中位推計, 2010年比）分の人口を仮置き。
- 居住地面積人口密度の低い自治体を、累計人口が1,144万人になるまで積み上げて、それらの自治体に対していくらの地方交付税が交付されているのかを試算した。

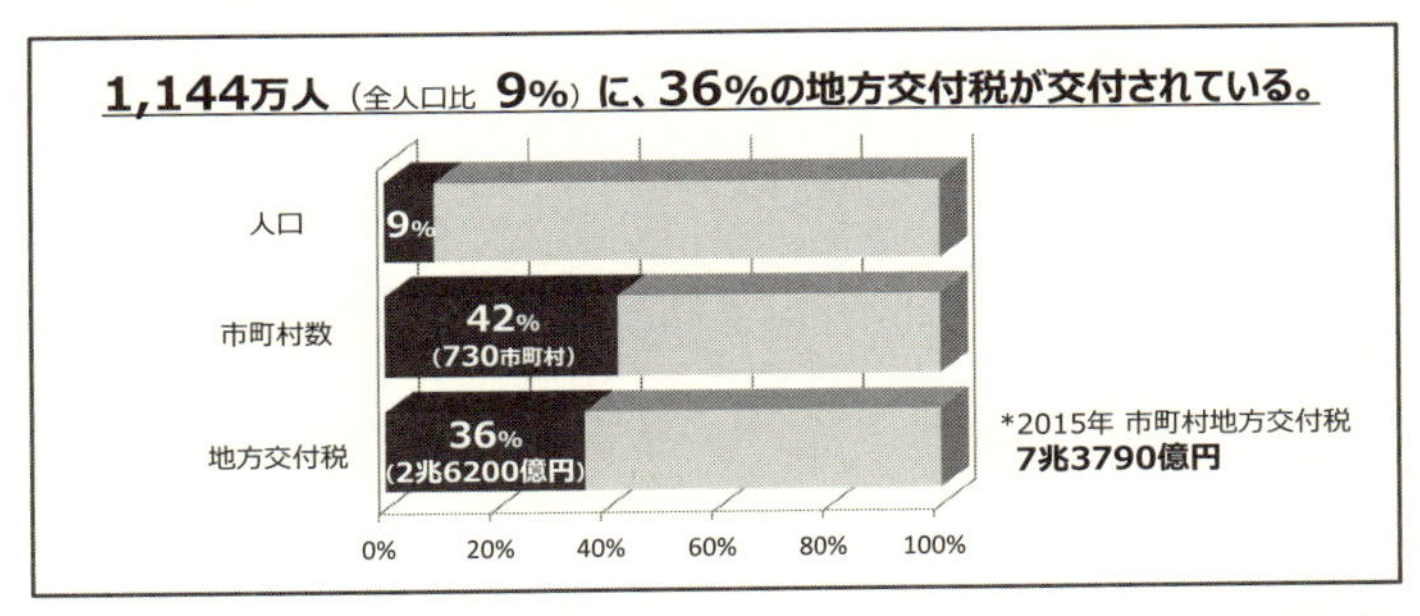

出典：国立社会保障・人口問題研究所「日本の将来推計人口（平成24年1月推計）」、総務省「統計でみる市区町村のすがた2015」、総務省ホームページ「平成27年度普通交付税の算定結果」をもとに作成

都市集約による財政インパクトを試算してみた

２０１５年、市町村に交付された地方交付税は７兆３７９０億円である。行政コストが高いと推測される自治体がどの程度の地方交付税の交付を受けているのだろうか。まずは、２０１０年から２０３０年までの20年間に、減少すると推計されている日本の全人口の９％相当の１１４４万人を仮置きし、居住地人口密度が低い自治体を単純に積み上げることで、１１４４万人が、いくつの自治体分に相当し、それらの自治体がどの程度の地方交付税の交付を受けているのかを試算した（図表6）。

わかったことは、この9％の人口は、全市町村数１７２０の42％にあたる７３０の市町村に住む人の数に相当し、これらの自治体に交付されている地方交付税総額は、なんと2兆6200億円で全市町村への交付税の36％を占めているということだ。つまり、机上の理屈にすぎないが、あらかじめ減ると推定される人口分の自治体に住んでいる人たちに、他の自治体に移転してもらえれば、地方交付税は全部ではないにしろ削減できるし、存続する自治体の人口密度は上昇し、行政コストが下げられることになる。

もちろん、現実的ではないことはわかっているし、政府の「地方創生」も、そこには踏み込んでいない。2040年まで896の自治体が消滅する可能性があるというショッキングな内容で話題となった増田寛也編著の『地方消滅』がきっかけになって、政府も「地方創生」に本腰を入れはじめ、政治・行政・住民が議論を深めているのは、とてもいい流れだとは思う。しかしながら、いまだ〝全国横ならび〟から抜け出せていないと思うのは私だけではないはずだ。

たとえば道の駅。「まちの特産物や観光資源を生かしてひとを呼び、地域にしごとを生み出す核にしていく」という趣旨は理解できるし、成功している道の駅がたくさんあることも知っている。しかしながら全国津々浦々、ちょっと車で走れば出てくる道の駅のすべてが本当に必要だろうか？　利益がきちんと出ているのかどうか？　大切な私たちの税金でつくったにもかかわらず、じつはすでに経営不振で、多くの道の駅の閉鎖が始まっている。

Ｉターン・Ｕターンの受け入れ、特産品のブランド化、インバウンド対策、ふるさと納税、プレミアム商品券……これまでもこれからも、創生の内容はどこも大同小異。結局のところ地方創生とは、どこかの自治体が成功すれば、別のどこかが影響を受けて廃れていくまでの〝椅子取りゲーム〟のように見えてくる。勝者はほんのひと握りしかいない。国は、自治体に競争させるために税金をばらまいているだけのようにも思える。

町をたたむ?

「選択と集中」という言葉をよく聞く。これから成長が期待できる事業に経営資源を集中させる経営手法で、近年では、日立製作所が今後大きな成長が見込めない事業を縮小して、社会インフラなどにビジネスを集中することで劇的に業績を回復させた。
ビジネスの世界では当たり前の「選択と集中」だが、地方の話ではタブーとなっていた。人口が減って町を縮めていく話や住民に負担を強いる話は、政治も行政もしたがらないし、避けて通ろうとしてきた。いまのところ、地方問題で「選択と集中」に踏み込んだ議論は、残念だけど、十分になされていない。
「残していく町」を選択して、そこに地方交付税の投入を集中するっていうアイディアはどう思う?　逆に言えば「たたむ町」を見つけ出していくということだ。自分の故郷だったり、いまだ年老いた両親が住む地方の話は、たしかにウェットになりがちな傾向にはある。だからといって、〝正義の〟現状維持、〝悪の〟選択と集中の一軸だけで物事を考えがちな空気って、どうだろうか。選択と集中を〝悪〟として地方再設計を先送りすることは、問題をより深刻にするだけだと思う。

地方のリーダー、なかなかやるね！

実際に「町・村」を見てみよう

これまでは机上で考えてきた話。では次に実際に過疎の地方自治体をこの目で見て、もっと現実感を持って議論を進めていこう。じつはいろいろ調べていくと、とても頑張っている地方自治体の事例がいくつも見つかった。もしかしたら、これは「町をたたむ」とは違った方向性が見つけられるかもしれない。もちろん、そんな簡単な話だとは思っていないけど、それでも、光があるならぜひ見に行きたい。そう思って実際、その現地に足を運んでみた。

神山町、なんかすごくいい感じ！

徳島空港から車で1時間ほどの田舎町、徳島県神山町。人口は５０００人ほどと40年前から半減している過疎の町だが、じつはここは地方創生の成功事例として有名なところで、メディ

徳島県神山町の位置

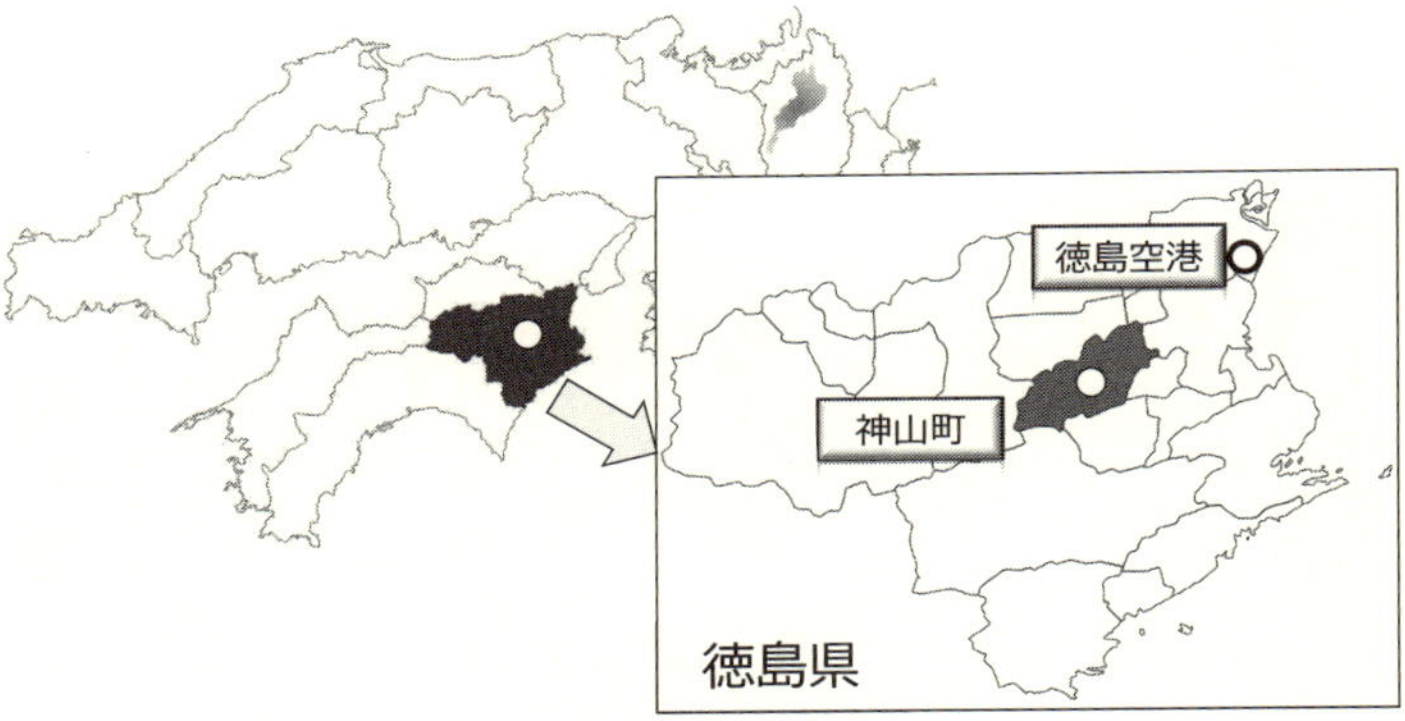

徳島空港
神山町
徳島県

アでも何度となく取り上げられている。とはいえぱっと見た風景は、隣町のそれと代わり映えしない感じで、とくに地方活性化という言葉が当てはまるようには思わなかった。

そんな微妙な思いで最初に訪問した先は、古民家を改修して３年前にオープンしたフレンチレストラン。このレストランで、神山の地方創生の立役者として有名な、ＮＰＯ法人グリーンバレー理事長の大南信也氏にお会いすることができた。彼は、神山を「創造的過疎」と銘打っている。すなわち、過疎化の現状を受け入れつつも、外部から若者やクリエイティブな人材を誘致することによって町の人口構成を健全化させ、ビジネスの場としての価値を高め、持続可能な地域を目指しているそうだ。

このレストランでは、大南氏が主導する神山地域創生後継人材育成プロジェクト「神山塾」の出身者が働

古民家を改修したフレンチレストラン

写真提供：徳島県

いている。このレストラン、東京の表参道や六本木も顔負けの価格設定なのだが、なんと予約だけで満杯。私たちの滞在中も何組かが残念そうに帰っていった。いちばんの驚きは、週休3日の勤務体制であること、さらには丸1カ月の海外研修旅行もする。

大南氏によれば、ここの人たちはあくまでも自分たちのやりたいことが先にあり、ワークライフバランスを取ることが前提になっている。もちろん商売だからこの環境がずっと続くかわからないし、私にまねができるとは思わないけど、それでもちょっとうらやましい気がする。

ランチを終えた後、今度は東京に本社のあるＩＴ系企業のサテライトオフィスなどを見学させてもらった。ほっこりした古民家のた

築90年の民家をオフィスに改修した「えんがわオフィス」の縁側で

たずまいに畑やハンモック、はたまた縁側なんかもありながら、オフィススペース自体はＩＴフル活用の感じがなんともいえない雰囲気をかもし出していた。

じつは徳島県は２０００年代から光ファイバー網の整備に力を入れていて、いまや普及率が全国トップ。この全国屈指の高速通信インフラのおかげで、これらのサテライトオフィスでのインターネット環境はとても快適だそうだ。現在では10社以上がこの町にサテライトオフィスを構えている。

神山の田舎でも東京とサクサクつながって仕事が効率的にやれそうだし、希望すればリラックスできる環境は万全。さすがに、近くに繁華街や刺激的なスポットはないけれど、そういうのがいらない人には、すご

ハンモックのあるサテライトオフィス

写真提供：徳島県

くメリハリがつきそうなオフィスだと思える。

やったらええんちゃうん！

神山の工夫は、躍動感溢れる若年層、とくに文化・芸術等のクリエイティブ層といわれる人たちを積極的に呼び込んで、そこから人がつながってコミュニティが生まれて活性化し、その中で新しい仕事が生まれ、またその仕事のために人が集まる、といういいサイクルが回っていることだと思う。そして何より、大南氏という強力なリーダーがいることだ。ただ自然発生的にできたコミュニティに任せておくのではなく、どういう町にしたいのかというビジョンを明確にして、その意思に基づいて具体的に町をデザインし、そのとおりに人を呼び込んでいる。

たとえば、ここにはパン屋を置いて、ここに酒屋、ここにオフィス……といった具合に、移住希望者をむしろ神山側が選ぶ。町をつくる側に強い意志があるから、移住者側もそのコンセプトにあった動きをするし、受け入れ側の住民との折り合いもつきやすい。その結果、受け入れ側が移住者のチャレンジを応援する風土ができていたのがとても印象的だった。

夜には神山町長の後藤正和氏と懇談した。現実をきっちりと受けとめたうえで、やるべきチャレンジをゆるく押し進めていくという、後藤町長の懐の深さが印象的だった。そういえば、大南氏も「あまりプッシュせずゆるくやってきたことがよかったのかも」とおっしゃっていた。大南氏のスローガン「やったらええんちゃうん！」は、町づくりをしていく神山の人たちの心の中にとても浸透していると感じた。

かくして、長く人口流出に苦しんでいた神山町が2011年に人口の社会増を実現し、しかも転入者は比較的若い世代が多いという事実は、町の経済的な活性化のみならず、将来的な人口の自然増の期待にもつながってくる。若い世代が地域コミュニティに支えられてワークライフバランスを実現し、はつらつと元気に働く姿を想像してごらん。なんかとても将来に希望が持てそうな感じがする。

県庁に営業部！　行政だってビジネスするんです

もうひとつ興味深い自治体を紹介しよう。人口80万人弱、人口規模なら都道府県別で第43位の福井県だ。ここがすごいのは、県に「営業部」があること。行政である以上、もちろん営利目的ではないけれど、自らが中心となって知恵を絞り、県の魅力という商品を売り込んでいき、民間企業からお金を取ってくる。そしてこのお金はまた県の価値を高めたり、県民のためになるようなかたちで再利用させていく。彼らはこれを「行政ビジネス」と呼んでいて、県の強みをしっかり見極め、それをあらゆる方法でブランド化し価値を高めていくという、まさに民間企業と同じようなことをやっている。

そこで、「行政ビジネス」の有名な事例である福井県立恐竜博物館を実際に見にいってみた。この博物館は入場者数がうなぎのぼり、今年度には年間来場者１００万人を超える勢いだそうだ。１００万人といえば、東京の有名な遊園地や水族館などとほぼ同じ。日本の三大都市からのアクセス事情を考えると驚異的だ。たしかに展示は圧巻の一言で、当地で見つかった化石をはじめ、圧倒的な展示数に目を見張る。「これぞ福井の一押し」と決めたら、とことんまでやる姿勢がものすごく伝わる。

当時の営業部のリーダーにお話を伺うことができた。行政ビジネスを推進するきっかけは、福井県知事・西川一誠氏の発案だったとのこと。しかしそれを受けてからの県営業部のモチベーションと現場のリーダーシップがすごかったらしい。彼いわく、職員はとにかくまじめで、愛する地元の役に立ちたいという気持ちが熱かったと。

強烈なリーダーが町を復活させる

神山と福井に共通するのは、未経験なことにも積極的にトライしたり、さまざまなレベルと温度感のステークホルダーや関係者を巻き込んで仕切っていく強烈なキーマン、リーダーが存在していることだ。じつは神山と福井のほかにもいくつかの地方自治体を訪問したが、どこも同じことを感じた。

たとえば鹿児島県阿久根市では、とある超過疎集落がより良い生活基盤を確保するために、市の支援を受けながら集落ごと移転したという事例を見てきた。「町をたたむ」案に少し近い事例なんだけど、移転後の住民の満足度が大変高いそうだ。当時の阿久根市のご担当者いわく、その成功要因となったのは、集落をぐっとまとめられる元区長さんの存在だったという。

新しいチャレンジでは、既存の役割にうまくはまらず隙間にこぼれ落ちてしまう仕事が必ずできる。そんなときリーダーは、必要とあらばなんでも自分で拾って、できる人をうまく巻き込みながら一つひとつ片づけていく、絶好のつなぎ役となる。ほんの些細なことでも、とにかく動いてみる行動力、機動力が重要な要素のようだ。神山の大南氏の「やったらええんちゃうん！」は、そういう動きを推奨する風土づくりに最適のスローガンなんだと思う。

じつは国もこのことにちゃんと着目していて、まち・ひと・しごと創生本部では、「まち・ひと・しごと創生基本方針２０１６」の中で、地方創生人材を「地方創生版三本の矢」のひとつと位置づけ、具体的施策を打ち出している。たとえば、意欲と能力のある国家公務員や民間人材を市町村長の補佐役として派遣して、地域に応じた処方箋づくりを実際に支援したりしている。また、「地方創生カレッジ」を開校して、地方創生を志す人に実践的な教育を提供することも計画しているようだ。

地方創生の光はたしかにあって、少しずつ盛り上がってきていることは間違いない。だけど、問題はその速さと効果の大きさが十分かという点。民間企業であれば、もし足元が非常に厳しいビジネス状況ならば、あれこれ悩んでいる暇はまったくなく、すぐにでも行動し、早く大きな成果を挙げようとする。そうでないとつぶれてしまう。そして、いまの日本の地方は本当に待ったなしだ。

むしろ田園風景を守るための「選択と集中」

「選択と集中」は、地域のあり方に適用できるのだろうか？

人口減少が加速するなかで、日本が国全体の活力を維持しようとすれば、理屈だけでいうと、前述したように民間企業のリストラの論理も必要かもしれない。弱い地域を切り捨て、強い地域、発展できそうな地域に人や資源を集中する。つまりは人の移動を促してでも、人が住んでいる地域を集中させて限定させる荒療治だ。

では、どこが弱い地域、切り捨てなきゃいけない地域なのかという問いに答えはあるのだろうか。何か基準を決めてその基準を満たさない地域は切り捨てるといっても、そもそもそんな基準をつくることはできるのか。皆が納得して満足できる基準というのは難しい。おそらく誰もが「うちの地域は弱くない、絶対に残せ」って言うと思う。

それに、人が減って困っている地域の方が、自治体や住民が頑張っている例は、先の福井県や神山町の例以外にも全国にいっぱいある。そういう地域を、人口が減ってるからもういらないなどと言うべきじゃない。

とは言いながら、急激な人口減少にともなって国力が次第に弱っていくのを傍観しているわけにはいかない。このままだと、日本全体が大きな氷山にぶつかったタイタニック号と同じになってしまう。タイタニック号の乗客は、これから沈んでしまうなんて知らされていなかったけど、もしもっと前にわかっていたらどうだったろう？　いまの日本人もそれに近いところがある。

タイタニック号にならないためには、「いまのままで大丈夫」という根拠のない安心感を振りまいてはいけない。頑張れば隅々まで再生できる、すべての地域がもっと発展できるっていう幻想は捨てよう。なぜならそれは無責任だから。

きれいごとはやめよう

ひとつたしかなことは、政府が言っている「地方創生」が、全国津々浦々の地域や町村全部が昔のように元気になるということならば、それはもうありえないということだ。そんなきれいごとではもう済まされない。

企業だって、結局、全ての会社が生き残ることはできなかった。これからもきっとそうだ。厳しい環境のなかで努力し、時には痛みにも耐え、批判にさらされ、厳しいことをやった企業だけが生き残り、雇用を守り社会や地域に貢献できる。国も同じで、厳しいことでもきちんと実行しなければならない。

でもそれは、決して単に地域を切り捨てることではない。むしろ中途半端な状態の都会の問題も合わせて解決しないといけない。人口減少が進む原因である出生率の低下は、都会の問題だから。

政府がこれまでやってきたことは日本全体へのばらまき。本当に必要なことは、やはり選択と集中なのだ。「切り捨て」はダメだと声高に叫ぶ人もいるが、そんなきれいごとこそダメなんだ。もちろんその際の基準は、いろいろな尺度で考える必要がある。

ただし、「選択と集中」を一体何のために行うのか？　それだけははっきりさせておこう。それは、私たちの理想とする、良き田園風景、良き故郷、良き都会、良き日本を守るためだ。

私たちが住みたい町ってどんなところ？

では、そもそも私たちが理想と考える日本の姿ってどんなものだろうか。

もちろん人それぞれ、理想を追い求めればいくらでもあるだろうけど、とりあえず現実的な姿を考えたい。その意味でまず私たちは、自分が住みたい、親戚に住んでいてほしい、友達がいたら遊びにいきたい、という観点で住みたい町を考えてみた。

すると、大きく2つの理想パターンが浮かび上がった。

ひとつは公共交通がきちんと機能していて、買いたいものは何でもそろう活気のある都会。それでいて、いまの東京や大阪のように、人が多すぎず通勤地獄はなく、週末に郊外に遊びに出ても混雑に巻き込まれたり車を止めるのに何時間も待つなんてことのない程度の都会。

もうひとつは利便性が多少は都会に劣るけど、山・川・海のような豊かな自然環境に恵まれて、そこそこ立派な自家菜園があって、子どもたちが近所で野球やサッカーができるような地方都市あるいは田舎。

もちろん、細かく分ければもっとあるけれど、大きくはこの2つかな。

どうだろう。じつはこの2つ、どちらもなくなってきてしまっているのが現実かもしれない。私が子どものころにはちゃんとあったように思えるんだけど。


住みたい町が日本からなくなっているのかも!

便利な場所に人や企業は集まっていく。だからそこに雇用が生まれて、ますます便利になっていく。だけど、同時にどんどん住みにくくもなっている。家は狭いし、近くに公園はない。物価も高い。子育てもしづらくなっているし、たくさんの子どもを育てるなんて考えも及ばない。その究極が東京だ。いまでも人口は増えているけど、出生率は国内で最低。企業や人口が多くて放っておいても税収が入るから、あんまり自治体が頑張っている感じでもない。少子化問題は、誰の責任というわけではないが、それでも地域や自治体は頑張るべきだ。しかし、残念ながら頑張っている印象はあまりない。

で、もう一方の田舎の方だけど。こちらは利便性が「多少」劣るどころじゃなく、いまでは「大きく」劣る。自然はあるけど、手入れも行き届かなくなっているから、豊かな自然だけでなく荒地も増えてしまった。

どちらかというと田舎の自治体は、観光に力を入れて人を呼ぼうとしたり、地域の特色を生かして物産の販売に力を入れたり、総じて頑張っている。しかし、企業や人が少なければお金もない。だから中途半端だったり、他の自治体と同じ金太郎飴的な政策も多い。地方は家も広くて子育て環境は悪いわけではないので、出生率も比較的高いけど、住んでいる人の絶対数が少ないから、やはり過疎がどんどん進んでしまう。

つまり、2つの理想の姿のどちらもが、良い部分が減り悪い部分が目立つようになってしまっている。結局、みんなが住みたいという類型が日本全体から失われつつあるのが現状だ。

だから私は、地域がそれぞれの特色を生かした個性を持ち、国全体としてバランスがとれた姿を、改めて再構築すべきじゃないかと思った。もちろん自分が住めるところはひとつしかないけど、親戚や友達が住んでいる、自分自身もその時々に応じて住みたい場所を選びたくなる、そういう都会や田舎がうまくミックスされて、日本の各地に存在するような国全体のグランドデザインを描いてみたいと思う。

自分が住みたいところに住むってのはエゴなの？

だけど、そんなグランドデザインを実現することはできるのだろうか。正直な話、それはとっても難しい。住んでいる人を簡単に移住させることなんてできないからね。皆が、いまの日本の都市と地方の危機的な状況を、しっかり理解してなければ、何で自分が動かないといけないのって思うはず。とくに私より年上の世代なら、「なんでそんなこと考えないといけないの。老後はゆっくりと住み慣れたところで過ごさせて」と言うよ、きっと。私の親だってそうだから。「誰にも迷惑はかけてないでしょ」と。

でも、それは本当は違う。誰にも迷惑かけていないと皆、思っているのだけど、本当は誰かに負担してもらいながら、自分の住みたいところに住んでいるのが現状なんだ。

つまりこういうことだ。たとえば、離れた集落におばあちゃんが一人で住んでいるなんてことがあるけど、そこに電気やガスや水道があるかぎり、本人が望むかどうかにかかわらず、そのおばあちゃんが住むための膨大なコストを皆で負担しているというわけ。それを迷惑と言ってはいけないかもしれないけど、「私は誰にも迷惑かけていない」というのも違う気がする。

住む人の意思は尊重しないといけないけれども、個人の意思を尊重しすぎると、エゴに通じてしまう場合だってあると思う。極論じゃないかと言われれば、完全に否定はできないけれども、個人と全体の利益が相反するケースは、実際にはある。

もちろん、それは過疎地の話だけじゃない。先にも話したように、雇用があるから都会に人が集まってくるけど、皆が働いているわけではない。都会で生活保護をもらう若者もいっぱいいる。田舎では人集めに困っているって地域だってあるのに。老人だってそうだ。孤独死がニュースになるのは、概して都会の問題だ。

まずは、実態の「見える化」から始めよう

この問題でまず何より大事なことは、実態を皆がわかるように、国が「見える化」を進めることだと思う。これも企業だったら当然のこと。「選択と集中」を進めるにしても、なぜそれが必要か、その根拠を示すことが大前提だからね。

住みたいところに住むという話だって、ひょっとしたら「エゴかもしれない」ということもちゃんとわかるように説明しないといけない。そして、これからの世代が、今後も安心安全に生活していくためには、住むところを集約する必要があることをていねいに説明しなければならない。

国は、36ページの**図表5**のような現実をもっと国民に知ってもらう努力が必要だし、自治体も、行政サービスについての具体的な「見える化」が必要だ。たとえば、このまま生活エリアを縮めずに人口が減り続けた場合、「3年後にはごみ回収が1回300円の有料になる」とか、

「2年後には図書館は閉鎖しなければいけない」とか。

そうやってちゃんと説明すれば、皆わかるんじゃないかな。

そしてグランドデザインを議論しよう

さて、グランドデザインの話に戻る。長期的な人口減少から考えて、住むところはやっぱり少し集約しないといけないと思う。

それを実行するには強力なリーダーシップが必要だ。たとえば、内閣総理大臣の直轄で「まちむら集約・活性化委員会」なる組織を設置するなんてどうだろうか？　この委員会では、地方も都会も含めた、あるべき国の姿の大きなグランドデザインを描き、国民皆にわかりやすく説明する。

この「まちむら集約・活性化委員会」は、利害関係者が入ると議論が進まなくなるから、政治家や行政官は入れず、経営者や学者、メディア、文化人などの有識者で構成して、いろいろな意見を聞くことが大事だと思う。そして最終的には、たとえば今後5年間を見通し、地域が活性化できるような集約基準を作成する。人口密度もひとつの尺度かもしれないし、それ以外にも出生率とか人口の増加率といった基準をできるだけ客観的・科学的に策定する。そのうえで、文化遺産の存在、島や沿岸地域のように国防的な観点等もしっかり考慮する。それこそが地方や田舎の切り捨てではなく、都会も含めた地域再編のグランドデザインなんだ。

　一定程度の地域集約は委員会のミッションとする。相当な異論があるだろうけど、最後は内閣総理大臣直轄で決定を下す。

　5年後、基準値を達成できなかった自治体に対しては、地方交付税の交付を段階的に減らし、事実上、行政サービスを減らしていくんだ。もちろん、その間、近隣都市への移住を希望する人には、移転にかかる費用などはちゃんと国が負担する。

　一方で、集約都市として存続する〝町〟は人口が増えるわけだし、町の魅力をより高める戦略的な投資も必要だから地方交付税を増額させる。現在の財政状況で予算を増やすという議論は難しいから、少なくともいまの地方交付税総額の範囲でメリハリをつける。もっとも企業の選択と集中だって、外からお金が降ってくるわけじゃないから同じだ。そして、このような対策を5年ごとに見直して、だんだんとあるべきグランドデザインに近づけていく。

地域のリーダーもあわせて育てよう

　頑張ってる地域がもっと頑張れるようにという意味では、この「まちむら集約・活性化委員会」をつくるのと同時に、「地域活性化リーダー」なる人間を自治体の首長のもとにおいてみるのはどうだろうか。そして頑張っている地域のリーダー――神山町の大南氏のような方――

には、委員会と連携して自由に使える予算や強力な権限を与える。そうすることで効果の高いプロジェクトに資源を集中させることができ、実行のスピードを上げられるんじゃないだろうか。

もちろん地域活性化リーダーは、活性化の成果についての説明責任を負うことになるから、責任は重大だ。たとえば行政コストをどれだけ改善できたかとか、住民の満足度がどれだけ向上しているか、などにも責任をもってもらう。熱い思いをもって機動的に動き、住民を強力に巻き込んでどんどん新しい試みを実行してもらう。国はそういう地域活性化リーダーをたくさん育てて皆で応援する。

もし、そんな仕掛けができたあかつきには、私も田舎に戻ってぜひチャレンジしてみたいと思う。

本当に美しい日本の田園風景を守るためには、苦い薬も飲まないといけない

じつは、いまの政府が出しているいろいろな政策にも、すでに似たようなものがある。政府の文書はあまりわかりやすく書かれていないので、気づきにくいんだけどね。

たとえば、「コンパクトシティ」とか「小さな拠点」とか、政府の文書の中にそんな言葉を見つけることができる。そしてよく考えれば、その根底に「選択と集中」という言葉が隠されているということなんだ。

「コンパクトシティ」って、実際に進められている例もあるようだけど、コンパクトな町ということは、その周辺部分を多かれ少なかれ切り捨てるということ。もしそうでなければ、中途半端な構想になってしまう。「小さな拠点」もそうだ。これは、小学校区くらいの地域に、徒歩で生活できるような商店街とかを集めたり、集落間をコミュニティバスでつないで交流機会をつくるという事業で、成功事例もある。でも、これも当然、ある程度は居住地を集約させることが前提になっているはずだ。

じゃあ政府はなんではっきり言わないんだと思う？　多分、皆に反発されるからだろうね。自分が住みたいところに住むことがエゴだなんて誰も思ってもいないわけだから。「見える化」の問題はそれだけ大きい。だからこそ、いまの政策が中途半端な感じに見えてしまうんだと思う。

国民皆の十分な理解のもと、たとえイヤなことであっても受け入れる、そういう風にならないといけないと思う。美辞麗句でごまかし、耳障りなことを言わないことが美徳なんかじゃない。現実から目を背ければ、日本人皆が大好きな美しい田園風景をこれからも守っていけない。私は、日本の田園風景を守りたいし、キミたちの世代にそれを引き継ぎたい。私たちの使命だと思う。そのためには、時に「苦い薬」も飲まなければならない。

負担が重くのしかかる社会保障

ツケは若者に回っている

ここからは、日本の社会保障の未来について話をしてみたい。

無人島に一人で住んでいるのではない限り、私たちは社会の中で他の誰かとともに生きている。誰かがつくった食べ物を食べ、衣服を着る。整備された道路を利用して、蛇口をひねれば出てくる水道の水を飲み、そして、ごみの処分も誰かがやってくれている。これだけみても、私たちは誰かに助けられながら社会の中で生きているのがわかる。

私が年老いて介護が必要になったときも、身内だけでなく、いろんな助けがあると心強い。これは社会保障制度がきちんと機能しているからだ。でも、この社会保障の仕組みも、少子高齢化が進んだいま、世代間で負担と受益のバランスが崩れているんじゃないかと、誰もが薄々は感じている。

国の予算には社会保障費というのがあるけれど、32ページの図表3にあるように、公共事業費や国防費、教育費のそれぞれ5～6倍にもあたり、毎年増え続けている。

だから、社会保障費の財源を確保したり、支出が増えすぎないように制度を見直す必要があるはずだけど、現状は手つかずのように思えて仕方がない。政府も「社会保障と税の一体改革」に取り組んでいて、たしかに改革のメニューは並んでいるけれど、結局、消費税の増税は延期したし、一方で、サービスの充実はもっと必要だという議論になっているから、ますます制度的には危うくなっているように思える。

ちなみに、日本の社会保障制度は税金以外に、保険料が重要な財源になっている。私やキミも、給料から年金保険料や健康保険料というかたちで天引きされているけれど、キミも知っているように、この保険料は毎年増えている。私のように40歳以上だと介護保険料も払っているけど、これも増え続けている。おそらくキミが介護保険料を支払うときは、もっと高くなっているはずだ。

つまり、俯瞰してみると、税金分は借金（国債）というかたちで将来世代にツケを回し、保険料は、私たちのような現役世代が、爆発的に増えるというわけでもない給料の中で、年々増える負担をまかなっているということ。もっと言えば、いまのお年寄りは、私たちが払っている税金や高い保険料と将来世代が知らない間に背負っている借金で、充実した医療や介護のサービスを受けていることになる。

過去、負担を担ってくれる世代の人数とサービスを受ける世代の人数のバランスがとれていた時代は、この仕組みで大丈夫だった。だけど、もはやそういう状況ではない。キミたちの世代にとっても安心な制度にすべく、その見直しは絶対に避けては通れない。

日本の社会保障の未来を大胆予測

自分が年金を受け取るころまで、キミはこの社会保障制度が続いていると思うかい？現実には、政府がいくら１００年安心と叫んでも聞く耳を持たず、自分たちは年金をもらえるはずはないと、保険料を払わない若者が増えているという話も耳にする。でも、それでは保険制度が成り立たなくなってしまう。だからこそいまのうちに、本当に皆が信頼できる制度へと見直す必要がある。もちろん年金だけじゃない。毎年、支出が増えているのは医療や介護も同じだ。だから、社会保障制度の全体を見直さないといけない。

では、キミたちが年金を受け取る側になるころも存続している社会保障制度とは、どんな姿のものなんだろう。

図表７　年齢別の一人当たり医療費（医療保険制度分）

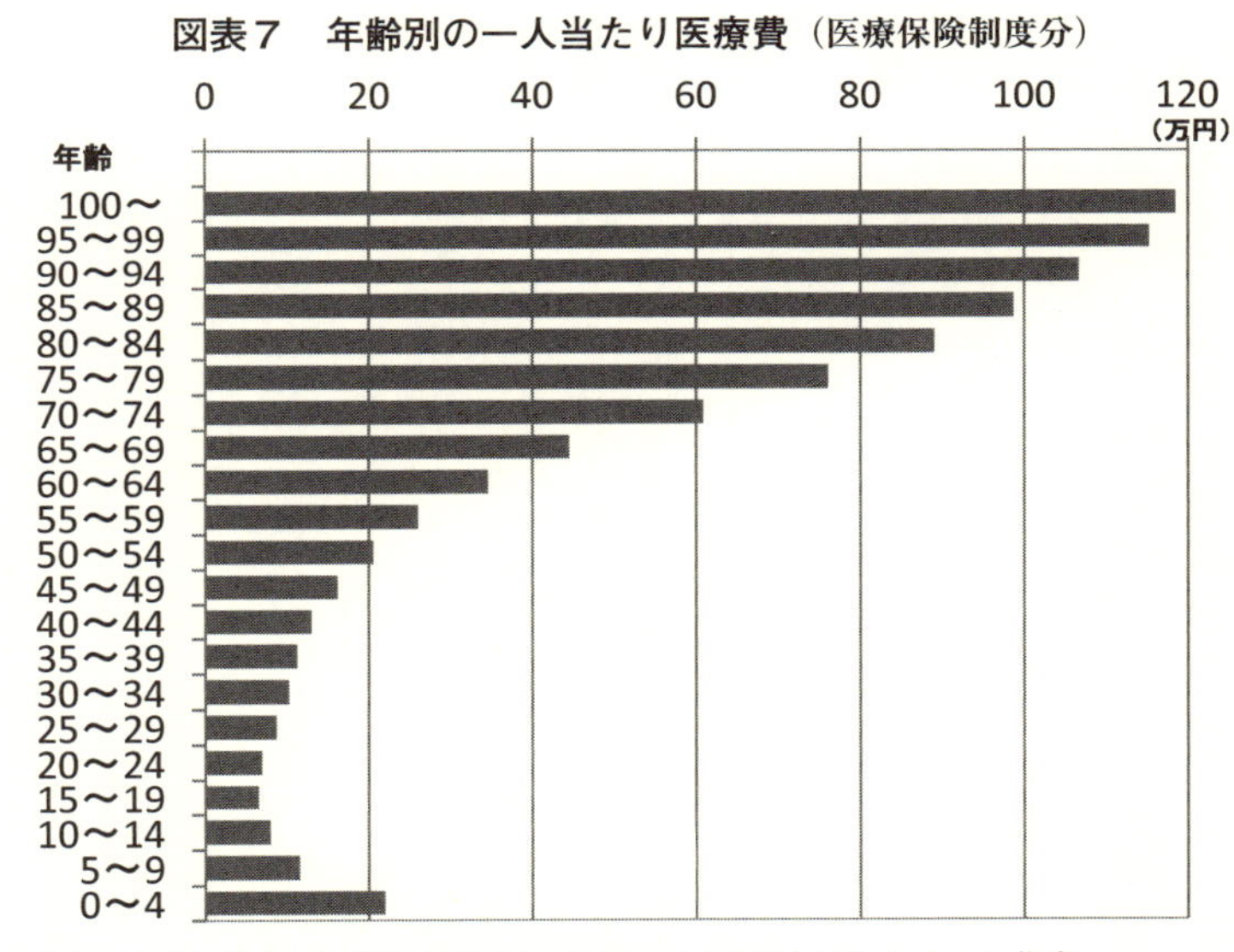

出典：厚生労働省「医療給付実態調査報告」（平成22年度）をもとに作成

10年後、病院では診察を受けない

社会保障制度の中でも医療費は、最近では40兆円という途方もない金額になっていて、さらに毎年1兆円程度も伸びている。それはなぜか？

まず、お年寄りが増えると医療費が増える。これは年金や介護も同じ。75歳以上の一人の高齢者が使う医療費は若者の5倍と言われているから、今後もますます増えていくのは間違いない（図表7）。

これに加えて、医療の高度化があり、良い薬や医療機器が開発されているという要因もある。キミも手術支援ロボット「ダヴィンチ」や新しい抗がん剤の登場といった話は聞いたことがあるだろう。それは、とても良いことだけど、その分かかる費用は増えることになる。

そんな高額な医療はお金持ちしか受けられないんじゃないかって？　それがそうでもない。日本の医療保険制度のすごいところとも言える。

つまり、医療にかかる費用は診療報酬というサービス価格を国が一律に決めており、さまざまな医療行為ごとに診療報酬が定められている。医療機関にはその額が収入として入るわけだが、患者はその費用の1～3割という定率の負担で診療が受けられる。しかも支払い額が高額になる場合、毎月の負担上限額が決まっていて、負担が増えすぎることはない。たとえば診療報酬額では1000万円の医療サービスでも、患者にとっては3割負担の300万円なんてことはなく、人によるけど、月に10万円程度、もし高齢者で慢性的に病院にかかる人だと5万円以下の支払いで受診が可能になる。ただし、特別室に入院したりしたら別だ。これは保険外。

だけど、その診療報酬額の残りの部分は、一体誰が負担しているのだろうか。じつはそれは、現役世代からの税金及び保険料と将来世代からの借金だ。だから、医療費が増えれば、増税の必要があるし保険料も上がってしまう。そして、増税を先送りすれば将来世代への借金が、いま以上に増加してしまう。

少し前置きが長くなったけど、結局、医療費増加の問題を解決するためには、どうしたらいいんだろう。論理的には方法は2つ。ひとつは診療報酬を下げること。もうひとつは、国民が医療費を使わないようにすること。どちらも簡単そうに聞こえるけど、じつは難しい。政府が進める改革メニューでも、なかなか進捗は見られない。

でも悠長なことは言ってられない。戦後の第1次ベビーブームで生まれた団塊の世代（1947〜1949年生まれ）が75歳以上、つまり後期高齢者の仲間入りをし、医療や介護のニーズがピークに達するいわゆる「2025年問題」まで、もう10年を切った。いまのままでは病気になったり、介護が必要になっても、満足のいくサービスを受けられない状況がやってくるかもしれない。なぜなら施設も医療スタッフも足りなくなるはずだから。じゃあ簡単に、でも効果的に状況を変える方策はないのか。

たとえばこの間、風邪をひいて私は、自宅近くの診療所に行った。そこはお互いに仲良しの高齢者が待合室にいっぱい溢れていた。2時間近く待って診察は5分。まるでディズニーランドの人気アトラクションと同じだった。なんだか腑に落ちない。

世の中はITの時代。チケットや新幹線の予約や変更、銀行手続もスマホで簡単にできる。会議もテレビ会議が当たり前になっていて、わざわざ海外出張しなくてもいい時代だ。このような企業なら当たり前のことが医療分野でも実現できれば、患者一人ひとりは当然のこと、社会全体にとっても効率的になるように思える。

今回、いろいろ調べてみて驚いたけど、医療の分野へのIT導入はとても遅れているし、抵抗も強いってことがわかった。ＩＴを使って医療費を分析したり、治療方法を確立したりすれば、無駄な検査や治療が減り効率化もできて、医療費削減に寄与するんじゃないかと言われている。でもなかなか進まないのが実態のようだ。直接的な医療費削減ではなくても、診療所での待ち時間がなくなったり、わざわざ診療所に行かなくても診断してもらえれば、社会全体にとって大きな効果があると思うんだが。一般の企業では、日夜、そうした革新が求められているから、なぜ医療の世界ではＩＴが進展しないのか不思議で仕方ない。

今回、調べた中で、わかりやすい例をひとつ挙げると、「遠隔医療」という話がある。日本の医療でもいくつかの分野ではすでに普及していて、たとえば、離れた場所にいる医師同士をＩＴでつないで診断の支援をすることは行われている。レントゲン画像を見ながら診断を支援するような場合なら、患者と対面していなくても対応可能だし、より専門的な医師に判断を仰ぐことができて診断の精度が上がる。

でも残念ながら、医師が直接、目の前にいない患者を診療する遠隔診療は、いまのところ全般的には普及していない。医師法は対面診療を前提としているからららしい。もちろん、医療は命にかかわるという特殊性はあるだろう。しかし疾患の種類によって、たとえば、慢性疾患の定期的な診療などは、スマホやタブレットなどのテレビ電話で遠隔でも診療ができるんじゃないだろうか。忙しいサラリーマンや過疎地の住人、寝たきりで外に出歩けないような人にとっては、とても便利だと思うのだが。

医療はその仕事の性格から新しい取り組みに慎重になるようだ。しかし、他の原因も指摘されている。遠隔診療は診療報酬での評価が低くて、医師にインセンティブがあまり働かないという話。もう少し時代に合わせて柔軟に変えられないのかとも思う。慎重になる理由は理解できないわけではないけど。

私は10年後、こう期待したい。診療所に行かなくても診察は受けられる。オンラインで予約してスマホ片手に医者と会話。時には、スマホ画面の先生から「病院に来てください」と診断されることもあるだろう。久しぶりに病院に行ってみたら、待ち時間はナシ。あっという間に診察終了で、帰宅時には処方された薬が配達済。そんな時代が早くやってきてほしい。

20年後、「ひと」は社会貢献で評価される

社会の変化はとっても早く、私が会社に入ってからも、企業を取り巻く環境は劇的に変化した。人々のニーズは多様化して、大量生産・大量消費という戦後の高度経済成長期のビジネスモデルは終焉を迎えた。そしていま現在、企業においては国内外を超えた多様な価値観を競争力強化に結びつけるダイバーシティマネジメントが取り入れられてきている。一方、個人に目を向けると、生産年齢人口が減りはじめるなかで、核家族が当たり前となり、共働き世帯も急

増した。

このような時代、仕事のみならず育児や介護などを通じて家庭においても責任を持つ社員に、企業はどのように働いてもらえばいいのだろう？　企業からは、「育児や介護のための休暇制度やフレックスタイム、在宅勤務制のような柔軟な勤務形態を用意しています」という回答があるかもしれない。しかしながら、単に制度がありますというだけでなく、社員が誰に臆することもなく利用できる環境や企業文化をつくることが何よりも大切ではないか。

たとえばキミの両親が高齢になり、その介護が必要になったとき、キミはどうする？

いまは、身内の介護のために離職してしまう人も多い。だからこそ、政府は「介護離職ゼロ」という目標を掲げているけれど、いまなお重大でたいへん難しい社会問題だ。

たとえば、両親の介護で一度退職したとしても、また同じ会社に復職できるような制度があればいいと思わないかい？　企業にとっても、積極的に復帰し即戦力としてまた働いてもらう方が、一から社員を育てるよりも効率的なはずだ。

この考えをもう少し広げてみる。介護だけでなく育児、さらにはボランティア活動などを行うことについて、仕事と同じように会社できちんと評価して、そういう行動を支援するような仕組みがあればと私は考えた。

いま企業では、ワークライフバランスや社会貢献の観点から、育児・介護・ボランティアなどのための休暇制度を用意している。これがどんどん活用されるためには、使ってくださいと社内でPRすることも必要だけど、まずは、どれだけ制度が使われているかの実績を「見える化」することが大事だと思う。さらに、積極的に社外一般にも公表して、そうした実績が多い企業が広く社会で評価されるようになると、いっそう効果が上がるのではないか。

社員のワークライフバランスは充実するし、育児・介護にかかる社会保障費も減るかもしれない。ボランティア活動が拡大すれば、社会で求められているニーズの実現が進むかもしれない。社員が人生のある時点でやりたいことに全力投球する。そしてその結果、社会全体もハッピーになれば、一石二鳥じゃないかと思う。

20年後、私たちの世代が65歳を過ぎるころは、まだまだ現役で働きつつ、社会に貢献していくことが求められる時代になっているだろう。子どもや孫たちの世代にこの国を引き継いでいくためには、そうしなければならないってことかもしれない。

私は20年後、そういう社会になっていることを期待しているし、覚悟もしている。

30年後、年金は75歳までもらえない

次は、年金の話をしよう。

キミたち若い世代は日本の年金制度を不安に思って見ているんじゃないだろうか。

政府は、年金支給額が自動的に調整される「マクロ経済スライド」が導入されているので、100年安心と説明している。たしかに、現役人口の減少や平均余命の伸びとかを勘案して自動的に支給額は調整されているらしい。でも、人口構成が変わっているのに、制度が大きく変わっていない以上、どう説明されたって納得しづらいところがある。お年寄りがもらっている年金額はそんなに減ってないのに、どんどんお年寄りの数は増えている。一方で、それを支える側が減っている以上、「何とかスライド」と言われても、マジックかトリックのように感じてしまう。そんななかで、いまは保険料を払っておけと言われても抵抗はあるはずだ。

私が年金受給者になっているはずの30年後の日本は、一体どうなっているんだろう。子どもの数の減少が続いているわけだから、30年後の30歳人口がいまより少ないのは当たり前。だから、労働人口が減らないよう、私たち、すなわち30年後の高齢者は働いていなければならないだろうと思う。

しかし30年後は、いま以上に医療が進歩していて、健康サービスももっと充実している可能性がある。健康食品が開発され、個人の健康サポートプログラムも充実し、いわゆる「健康寿命」は伸びているかもしれない。

ということは、30年後の私は健康で元気いっぱいの可能性もある。であれば、働いてまだまだ稼いでいてもおかしくはない。それならいまといっしょ。もちろん、40代バリバリのころとは働きぶりは違うかもしれないけど、しっかり税金を納めながら、年金なんてなくても生活できるって言っているかもしれない。そう考えると、まんざら大変だという話ではないかもしれない。

結局のところ、定年を迎えれば企業社会から引退する道しかなく、年金が必要と思ってしまうのであって、年をとっても健康に生活できているんだったら、フルタイムのサラリーマンじゃなくても、体を動かしがてら何か仕事をしようという発想でいれば、あまり問題は生じないのかもしれない。

高齢になって働けなくなるリスクを、若い世代が保険料を払って支える制度が年金だったが、これを、年齢に関係なく働ける人は働き、本当に働けなくなった人だけに年金を支給するという仕組みに変えていけばどうだろう。そうなれば、年金制度の持続性の問題も解消されるのではないか。

では、何を基準に年金の支給を決めればいいんだろう。ひとつの考え方として、社会の一定割合が年金受給者、年金をもらう人なんだと考える、ある意味発想の転換が必要だ。たとえば、いまだと、65歳以上の全人口に占める割合は25%程度なんだけど、仮に年金をもらう人は、全人口の25%と定義してみる。「マクロ経済スライド」じゃなくって、いわば「マクロ人口スライド」。国民一人ひとりが年金の受給年齢を予測して、その日までに自分のキャリアを設計し直し、第二の人生を考えるいいきっかけになるんじゃないか。楽しい第二の人生を送るためにも、いっそう自分の健康に気をつけるようになるかもしれない。こういう仕組みなら年金財政がダメになることもない。

定年まで働いた後の余生は年金で暮らしていこう、なんて漠然と思うかもしれない。けれど、それが本当の望みなのか、真剣に考えてみよう。単に、先輩たちがそうだったからそう思い込んでいるだけかもしれない。もともと定年なんてないよって思っていれば、別に大変だと思う必要もない。

私は30年後も、健康に働いていることを期待しているし覚悟もしている。あれ、さっきもそう言ったような気がする。

40年後、健康を勝ち取るのは「日々の努力」

年金や医療の話は高齢者と若者という世代間の話になりがちだけど、本当はそれだけじゃない。同世代の間の話としてもいろいろ考えるべきことがある。

たとえばだらしない生活を送り、運動もせず、毎日暴飲暴食している人がいたとしよう。きっと生活習慣病と言われる高血圧、糖尿病にかかるリスクは高いだろう。じつは私、仕事に一生懸命なばかりと言い訳をしつつ、忙しさのあまりに運動不足、夜は飲み会の連続ゆえか、この前の健康診断でも血圧や血糖値が高く糖尿病一歩手前ですよ、と宣告された。ひどくなると人工透析をしなければならなくなると言われたけど、そうなると年間500万円の治療費がかかるらしい。これはさっき言ったとおり診療報酬で支払われるんだけど、40代でそれなりの所得を得ている私でも、自己負担は月10万円にもならない。残りはウチの会社の健康保険組合から支払われることになる。

申し訳なくなってしまうから、絶対に透析のお世話にはならないようにしようと思うけれど、趣味がマラソンという仲間がいて、彼は仕事終わりの夜とか週末のジョギングを欠かさないって話していた。健康診断でも問題ナシだと、この前自慢された。

この対照的な2つのケース。私と彼は同年代で、おそらく払っている保険料はほとんど変わらない。しかし私はこのままいったら、今後すごく大きな医療費の支払いを受けることになるかもしれない。その仲間は保険料を払うばかりで、通院することもないから保険を使うことはない。我ながら、それでいいのかなって思うようになった。

「休みの日くらい少し体を動かせよ。じゃないと糖尿病になるぞ」と面と向かって彼に言われたら否定はできない。病気になるリスクは皆等しくあり、これに困った人を救済することが国民皆保険制度の考え方だということなんだけど、そうは言っても、一面では正直者が損をする制度になってしまう気がする。

これを突き詰めて考えると、自己管理で予防・改善できるような病気は、保険の対象から外して全部自己負担とすべしと考えることもできそうだ。

もちろん、努力はしたけれど発症を防げなかったり、症状が改善できなかったケースもあるから、人の体に関するこうした事柄をとてもていねいに考えて、制度設計する必要はあると思う。しかしたとえば、会社の保健指導を受けもしないとか、受けてもまったく指示に従わない場合なんかは自己責任であり、全額自己負担で治療してくださいとしてもいいんじゃないだろうか。

健康でい続けようと努力することは自分自身のためだけど、公的な制度の恩恵を受ける以上は、国民の義務でもあるといっても過言じゃないかもしれない。そして、ちゃんと努力はしたけれど、やっぱり避けがたい病気になってしまったという場合にこそ、しっかりと公的に保険がサポートするというのが、本当の意味での公平・平等を意味するように思える。おそらく、そういう制度の方が、若いうちから健康を意識し、健康のための行動を起こすことができる。

また保険制度の中にも、健康を維持する行動がとれていない人をいち早く見つけ出し、健康維持に向けた行動を起こさせるような仕組みがあるといい。たとえば、企業が有する健康診断のデータを活用して、個人の生活習慣や健康情報などの経過を観察しながら、タイムリーに介入していくモデル。そのために、企業も健康に対する意識を社員に定着させるための努力をしていく。

現在も、従業員の健康管理を経営的な視点で考えて、戦略的に取り組んでいる企業を「健康経営銘柄」として選定する国の制度もあるけれど、本当に国民一人ひとりを動かすためには、健康維持に取り組む社員を評価するという企業内での仕組みが必要だと思う。何より、健康でいることの方が、社員とその家族の人生にとってもいいはずだ。

健康への投資を行う人は医療費削減にも貢献していることになる。その努力を貢献度として「見える化」することがあってもいいかもしれない。そうした評価ができる社会こそ、努力が報われる社会だという気もする。

40年後、私が80代になったとき、キミから「すごい元気ですね」と評価されるよう、いまのうちから頑張るつもりだ。

「健康長寿」と「コミュニティの力」が日本を救う

さてこれまで、日本の社会保障の未来をともに想像してみた。これからの社会保障の在り方だけでなく、私自身の将来もずいぶん語ってしまったね。

そもそも、日本の社会保障制度がどんな考え方で成り立っているのかを、ここでおさらいしてみよう。それは憲法にたどりつく。憲法の第25条には「すべて国民は、健康で文化的な最低限度の生活を営む権利を有する」と書いてある。つまり、国は、国民に最低限度の生活ができるよう社会保障制度でサポートすることを約束しているといえる。ありがたいことだ。

ただしよく考えてみれば、世の中、「権利」があれば当然「義務」もあるはず。同じ憲法の第27条では、日本国民の義務のひとつとして、「すべて国民は、勤労の権利を有し、義務を負ふ」と書いてある。この「義務」という視点について私たちはあまり認識していなかったような気がする。

日本の医療制度は、世界に冠たる国民皆保険制度が整っていて、誰もが安心して医療を受けることができる。権利を行使できる環境があると言える。でも、病院に行く人が多いと、国全体の医療費は増えてしまう。これがいまの日本社会の問題になっている。だから、「40年後、健康を勝ち取るのは『日々の努力』」——病院に行かないで済むように、病気にならないように努力することを国民の義務にしたらどうだろうと考えた。

生活習慣病は高齢になればなるほど増加する。病気の名のとおり、食生活や運動、睡眠、ストレスのような生活習慣が原因だから、生活習慣に気をつければその発病や重症化を予防することができると言われている。だから、体を動かしたり、ストレスをためず規則正しい生活をしようということだ。

ストレスを感じないなんて無理だと言うかもしれない。しかし、年をとっても仲間との交流で楽しさを感じたり、誰かの役に立っていると感じられれば、充実感は得られる。それが、健康で生活し続けることを可能にするんじゃないだろうか。もちろんストレスになってはいけないから、自分でバランスを取ったり、少々の努力は必要かもしれないけれどね。

社会との繋がりという点では、仕事に就くということは大事なことだ。仕事は社会との大きな接点。最低限の生活を営む権利を守るために行政は、さまざまな事情で働けない人に生活保護や失業手当を出す。これはとても大事な社会保障だけど、積極的に仕事に就けるようにサポートすることも重要なはずだ。定職に就いていない若者も、職業訓練を受けて技能を高めることができれば、安定した就職先を見つけることができるかもしれない。身体に障害があって思うように就職できない人や、シングルマザーで子育てのために希望するような仕事に就けない人の中には、本当はもっと働きたいと思っている人もたくさんいると思う。だから、行政や地域が支援してその人に合った仕事が見つかって働くことができれば、これまでの社会に助けられる立場から、納税者として社会に貢献する側に変わることもできる。

すなわち、これからの日本に必要な社会保障では、もっともっと工夫して、いまは弱者としてサービスを受ける側にいる人を、社会に貢献できる側に変えていくような仕組みができないかと考えた。どんなかたちであれ個々人ができる範囲で社会に貢献することが、権利を享受するための前提なんだと。

社会保障制度というと、どうしてもサービスを受けるものというイメージを持ってしまう。しかし、制度を自立して持続可能なものとしていくためには、保障費の支出を減らしたり収入を増やしたりすることが必要だ。そのために、自分たちが積極的に社会生活にかかわっていくことで、できる限り制度をサポートする側に回る必要があると考えた。国が制度をつくって終わりではなくて、自分たちが自ら動く。

積極的に動くから「アクティブ社会保障」。個人の能力はさまざまだ。もちろん強制はできないけれど、最大限努力するという義務を社会に浸透させる。努力が報われる社会、自分の努力が他の人に感謝される社会は、努力する苦労にも増してやりがいや達成感を感じられるのではないだろうか。

おそらくこの「アクティブ社会保障」を実現するためには、「コミュニティの力」、みんなで補完し合う力が重要になってくる。つまり、国民一人ひとりが主役となるコミュニティをつくること。そして、みんなが、地域のコミュニティに積極的に関わって、行動することで社会に貢献する。やりがいや生きがいも感じられるし、身体を動かす、行動することで健康で長生きにもつながる。社会に貢献する個人が集まる地域では、自分でできることは自分でするけれど、自分ができないことは相互に助け合うという関係を実現することができる。

この「アクティブ社会保障」の重要なキーワードは、「健康長寿」とともに「コミュニティの力」なんだと思う。別に、突拍子もないことを言っているつもりはない。私が子どものころには、日本のコミュニティのつながりはもっと強固だったはずだ。今日は隣のおじいちゃんの話し声が聞こえないと思えば、ちょっと覗きに行ってみたり、道路にごみを捨てたら隣のおばさんに怒られたり。地域社会全体がもう少し家族みたいな感じだった。地域社会とつながり、支えられていることで、自分が生きているという実感も感じたり、生きがい、やりがいにつながった。

しかしながら先ほども述べたとおり、地方のコミュニティは、人口減少と高齢化が進んでいるし、都市部であっても時間の問題だ。社会保障の問題は地方の再生のあり方ともあわせて議論する必要があるんだけど、地域の再生を通じてコミュニティの力が再構築できれば、この「アクティブ社会保障」が動き出すのではないか。

その地域に住む人たち全員ができるかぎり地域社会に貢献して、自立して社会を形成するような「アクティブ社会保障」を実現するコミュニティづくり。そのようなコミュニティの再構築を全国レベルで展開し、みんなが健康で長生きできるようになれば、キミたちの世代だって将来を心配することなく暮らせる社会を実現できると思う。

「アクティブ社会保障」の実現性を探る〜ヘルシーアイランド構想

「アクティブ社会保障」を実現したい。実在の「南国の島」を例にしていろいろ考えてみた。実際に足を運んだ。

日本には何千という島があるが、そのひとつ、与論島という島がある。鹿児島県最南端の地にあり、戦後、沖縄がアメリカから日本に返還されるまでは、年間15万人を超える観光客が訪れる島だった。しかし最近は、観光人口も当時の3分の1まで激減して、人口も減少し続けている。現在、人口５０００人。主な産業は農業だが、限られた土地のうえに台風という自然との戦いもある。一方では、子牛の飼育が最も優良な産業だ。島内に大学はなく、高校を卒業すると多くの若者は島外に出て、島に帰ってきても主な就職先は、役場か農業関係となっている。

しかし、かつて大きく島を支えた観光産業の資源は、いまも豊富にある。最大の売りは、目が覚めるような真っ青な海。島は時の流れが穏やかで、機械的な騒音や人波に揉まれることのない自然な風景が広がる。高台に立つと、時を経ても「ただ、変わらない土地がそこにある」という島の魅力を一望でき、その癒しの空間が与論にしかない「宝」なんだと思う。

私は仲間とともに住民の方々や行政の方々とも出会った。そして、この地の魅力を生かして

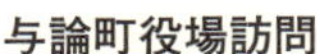

与論町役場訪問

訪れた人たちが心身ともに健康になる仕組みをつくることで、昔のような観光客の賑わいを取り戻し、若者をも島に定着させることができないかと考えた。この島に行けば、そして定住すれば、健康で幸せに生きることができる夢の島、そんな「ヘルシーアイランド」が実現できないかと。

「コミュニティの力」の再構築に向けて

もしヘルシーアイランドとして魅力を発信できれば、心と身体の健康を求めて島外からの観光客のみならず、移住・定住者も呼び込めるだろう。人口増加も期待できる。多くの人々に積極的に地域に参画してもらえば、コミュニティの力も強くなる。

目指すのは、住民が社会に貢献するという

与論町への提案

価値観を共有し、移住者を含めた新たなコミュニティで社会的なつながりを強くすること。一人ひとりが地域社会の一員として活躍する社会をつくることだ。すなわち「コミュニティの力」の再構築がカギとなる。

移住・定住には、働く場所があることが不可欠。そこで、有識者の知見も得ながら、与論島の新たな健康に関するビジネス案をいくつか考えてみた。離島はモノを運ぶためにコストが他の地域よりも高くなる。だから、少量でも付加価値が高い特産品を製造・加工するモデルがいいだろう。そこで、与論島の農産物等を加工するビジネスとして、植物を原料とするアロマ、プリザーブドフラワー（生花に保存液と着色料を吸わせ乾燥したもの。ブーケやインテリアなどに使われる）、漢方や健康食品はどうだろうかと考えた。

さらに、与論島の温暖な気候や環境は、小児アトピー性皮膚炎や小児ぜんそくなどをじっくり治す療養モデルにも適しているんじゃないかとも考えた。

新たな産業が立ち上がれば、新たな雇用が生まれ、労働力確保のために、島外からの転入も促進される。仕事があれば、進学で島を離れた人もきっと島に帰ってくる。

与論町では「地域おこし協力隊」という国の制度を活用して、外部の力も得ながら、新たな取り組みを積極的に進めていた。地域おこし協力隊の皆さんと意見交換をさせてもらうと、外部から移住してきて発見した与論の魅力や可能性、今後の課題や地域の皆さんとのかかわり、そして協力隊の皆さん自身の夢についてもたくさん教えてもらった。彼らはすごく頑張っていて、やはり地域の歴史に新たな力が加わることの効果を強く感じた。しかし協力隊全員で数人だけの現状では、その力量に頼るところが大きいし、全国の事例も調べてみたけど、インパクトのある事業を生み出すようなケースはまだまだ稀で、そう簡単ではないように思えた。

地方でビジネスを新たに始めて軌道に乗せるのは簡単ではない。新しいビジネスの「案」は生まれるけれど、その実現には越えなければならないハードルが山ほどあるんだと思う。

与論の魅力を再構築する「ヘルシーアイランド」を実現するには

もう少し考えてみたい。「ヘルシーアイランド」を実現するためには、行政と地域住民そして、島外の民間企業も一体となって取り組むとうまくいくと思う。そして、島の住民自身の意識が最も重要だ。島の将来のためにはこのままではいけないという危機感を地域全体で共有することが変化につながる第一歩。それにはリーダーの存在も大きいと思う。新たな産業を起こすためのリーダーも必要だ。企業の誘致や島内での事業化のためには、そのリーダーが汗をかいて、関係者との交渉や調整を精力的に進めなければならない。前述した「地域活性化リーダー」の出番だと思う。地域につながる人たちを一人でも多くするために、雇用創造から就職に至るまでの支援プログラムを制度化することも効果的だ。

新規事業の立ち上げには、プログラム策定から施設の整備のためのお金の調達、さらには、行政として整備すべき地域のインフラや関係者をどのように巻き込んでいくかなど、行政だけに頼ることなく、地域住民もともに、どういう仕組みがいいのかを考えることが大切だ。

その際は、地域だけの発想や人脈に閉じることなく、外部の資源も積極的に活用した方がいい。資本力ある大企業の関与があれば、思い切ったことも取り組みやすいと思う。そうした企業がどのようなビジネス戦略を描いていて、どんなビジネスを立ち上げたいか、与論とどのような関係が持てるかといったリアルな情報に接していることも重要だ。

域外の企業の力を地域につなげるためにも、地域おこし協力隊をはじめとした島外からやってきた人や組織を都会の民間企業がサポートするような仕組みがあったら、地域の皆さんも安心して新たな事業にも挑戦できるのではないかと考えた。こういう仕組みは、都市の側で考えられる「アクティブ社会保障」への貢献だと言える。「ヘルシーアイランド」を長続きさせるためには、やっぱりビジネスを回してお金を生み出しつづけることが必要だから。

そんな好循環が回り始めれば地域が活性化し、また、その地域に住む人たち全員が地域社会に貢献することで、自立した地域社会が持続していくだろう。まさに私たちが考える「アクティブ社会保障」を地域に溶け込ませ、コミュニティの力を再構築しながら、地方創生を実現しようという試み。日本全国がそういう地域ばかりになればと切に思う。

キミの意識が未来を変える

逃げ切りは許されないが、逃げられもしない

社会保障の話に突入してぐるりと回って、また地方創生の問題に行き着いたようだ。すべて

は密接に関連して、日本の明日を形づくるということでもあるのだろう。だから、色々な問題を同時に解決しないといけないということでもある。

まあ、それでも私なりの処方箋をご覧いただいたつもりだけど、頭を抱える問題ばかりだったかな。

「ふざけるな、押しつけて逃げ切るのは許されない、でもそんなニッポンの不都合な真実から逃げられはしない」

キミたちの世代から考えたらそう思うだろうし、私の世代にとってもそう感じる。

でも、どうしてこれまでずっと「先送り」されてきたんだろう。

これまで話してきた日本が抱えている問題の多くは、だいぶ前から認識されていた。実際、大学教授などの有識者、民間の経営者などが、政府の審議会などで政策提言をまとめたり、経済団体やシンクタンクなども、いくつもの改革案を提示している。なぜ日本という国は変わることができないんだろう。これがもし企業だったら、社外取締役や、ものを言う株主が苦い薬を処方して、もっと早く最後通牒を突きつけてくれたはずだ。でも、日本という国にとって、その役割を担うのは誰だろう。

それは「正しい政治家」だと思うんだ。嫌な現実を突きつけ、処方箋を書いてくれる。そういう政治家が選ばれないとダメだと思う。誰だって皆から嫌がられることは言いたくないはずだ。だからこそ、それを言ってくれる代表を選ばないと。じゃあ、それを選ぶのは誰なんだろう。そう、私たち。まさにそれが「民主主義」なんだと思う。

終戦直後の1948年、当時の文部省がつくった『民主主義』という本にこう書いてある。「民主主義は、広く国民に行きわたった良識と、それに導かれた友愛・協力の精神と、額に汗する勤勉・努力によって自らの生活を高く築き上げて行こうとする強い決意とから、そうして、ただそれのみから生まれて来る」と。

耳障りであっても聞くに値する意見を述べる政治家を、しっかりと私たち自身が選べるようになることが大前提だ。社会の制度はもちろんだし、発達した革新的な技術も正しく使われる必要がある。古くならダイナマイトがそうだ。

そして同時に、民主主義である以上、選んだ政治家の仕事を一方的に任せきりにするのじゃなくて、私たちも取締役とまでいかなくても一人の社員や株主として、責任をもって監視役を果たしていく必要があると思う。

一歩踏み出そう、未来へ向けて

私やキミたちがこれから生きていく時代は、決して生やさしい時代じゃない。人口が減り、財政の余裕もない厳しい時代だ。だからこそ、私たちがしっかりとした意思をもって、政治家を選び、その政治家を通じて、良いと考える方向に社会を導いていかなくてはいけない。民主主義の世の中で、社会を変えることができるのは、私たち自身しかいない。

日本の現状を知り、危機感を共有する。そして負担を覚悟し社会にしっかり貢献していく。そうやって私たちの意識が変わることが、政治を動かし、社会を変えていくことにつながる。

私がこの問題を勉強して、ふつふつと怒りと危機感がこみ上げてきたように、キミもそう感じたと思う。それが大事なんだ。いまからでも遅くないし、そもそももう逃げられない。いっしょに私たちが抱える、「ニッポンの不都合な真実」に真剣に向き合って考えていこう。

第2章

日本の魅力をお金に変える

――まだ間に合う、いま変えること

未来の経済だいじょうぶ？

未来の日本経済について話をしよう。

「経済」というと難しい話のように思えて、あまり自分が深く関わっているという実感がわかないかもしれない。実は20年前の私もそうだった。毎日自分が携わっている仕事そのものが経済のような気もしたけど、一方、政治家や評論家がテレビでもっともらしく経済論を語っているのを見ると、自分がいる世界とかけ離れているような気がした。正直に言うとよくわからなかった。キミも「アベノミクス」とか「三本の矢」とか、ニュースを見ていると、つい他人事のように思えて、「経済を立て直すのは国の役割、僕らは国に要求するだけ」なんて思ってしまうかな。

さて「経済」って一体何だろうか？　キミの生活に置き換えて考えてみよう。たぶんキミは毎朝眠い目をこすりながら電車に乗り、会社へ出社し仕事に励んでいる。仕事が終わった後、時には友達と食事に行き、給料日には少し贅沢をすることもあるだろう。そんな生活は経済とどんな風に関係するんだろうか。たとえば「朝眠い目をこすりながら電車に乗る」のは、「電車に乗る」というサービスを消費する活動だし、キミが「会社で仕事をする」のはまさに生産にあたる活動だ。毎日食事をしたり、何かを買ったりするのは消費活動そのものだ。つまり、日本という社会において、お金を循環させる活動が経済で、その中心にいつもキミはいる。一握りの政治家や学者が経済を動かしているのではなく、キミや私たち一人ひとりが日本経済をつくり上げている。

その日本経済がいま揺らいでいる。バブル崩壊後のいわゆる「失われた20年」の間、モノの価格は下がり続け、企業は潰れないようにとコスト削減に追われ、働く人の賃金も上がらなかった。賃金が上がらないから、消費者はより安いものを求めて、物価はさらに下がる。その繰り返しだった。キミが過ごしてきたのはほとんどそんな時代だから「これが当たり前。これ以上悪くなりようがない」と思っているかもしれない。

キミが生まれてから日本は成長していない

キミが生まれたころ、私もちょうど仕事を始めたぐらいの時代、日本のＧＤＰは４８８兆円、アメリカに次いで世界第2位の経済力を誇っていた。成長するスピードが鈍っていることを薄々と感じていたけれど、これからも経済成長が続いていくんだと、私も信じていた。しかしそれから二十数年の間、日本経済は一進一退を繰り返し、２０１５年のＧＤＰは４９９兆円、

図表１　日本のGDP推移（兆円）

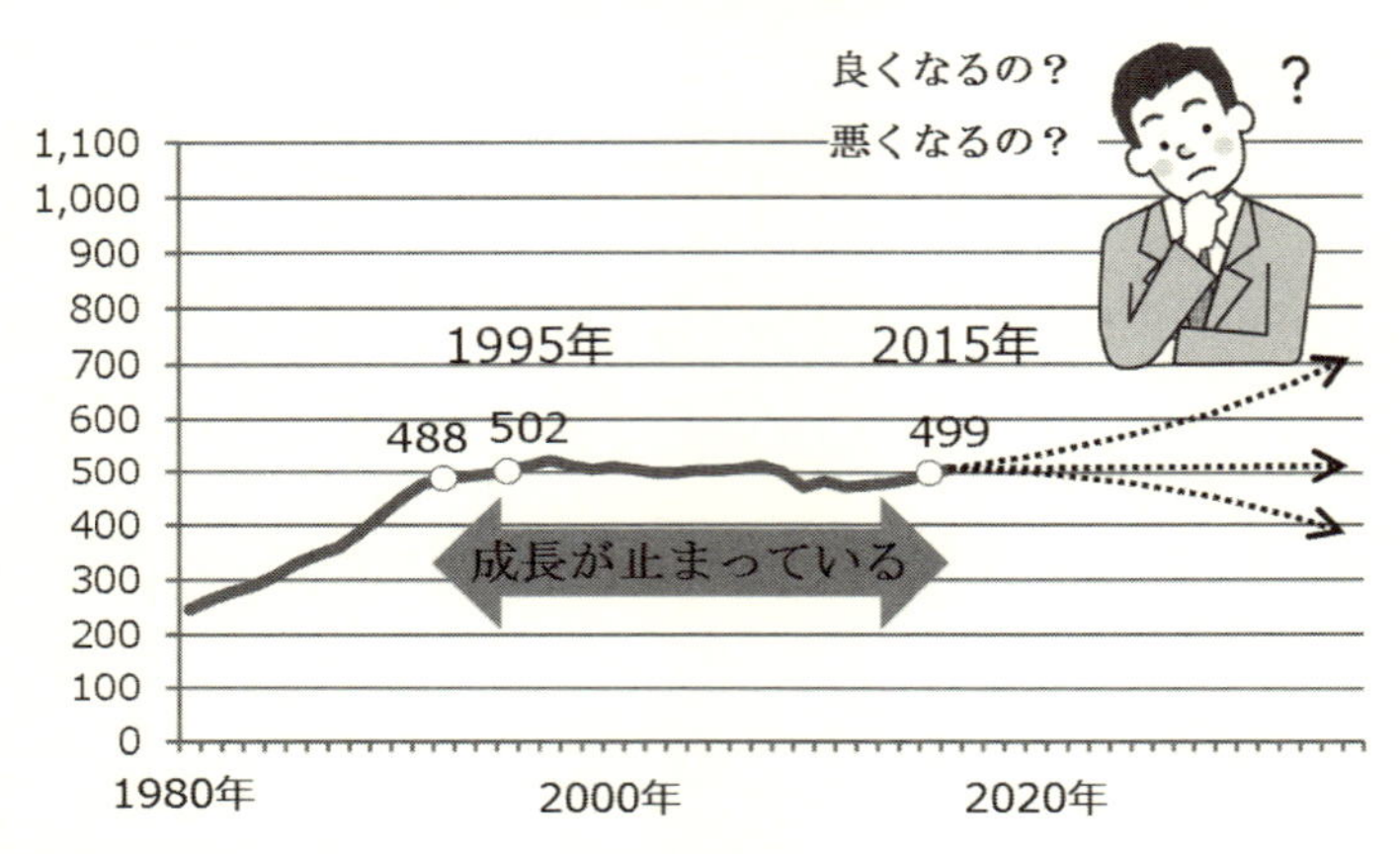

出典：IMF World Economic Outolook Databases

ちょうど20年前、１９９５年とほぼ同じ数値だ。いいか悪いかは別にして、「20年間成長が止まっている」これがいまの日本の実力だ。２０１０年にＧＤＰは中国に抜かれ、世界第３位となり、その差はますます広がるばかり。日本がデフレスパイラルで苦しんでいた間に、世界は着実に変わっている。すさまじい速さで進む技術革新とともに、中国や新興国の急激な経済成長があった。加えて人口減少、高齢化社会という日本特有の問題が追い討ちをかけている。「これが当たり前。これ以上悪くなりようがない」はずの日本経済の未来が揺らいでいる。

こんな日本がこれからさらに成長できるのか？　これは私がずっと悩み続けている問題だ。経済成長しなければいけないと思う一方、果たしてそれが本当に実現可能なのか。その答えを会社に入ってからずっと探し続けている気がする。ただひとつだけわかっているのは、経済は日本という国の生命線だということ。国土も狭く、資源もなく、軍事力で世界を支配しようなんて気もない。そんな日本にとって、国際社会の中で一定の地位を保ち続けるためには、経済力がとても重要だということだ。

国の予想は楽観的だ

これからの日本経済を考えるとき、私がいちばん感じる不安は何といっても人口減少だ。第1章で話したように、人口減少は社会システムそのものに大きな影響を与えるが、同時に、経済に与える影響もじつに大きい。経済にとっての影響は主として労働力と国内市場規模である。出生率の低下にともなって、日本の生産年齢人口（15歳以上65歳未満の働き手として主力となる人口のこと）は今後確実に減少することがわかっている。

２０３０年の生産年齢人口は約６７７３万人となることが予想されており、２０１５年と比較すると１０００万人以上も減少することになる。何も対策をとらないと、労働力が不足する現実が待っている。そして国内市場。これも人口が減るのに比例して縮小する。人口が減少すると消費する人も少なくなるから当然の成り行きだ。つまり人口が減ると、生産と消費活動両方に影響が出てきて、何もしなければＧＤＰはこれからさらに減少する可能性が高い。

この問題に対して、日本政府の見通しは楽観的だ。経済産業省の新産業構造ビジョンによれば、何も手を打たなくてこのままの状態が続いても１・４％の経済成長。皆で頑張れば３・５％成長ができて、国際社会における日本のプレゼンスも保てると言っている。キミは「持続的に経済成長を続ける日本」を想像できるか？　私はその姿を想像しようとすると、不安ばかりを感じてしまう。

私は日本経済のマイナス成長を想定している。このまま何も変えなければ、人口減少とともに国内市場は先細り、労働力も足りなくなる、労働力が足りなくなるから、生産も減少するという負のスパイラルに陥る。右肩下がりマイナス成長のサイクルだ。そしてその先に待っているのは、経済力を失った日本の国際的地位の低下。第１章の社会システム、第３章で話そうとしている日本の安全保障など、日本の経済的地位の低下はいろいろなことに影響を与える。

すでに地方では同じようなことが現実に起きている。人口が減って高齢化が進んだ地方都市では、消費する人も働く人も少なくなるから、企業は地方から出ていく。働き先がなくなるから、若い人たちも仕事を求めて地方から出ていき、人口減少が加速する。人口がさらに減るから……その繰り返しが、地方の住人たちの生活を変えている。近くにお店がなくなって買い物に不自由したり、病院が少なくなって困ったり、交通手段がなくなって不便になったり、いま

図表２　2050年世界のGDPランキング（兆ドル）

中国	45.73
米国	32.34
インド	27.82
インドネシア	6.08
ブラジル	5.18
メキシコ	5.17
英国	5.04
日本	5.00
ロシア	4.94
ドイツ	4.30
フランス	4.00
トルコ	3.66
韓国	3.63
イタリア	3.02

出典：OECD(2016), GDP long-term forecast(indicator).
doi：10.1787/d927bc18-en(Accessed on 02 August 2016)

までできていた当たり前の生活が送れなくなっている現実がある。それが日本全体で起こるとしたら。いまキミが過ごしている「これ以上悪くなるはずのない」毎日の生活すら、維持できなくなる可能性が高い。

維持できれば、まあ、いいか？

いまのやり方の延長でも「頑張れば何とかできるんじゃないか」とぼんやり思うのは、現状のＧＤＰ５００兆円を維持していくことだ。たとえこのまま維持できたとしても、他の国は成長を続けているから、日本の国際的地位の低下は避けられないけれど、将来のＧＤＰが５００

兆円だとすると、２０５０年でもだいたいイギリスやロシアと同じぐらい、世界10位以内には残れそうだ。人口減少を補うために、いままでよりたくさん働かなければいけなくなるから、完全にいまと同じ生活とはいかないかもしれないけれど、しばらくの間はそこそこの生活は送れそうだ。目指すのは「マイナスにならないゼロ成長」。これでは、ちょっと元気が出ないかな。

ひょっとしてキミは「いままでと同じ生活を送れるのであれば、まあこれでいいじゃないか」と思うだろうか。

「変わることには痛みをともなうから、やり方を変えずにちょっとだけ頑張ればいい。無理して変えると大変だし、もし失敗してマイナスになったりしたら、さらに借金抱え込むだけでしょ」

キミたち世代の本音の声が聞こえてきそうな気がする。けれど、キミに嫌がられるのを覚悟して私はあえて言いたい。

次の一歩が未来を決める

現状維持のシナリオを選択した日本経済に未来はない。

なぜなら世界は常に動いているから。技術の進歩は第4次産業革命として、世界中の人たち、そしてキミや私の働き方を変えようとしているし、世界の人たちは生活の向上を必死で追い求め、昨日なかった市場が、今日は世界のどこかで生まれている。変わらないことを前提に、維持することだけ考えていると、今後30年間は持ちこたえられるかもしれないけれど、40年後、50年後、結局日本は世界から取り残されてしまう。

成長する日本経済。目に見える実感はすぐにわかないかもしれない。でも、今日より明日、明日より明後日、キミや私たちの一歩づつの積み重ねが持続的な経済成長を実現する。そしてキミの未来の生活も変えていく。経済は生活そのものという原点に帰って、キミと私の身近な問題から考えてみよう。

まずは、キミと私のいちばんの共通点、「仕事」の話から、人口減少と労働力の問題について、「経済」の視点で考えてみよう。

これからの仕事のカタチ

いまの仕事はなくなるかも知れない

未来の仕事ってどんなものになるか、考えたことはあるだろうか。キミが私といっしょにやっていることの延長だろうか。それともまったく違うものになるのか。おそらくキミは与えられた仕事をこなすことに一生懸命で、「これからの仕事がどうなるかなんてことを考える余裕はない」と思っているかもしれない。しかし、「仕事」を取り巻く環境は大きく変わってきている。もちろんひとつは人口減少による労働力減少。もうひとつは技術の進歩、とくにＡＩ（人工知能）にかかわる技術の革新だ。

「人口が減って働く人が不足する」という話をすると、最近は「ＡＩやロボット技術が発展するから労働力は補えるんだ。逆にＡＩやロボットに人間が仕事を奪われる時代が来る」という意見が必ず出てくる。

調べてみると、たしかにＡＩ技術の進歩は加速していて、最近は「ディープラーニング」と呼ばれる多層的に自ら学習する機能に関する研究が盛んだ。キミも、グーグルが開発した囲碁プログラム「アルファ碁」がプロ棋士を破ったというニュースを見た覚えがあるだろう。人間がつくり出したはずの人工知能が人間を超えていく。ＳＦ小説みたいだけど、この自ら学習する機能をもったＡＩ技術をロボットと組み合わせると、いよいよＡＩロボットが本格的に人間の仕事の領域に入ってくることになる。

少し前の話だけど、２０１３年にオックスフォード大学・オズボーン准教授が、「雇用の未来」という論文の中で、「今後10年〜20年の間で、米国の総雇用者数のうち約47％の人の仕事がコンピュータに取って替わられる可能性がある」と発表し話題となった。日本でも野村総合研究所が日本の職業に置き換えた試算を行っていて、日本の労働人口の約49％が技術的には人工知能やロボットに代替可能だと言われている。

「日本は労働力の減少が課題だから、それを補ってくれる技術革新は大歓迎だ」とキミは思うかもしれない。日本の人手不足を補うため、お腹もすかさず、眠がりもせず、文句も言わず黙々と働くロボットが、24時間生産活動を行ってくれたら、たしかに便利だ。実際、製造業では、インターネットにさまざまなモノがつながるＩｏＴ技術とロボットの組み合わせで、工場を省人化する動きが盛んだ。毎年春にドイツで行われている世界最大の産業見本市ハノーバーメッセでも、最先端の工場を「スマートファクトリー」と称して、ＡＩ＋ロボット＋ＩｏＴ技

スマートファクトリーの一例（ハノーバーメッセ2016）

術を組み合わせて、人が介在することなく自動的に生産する仕組みが動いていた。労働力のＡＩロボットへの置き換えは、着実に始まっている。その時キミはどうするのか？

日本の労働人口の約49％が人工知能やロボットに代替可能と言われて、キミは仕事を失う危機感を感じただろうか。「自分とは関係ない話。自分の仕事は安泰だ」と思っているかもしれない。しかしそう安心もできないんだ。

たとえば、経理という仕事。簿記や会計に対する専門知識も必要で、企業を経営するうえでも不可欠な機能だ。20年前は、ほとんどの経理業務を専門的な知識を持った人が行っていたし、経理の仕事

組木ハウスを組み立てるロボット（ハノーバーメッセ2016）

がなくなっていくなんて思いもしなかった。でもいま、経理の仕事はかなりの部分でシステム化されている。コンピューターが安くなり技術が進化するにつれ、どんどん仕事の置き換えが進んでいった結果、経理の人にしかできない専門的な仕事は瞬く間に減少していった。ＡＩの技術革新で、同じことがキミの仕事にも起きるかもしれない。近い将来、いまの仕事はなくなってしまうかもしれないんだ。

早く大人になろう
～自立した社会人へ

最近こんなことばかり考えているせい

か、「〇〇年後になくなる仕事」というテーマの記事がやけに目につく。なくなる仕事の種類はいろいろ書いてあるけれど、共通している結論は、人間にしかできない仕事はなくならないということだ。機械に仕事を奪われないためには、人間でしか持ち得ない力を身につけて、人間にしかできない仕事に励む必要がある。私はそれは創造する仕事だと思っている。社会が求めていることや世界が向かっていく方向を自分で予測しながら、これまでにはない新しい価値を生み出していく力、つまり創造する力がこれまで以上に求められるはずだ。

創造する力を高めるにはどんなことが必要になるだろうか？　新しい価値を生み出すためには、まず人々が何を求めているのか理解することが大切だ。とくにいまからの時代、日本だけじゃなくて世界にも目を向けて幅広く情報を集めることが必要になる。そのためには世界中の人々とコミュニケーションできる能力は欠かせない。

次に人々が求めることをどう実現していくか、自ら考える力が必要になる。日本の教育水準は高いけれど、どうしても受身になりがちな欠点があった。ていねいに教えてもらうことに慣れてしまうと自ら考える力が弱くなる。若いころから自ら考えるための訓練をしっかり行う必要がある。

自ら考えることができたとしても、それをどう具体化し、新たな価値として世の中に認めてもらうかというハードルが待ち受けている。つまり自分の考えをどう表現できるかが大事になるということだ。

加えて、自分の頭の中で考えを巡らすだけじゃなく、人々がその価値に触れることができるように実行することが必要になる。新たな発想を実現し人々に提供できて初めて評価の対象になる。とにかく、実行に移さないと何も変わらない。

創造力を発揮するためには他にも必要となる力はあるが、私は「コミュニケーション力」「自ら考える力」「自分の考えを表現し実行する力」は欠くことができないものだと思っている。そんな力を獲得していけば、簡単にはＡＩロボットに仕事を奪われたりしないだろう。それらの力を身につけるための教育については、第４章で話したいと思う。

人間にしかできない力を手に入れて働き始めたら、早く自立することも必要だと思う。だって、ロボットなら電源入れたその日に一人前だから。

だいぶ偉そうな言い方をしたけれど、自分の新入社員時代を振り返ると、仕事のスキルなんて、入社してから考えればいいと思っていた。会社も新人が即戦力だなんて考えていなかったから、最初のうちは社会人の心構えを叩き込まれ、先輩に教わりながら徐々に仕事を覚えていった。キミの新入社員時代もたぶんそうだったと思う。このように、日本の会社は社員を大事にし、じっくり育てていく意識が強い。それはとてもいいことだと思うけれど、一方で、環境の変化に合わせてやり方を変えていく必要もあると考えている。

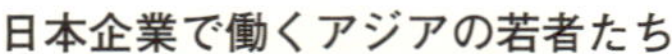

日本企業で働くアジアの若者たち

先日、取引先の会社に行ったとき、日本企業で働くアジアの若者たちと話す機会があったのだけど、働くことに対する意識の強さを感じた。年齢はちょうどキミと同じぐらいで、正直な話、日本の同世代の若者と比べてずいぶん逞しいなと感じた。

とくに自分の考えをしっかり主張する力は凄く、自分の力を会社に認めてもらいたい、もっと活躍したい、自分の国を豊かにするために日本で働きながら能力を高め、自国に貢献したいと強く願っていた。彼らはそれを実現するために、日本の大学で勉強すると決めて来日したそうだ。つまり、学生のうちから働く自分の姿を意識していたという訳。彼らが卒業した大学は日本人と外国人が半々で、世界の100カ国以上から学生が集まっていたそうだ。授業は日本語と英語が半分半分。日本の学生と国際学生（その大学では留学生のことをそう呼ぶそうだ）が混ざり合うことによって、さまざまな国の歴史や文化を共有しながら、お互いを高め合う環境が整っているらしい。学生時代に、いろいろな国の考え方や価値観を肌身で感じながら国際感覚を身につけて、「コミュニケーション力」「自ら考える力」「自分の考えを表現し実行する力」を高めていく。このような環境が彼らのように、働くことに対して強い意志を持つ若者を育てるのだと思った。

この出会いをきっかけに、日本と海外での学生時代の過ごし方の違いを調べてみた。すると、ドイツやスイスでは「デュアルシステム」と呼ばれる教育の仕組みがあることがわかった。大学と企業が互いに強く連携した教育プログラムをつくっていて、学生は大学で勉強しながら、将来就職したいと思う会社で仕事の経験も積むようだ。単なるインターンシップじゃなくて、3年間、企業から給料を貰いながら仕事をするし勉強もする。

大学で学んだことを仕事に生かしたり、仕事を通じて学んだことを学業に生かせるから、実践的な時間が過ごせる。おそらくかなり大変だろうけれど、彼らは確実に「働く力」を身につけて卒業し、即戦力として社会に飛び出していく。ずいぶん日本とは違うなって印象をキミも持つだろう。

私たちが経験してきた日本式育成にはもちろんいい所もある。だけど、人間にしかできない創造的な力を身につけ早く立ち上がるためには、海外の良い所も取り入れていく必要があると思う。

キミ自身も就活を経験して会社に入ったばかりだから、学生から社会人に移る際の違和感をおそらく私よりも感じていると思う。

いまの日本のシステムでは、卒業単位をとるために大学の勉強、就職するために就活用の勉強、会社に入ったら社会人として学ぶ勉強、それぞれの勉強をする。教育について国の仕組みも、高等教育は文部科学省、職業訓練は厚生労働省等というように分かれているけれど、企業も、高等教育までは国の仕事、自分の会社に入った社員の人材育成は自分の仕事というように一線を引いているようにも見える。

私は、高等教育から社会に出て働くまでの移行期間の教育の仕組みを変える必要があると思っている。企業が高等教育を国の仕事だとは思わずに、人も金も含めて積極的に関与していくべきだと思うんだ。やり方はいろいろある。ひとつは、ドイツやスイスで行われている「デュアルシステム」の日本版を導入すること。企業と高等教育機関と文部科学省が一体となって議論を重ね、働くことにより習得できるスキルを具体化し、正式な学術単位として認定させることが必須だ。企業側はこの制度を利用した場合のキャリアパスを明確にする。働くことと、勉強することを同時に行っているんだから、入社するときに働く準備はすでにできている。大学

SAP人事担当者とともに（ドイツ）

を卒業した新入社員と同じ扱いではなく、明確なキャリアアドバンテージを与えるべきだ。

ドイツのSAP社では最近、「デュアルシステム」の卒業者が、35歳の若さで業務執行の最高責任者であるCOOに抜擢されて話題になったが、同社の人事担当に聞いたとき「この制度を通じて、早くから仕事を始めたことがアドバンテージになったと思う」と話していた。企業は、学生に対してこのような具体的なメリットを示す必要がある。

そして国は、企業の教育への関与に対してインセンティブを与えることにより、システムの導入促進を図るべきだ。有名無実の就職協定に注文をつけたり、企業の内部留保を投資に回すようにと、口だけで要求するだけでなく、教育への投資を行う企業に対し、税金等を通じた動機づけを図るべきだと思う。

もちろん、全員がこういったシステムを希望するわけではないと思うし、これで一気にすべての問題が解決するとも思わない。働きながら学ぶのは大変だ。人それぞれいろいろな道が必要だろう。でも、まさに「産官学」の連携で、教育から就業までの移行期間の教育改革を真剣に考え実践することが、働き方を変える一歩になると思う。

2つめの顔を持とう〜副業のススメ

「おっしゃっていることはわかりますが、僕はもう入社した後なので、そんなことをいまさら言われても……」と、キミの声が聞こえてきそうだ。

たしかにそうだ。では会社に入ってからのことも考えてみよう。図表3にあるように、せっかく就活を経てここだと決めた会社に入っても、新人教育期間をちょうど終えたころ、3年後ぐらいに離職してしまう人がたくさんいる。思い描いていた仕事と違う、あるいは他に自分が生かせる場所があるんじゃないかと悩んで離職しちゃうのだろうか。もちろん、いろいろな理由はあると思うけれど。

図表３　大卒３年目以内の離職率

（%）

企業規模（従業員数）	離職率
5人未満	59.6
5～29人	51.5
30～99人	39.0
100～499人	32.2
500～999人	29.3
1000人以上	22.8

全体平均（32.3%）

出典：厚生労働省2015年プレスリリースより

私も子どものころにはたくさんの夢があって、医者やパイロット、野球選手、いろんな職業が何でも選べると思っていた。でも大人に近づくにつれ選択肢はどんどん狭まってきて、大学を卒業する時には、たったひとつの職業と会社を選ばなくちゃいけなかった。もっといろいろなことがしたかったし、もしいまの会社じゃないところで働いていたら、何ができたのかを考えることもある。

おそらくここに出ている数字は氷山の一角で、じつは他の会社でいまと違った仕事をやりたいと思っている人が、もっといるかもしれない。

私たちの就業形態では、20歳前後で学校を卒業後ひとつの会社に就職して、自ら望んで辞めない限り、別の会社で働くことはできない。会社には「副業禁止」という就業規則がある。人によってはもちろん転職することはあるけれど、いままでは多くの人が定年を迎えるまでひとつの会社で働き続けることが多かった。終身雇用制度は働く人に安定した生活と確実な人生設計を与えてくれるし、企業にとっては計画的に人材を育成しながら確保することができるから、働く人にとっても企業にとっても非常にいい仕組みだった。だけどそれは、人口が増加するなか労働人口が豊富で、国内市場も拡大していくという右肩上がりの経済状況でこそ成り立ってきた仕組みだった。

日本がこれから直面していく人口減少社会。労働人口も減少し、国内市場も縮小するなかでは、終身雇用のマイナス面が強く出るのではないか。企業は市場縮小の中で雇用を確保し続けなければいけないし、働く人も本当は他に活躍できる場所があっても、ひとつの会社に居続けなければいけないからだ。

そこで発想を転換して、ひとつの会社だけで働くという選択をやめセカンドキャリアを同時に持てる仕組みに変えるというのはどうだろう。具体的には、企業も積極的に副業を推奨するということだ。働く人は、ひとつの会社や業種に縛られることなく自分の能力をより多くの分野で生かすことができるチャンスを確保できるし、企業から見れば、それまで働いていた人とは違う力が必要になったとき、即戦力となる人材を調達できるチャンスが増える。それに、副業として違う環境で働くことが、異なる価値観や知識の融合するチャンスにもなるから、イノベーションを起こす可能性が広がる。

最近、医療産業関連のセミナーで聞いた話だ。ある病院で、医療機器センサーケーブルの寿命があまりにも短いため交換頻度が高く、費用もかかってとても困っていたそうだ。でも働いている医者や医療機器メーカーにとってはそれが当たり前のことだったので、病院は定期的に交換を行って、高いお金を払い続けていた。

そんなある日、自動車部品メーカーに勤める人間がそれを知り、あっという間に安くて耐久性の高いケーブルを開発して問題を解決してしまった。自動車の部品特有の、低コストでかつ高い耐久性を志向する技術が、医療機器の領域でイノベーションを起こしたという事例。ほんの小さな事例かもしれないが、似たようなケースはたくさんあると思われる。こういった積み重ねが、大きなイベーションにつながるのではないか。

図表4にあるように、日本では起業する数がアメリカなどに比べてはるかに低い。起業しづらい理由のひとつが、失敗したらそれで終わりという日本の風土にあるのではないかと私は考えている。おそらく、「会社を辞めて起業してみたい。でも失敗したら困る」という気持ちが起業を思い留まらせているところがあるのではないか。セカンドキャリアとしていま勤務する会社で働きながら、新たなビジネスを起こすことができれば、日本にイノベーションが生まれ

図表４　各国の起業率（2009～2011年平均）

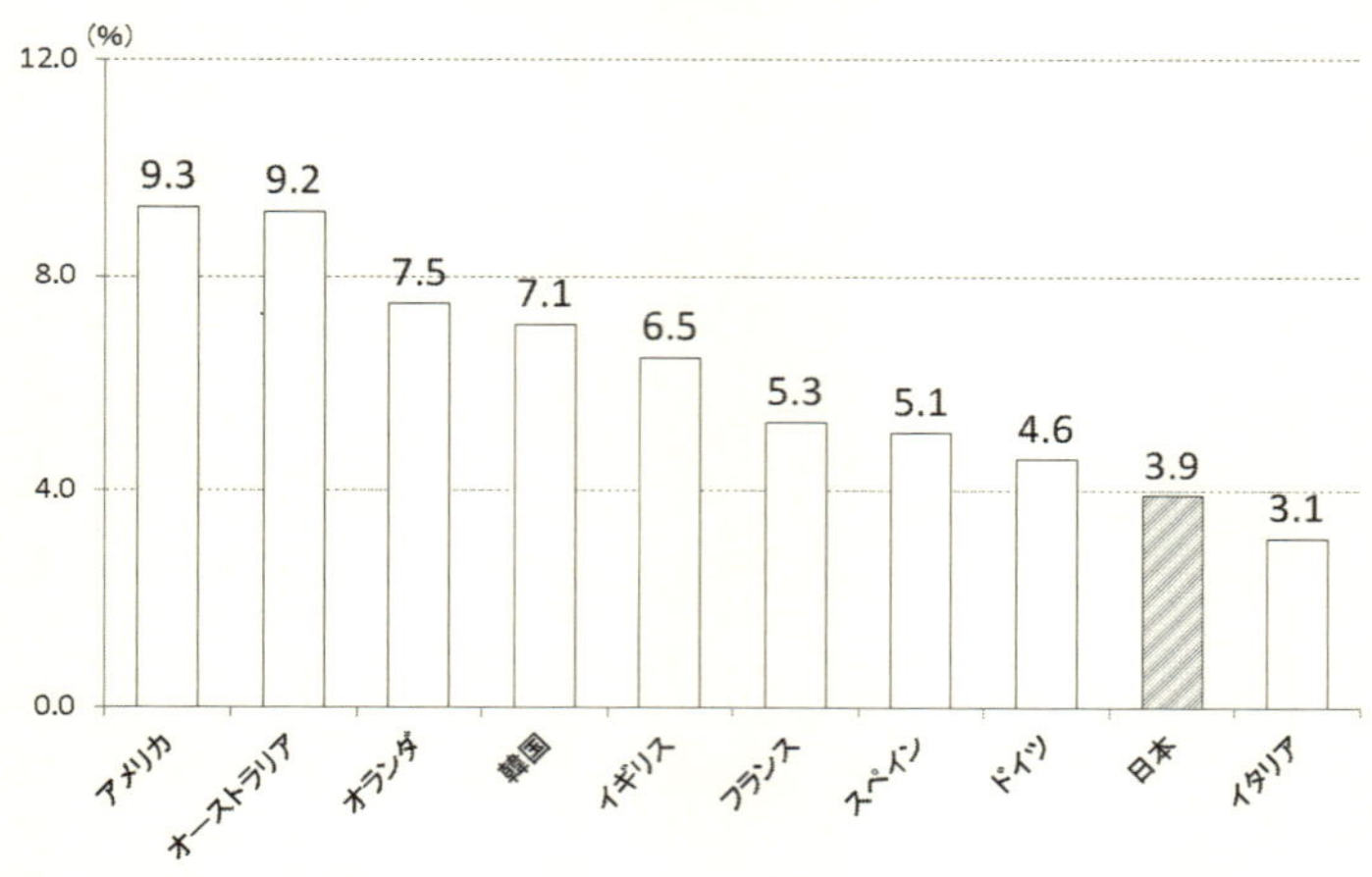

出典：国立国会図書館　レファレンス　岡田悟『我が国における起業活動の現状と政策対応−国際比較の観点から−』

る可能性が増えるのではないかと思う。

結婚も仕事も出会いが決め手～マッチングを考える

もしセカンドキャリアを持てるとしたら、自分が必要とされ、自分がやりがいを感じられる場所はどうやって見つけたらいいのだろうか。先日、私は気が置けない社外の友人たちに「いまとは別の場所でも働くことができるとしたら、自分が活躍できるところはどこだろう？」と聞いてみた。みんなじっくり考えた割には、結局現在の仕事の延長でしかアイディアが出てこなかった。

私に言わせればもっといろいろなところ

で活躍できるはずの友人たちだが、意外と過去の経験とか、自分自身が身を置いている世界しか知らないことに驚いた。自分が求められている場所がどこなのか、じつは本人がいちばんわかっていないというのが実情だと思う。

実際のところ、私たちが仕事を探したり企業が人を探したりする場合、まず思い浮かぶのは、新卒定期採用という仕組みだ。これは学校を卒業して初めて社会人になる人間と企業のマッチングの場であり、ある一定の時期にほぼ一斉に実施される。新卒採用の時点で学生は、さまざまな職種や企業の中から、自分がやりたいこと、自分の能力を生かせそうな会社を選ぼうと研究をする。企業の方もできるだけ多くの学生の中から、企業のカラーに合う人を探そうとする。専門的な勉強をしてその道を極めようとする人は別として、新卒定期採用には双方に選択の広がりがあるような気がする。

新卒ではない人間が仕事を選択する仕組みはどうか。公的な機関としてはハローワークがあるし、人材紹介を生業としている会社もたくさんある。知り合いの紹介なんて場合もあるだろう。いずれの場合もありがちなのが、いまの自分の仕事の延長線上、自分が知っている業界・職種から仕事を探してしまうことだ。つまりこの場合は自分の主観で、自らの可能性を制限してしまっていることが多い。人を探す企業側もたいていは「経験アリ」なんていう条件をつけてしまうから、チャレンジする人を求めるなどと言いつつも、結局は型にはまった人が集まってしまう。せっかくセカンドキャリアを持てるようになって、まったく違ったフィールドで自分を生かしたいと思っても、見つける手段がなければイノベーションは生まれない。結局はいままでとあまり変わらない環境で粛々と仕事を続けるのでは面白くないと思う人もいるはずだ。

では、どんな手段が必要だろうか？

じつは、ハローワークという事務的な場所より、案外知り合いの紹介というアナログな手段の方が有効かもしれないと最近思うことがあった。私の知り合いの大手食品メーカーの営業担当執行役員経験者。非常に競争の激しい業界でずっと営業を担当していて、営業チームをまとめる力、お客さまのニーズを捉える能力は抜群だ。でもその企業には役員定年制があるため、早期退職制度を活用して次のキャリアをと考えたのだけど、そんな能力がある人でも、セカンドライフでは単純作業の仕事しか見つけられないという話を聞いた。

一方、最近出会った70代の中小企業経営者。「会社を親族に引き継ぐことにこだわりはない。早く引退したいが、自分が築き上げた経営ノウハウを継承できる後継者が自社内にいないのがいちばんの悩み」と言っていた。たしかに、中小企業にとって後継者不足が深刻な問題になっているようだ。日本政策金融公庫の「中小企業の事業継承の課題」という調査では、じつに28%が後継者がいないため廃業しているという事実が浮かび上がっていた。

もちろん、中小企業にもいろいろあって、経営が苦しくて継続できない会社もあるが、日本

図表5　中小企業の廃業理由

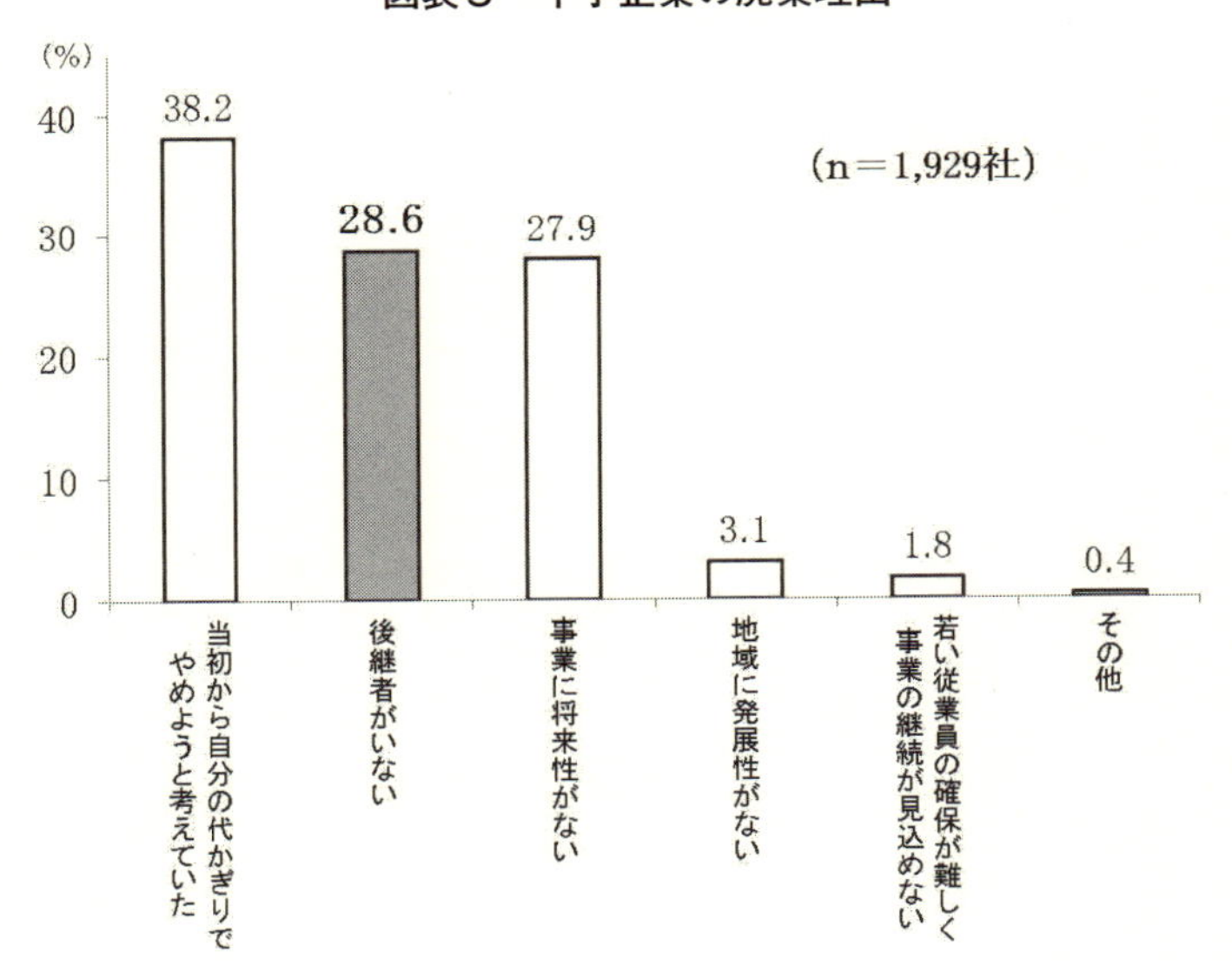

出典：日本政策金融公庫総合研究所「中小企業の事業承継に関するインターネット調査」

経済の強さの源泉は、それぞれ独自の強みを持っている中小企業の存在と言われている。また、全国に約381万社ある中小企業は、日本の雇用の約7割を支えている。その中小企業が、競争力がなくなったからではなく、後継者がいないから廃業するなんてもったいない話だ。

この2人を思い出したとき、ふと「ああ彼らをマッチングしたら何か変わるんじゃないか」と感じた。結局実現はしなかったけれど、私という人間が求人票や履歴書には書いていない情報をもとに結びつきの可能性を考えたことになる。そんな仕組みがたくさんあればいいのかもしれない。

ただし、人間ができることは限りがあって、私が知っている人や仕事の範囲はそんなに広くない。仮に知っている人や職種の範囲に広がりがあったからといって、たくさんの数をマッチングさせることは物理的に不可能でもある。では、広範囲にこの手のマッチングの仕組みをつくることはできないだろうか。

テクノロジーはその解決方法のひとつだ。たとえばＡＩ。人がやっている仕事を置き換えるだけでなく、人間に限界があることをＡＩで実現するという考えもあっていい。

人材マッチングをＡＩで――もちろん個人情報の保護とかセキュリティの問題とか、クリアしなければならないことはたくさんあると思うけれど、ハローワークの事務処理を単に自動化するのではなく、人間が人間を結びつける力をＡＩに実装する。そんなやり方もあると思う。

今後、セカンドキャリアを見つける道具としてＡＩを活用できれば、企業の副業推奨によるイノベーションの可能性も膨らむ。マッチングに必要なデータベースも大切だ。働きたい人の個人データと企業の仕事に関するデータを一元化し、組み合わせの結果をフィードバックして、ＡＩに学ばせる。少々時間がかかるかもしれないけれど、ＡＩが自分自身で学習し、アルゴリズムを進化できるようになれば、人間が人間を結びつける力と同じ、いやそれ以上の成果が期待できると思う。「一億総活躍社会」が単なる政治のお題目で終わらないようにするためにも、すべての国民が活躍できる場を見つけられる手段を新たにつくることが必要だと思う。

時間との上手なつきあい方

最後に、時間の話を聞いてほしい。キミも知っての通り、最近はワークライフバランス重視の風潮から「長時間労働は悪。仕事はさっさと終えて人生を楽しもう」という考え方が主流だ。私も基本的には賛成。でもその前提は「同じ結果を出せる」ことだと思っている。したがって「短い時間で同じ成果を出すなんて、すごく難しいことを要求されているなあ」とも感じている。健康を度外視して、常に長時間働くことは問題外だが、時間という側面だけを取り上げて働くことに制約を設けることが本当にいいことなのか、疑問を感じることもある。

定年制という人生の時間の制約についても同じようなことを感じている。社会人になったばかりのキミと違って、私はそろそろ定年をまじめに考えなきゃいけない年齢だからかもしれない。人の年の取り方はそれぞれで、70歳になっても気力、体力が充実している人もいるし、50歳ですでに疲れ切っている人もいる。それを一律の「年齢」で区切りをつけて働くことから卒業するというのは、経済にとって、そして働くその人にとっていいことだろうか。

一方、育児や介護に関わる時期もある。キミのグループにも子どもを保育園に送ってから出社するので、毎朝始業時間ギリギリに汗だくで出てくる先輩もいるだろう。そんな時期は、無理して毎日、決まった時間に働くことを選択しなくてもいいと思う。また、仕事の種類によってはできないこともあるけれど、在宅勤務が可能ならその選択肢もある。

電源を入れてから切るまで毎日決まった時間を一定の調子で働くロボットと、人間は違う。調子が乗ってきているから、このまま働き続けるとすごい成果が出そうな瞬間もあるし、このまま続けていてもどうにもならないと思う時もある。人間にしかできない創造的な仕事をしていくためには、定年、労働時間といった時間に関わる制約を変えていく必要があると、私は思っている。これからは、キミや私はロボットとは違う働き方で、ロボットにはできない仕事をしていくのだから。

コラム●遠野にて

岩手県遠野市。遠野と聞いて「あそこね」とすぐ思い浮かぶ人は少ないだろう。東京から540キロ北、震災で多くの被害を受けた釜石に近い、人口2万9000人ほどの小さな地方都市だ。柳田國男氏の遠野物語の原点であり、基幹産業は農業、それも稲作だ。郊外の高清水山から町を見下ろすと、季節ごとに美しく発色した風景を見ることができる。

私が訪問したのは岩手県遠野市の遠野民泊協会。農林水産省が推奨したグリーンツーリズムをベースに20年ほど前に設立されて、現在遠野民泊協会に加入している民泊提供者は150軒ほどある。修学旅行から海外のお客さままで、多くの観光客を呼び込んでいる。地方の民泊というと農業体験を前提とした教育型民泊が多く、遠野も同様に修学旅行から農業体験まで受け入れているが、その特徴は民泊提供者が必ずしも農家だけでないことだ。

遠野民泊先にて

私が宿泊した小山家。旦那さんは都内でサラリーマンをしていたが、定年後、2人の故郷である遠野に戻った。もともと農家ではない小山さんは、料理と郷土芸能が趣味だ。料理の腕はプロ級。遠野伝統行事にお客さまといっしょに参加し、楽しみながらその由来を説明する。宿泊者が農業に興味があれば、農家の友人を紹介し農業を体験してもらう。無理して自ら農業を始めたりはしない。「自分ができることをしている。喜んでもらえて嬉しい」とあくまで自然体だ。

都内で広告会社に勤めていた吉田夫妻。30代で脱サラして遠野に移り住み、いまはアサヒ農園の経営者だ。農産物は付加価値があるものに集中し、儲かる農業を目指す。吉田さんは他の民泊提供者への農業や民泊の指導も積極的に行う。「遠野には多様性の土壌がある。良いものは良いと外からきた人も受け入れる」と、遠野民泊協会の浅沼さんは言う。

大森さんは、もともと民泊をやりたくて農業を始めた。念願がかなって民泊を始めるも、人の喜ぶ顔を見ることに魅せられ、もっと喜ぶ顔が見たいと奮起して、民宿まで開業した。「へぇ〜、すごい」と聞いていると、先日宿泊した新婚旅行のカナダ人の夫婦の話を始める。「カナダ人のお客さまが来て楽しかった。だっていままで私、遠野から出たこともないのよ、ホームページ出してからいろいろなお客さまが来て、毎日がとっても刺激的なの。ネットって本当に便利で楽しい。英語だってやればできるものだねぇ」と笑顔も話も尽きない。彼女にとっては、農業も民泊も民宿も生きがいのための手段だ。だから迷わずチャレンジできるのだろう。マーケティングなんて難しいことは学んだこともない。あるのは「自分」だけだ。大森さんに、「楽しいですか」と質問をしたら「楽しいに決まっているじゃない！」と。期待はしていたけど迷わず即答した。

「皆さんのように元気で楽しく働いているのはすばらしい。秘訣はなんですか」と聞いてみた。するとその答えは、「働いているなんて言ってほしくない」だ。少し驚いた。浅沼さんに聞いてみると、お母さんたちも「働く」ことはもっと汗をかいて頑張ってつらいことだと定義していた。だから、楽しんでいる民泊や民宿は働いていることとは違うという考えだ。でも、彼女たちは自分たちのスタイルで働くことを実践して、地域の経済活動の中心にいる。

周りから自分が価値ある存在と認められ尊重されると、人は生きがいを感じ、力を発揮する。必要とされる場所で、自分の意志や行動が世の中で役に立ち、認められる、そんな働き方ができると幸せな人生が送れると思う。「誰かに仕える事＝仕事」ではなく、「志してやる事＝志事・私事」と言えるような働き方を、遠野民泊協会の皆さんは実現している。

広がる海外市場を取り込むコツ
～インフラ／農業／観光から考える

人口減少がもたらすもうひとつの問題「国内市場の縮小」について考えてみよう。

国内市場の縮小にどう立ち向かうのか、その答えは案外簡単だ。これからさらに伸びていく海外市場を日本に取り込めばいい。日本の人口は減りはじめたけど、世界の人口は増加していて、とくにアジア圏の人口増は顕著だ。すでに企業は海外輸出に取り組んでいるが、ＪＥＴＲ

０の日本企業の海外事業展開に関するアンケート調査（２０１５年度）によると、今後3年程度の輸出方針について、「輸出の拡大をさらに図る」と答えた企業が前年の66・2％から74・2％と過去5年間で最も高い比率に上昇していて、「新たに取り組みたい」（10・7％）と答えた企業と合わせると約85％の企業が輸出拡大に積極的な姿勢を示したそうだ。経済産業省も２０１５年の通商白書の中で「呼び込む力」「外で稼ぐ力」という言い方で、海外市場をどうやって取り込むか数々の戦略を描いている。

でも、ここからが難問だ。日本経済の再構築という問題を解くために、私はこの1年間、全国各地のいろいろな企業を訪ねてヒアリングを重ねてきたけど、聞けば聞くほど、答えはそんなに簡単なものじゃないというのがわかってきた。それぞれの企業は国内市場の先細りという現実に向き合い、発想を転換していままでと違うこと、変革を起こすことで、何とか未来に希望を見つけたいと必死に取り組んでいる。しかし、共通して浮かび上がるのは、海外での競争における価格面のハードルだ。究極の高品質を目指せば何とかなる国内市場と違って、為替や物価水準、ライバル企業との競争条件が大きく異なり、もがき苦しんでいる。

日本企業が海外での競争に勝ち続けるためにいちばん考えなくてはいけないこと。それは、「彼を知り己を知れば百戦あやうからず」という孫子の兵法そのものだ。つまり、競争相手と自分との違いは何か、自分の特長・強みで、相手に絶対に真似されないものは何なのかと、競争の基本原理に立ち返ってみる必要があるということだ。正直で、繊細で、正確で、ち密で、品質が高く、技術力があり、安全・安心である、といった特長が日本企業の魅力になると思う。

でも問題は、これらの魅力を十分生かしきれず、逆に足枷になっているケースが多いこと。たとえば、品質は高くても価格面で圧倒的に劣勢になってしまうケースや、技術力はあるものの、個々の企業の枠内にとどまってしまい、他の企業と連携して国際競争に立ち向かうことが難しいケースもある。国内企業間の過当競争も、海外市場で戦う力をそぐ一因になっている。

そこで改めて原点に立ち返り、日本の魅力を最大限に生かして海外の市場を取り込むために、何をすればいいのかいっしょに考えてみよう。

日本の魅力はどこにある？

日本の魅力を生かした成功事例として私が真っ先に思い浮かべるのは、日本のモノづくりの象徴、家電製品だ。キミからみればちょっと古くさい話かな。私がちょうどキミと同じくらいの年だった20年以上前、性能が良く価格も手頃な日本の家電製品は世界でも大きなシェアを占めていた。その当時クアラルンプールに海外出張に行った際に、日本の家電製品が売り場にたくさん並んでいるのを見て、日本人として誇らしく思ったものだ。ところが、先日久しぶりに行った出張のついでに家電売り場を見たら、デザインの優れたものは欧米製、最新の機能があるものは韓国製、普及版は中国製といった感じで、日本製品を探すのが難しかった。どうやら、モノづくり日本のブランドは20年前と比べて著しく低下している。

もうひとつの日本の魅力である和食について、これは友人に聞いた話だが、アジアの高級百貨店やステーキハウスでは、神戸牛、松坂牛といった日本で有名な和牛ブランドに並んで、「Wagyu」と表示されたものをよく見るそうだ。価格は、神戸牛の半額から3分の2くらい、味はさほど差がなさそうだ。

じつはこの「Wagyu」はオーストラリア産で、日本産和牛の遺伝子が１９９０年代にオーストラリアに輸出され、育成、改良が行われたものだそうだ。厳しい品質管理のもと、いまではアジアの富裕層の胃袋を掴むレベルの品質になっていて、海外市場に出回っている。オーストラリア以外ではアメリカ、カナダ、スコットランドや中国でも生産されているようだ。現在は、日本産和牛の遺伝子輸出は禁止されているが、海外産はだいぶ普及していて、海外の消費者は日本産と海外産の違いもよくわからないまま食べているようだ。せっかく日本ブランドとして誇れるもの持っていたのに、海外にその価値を奪われた実例となっている。

ここで、日本の魅力を支える日本企業が国際的にどの位置にいるのか見てみよう。ＦＯＲＴＵＮＥ ＧＬＯＢＡＬ ５００企業ランキングによると、１９９４年にはトップ５００社の中

図表６　国別世界企業番付Top500

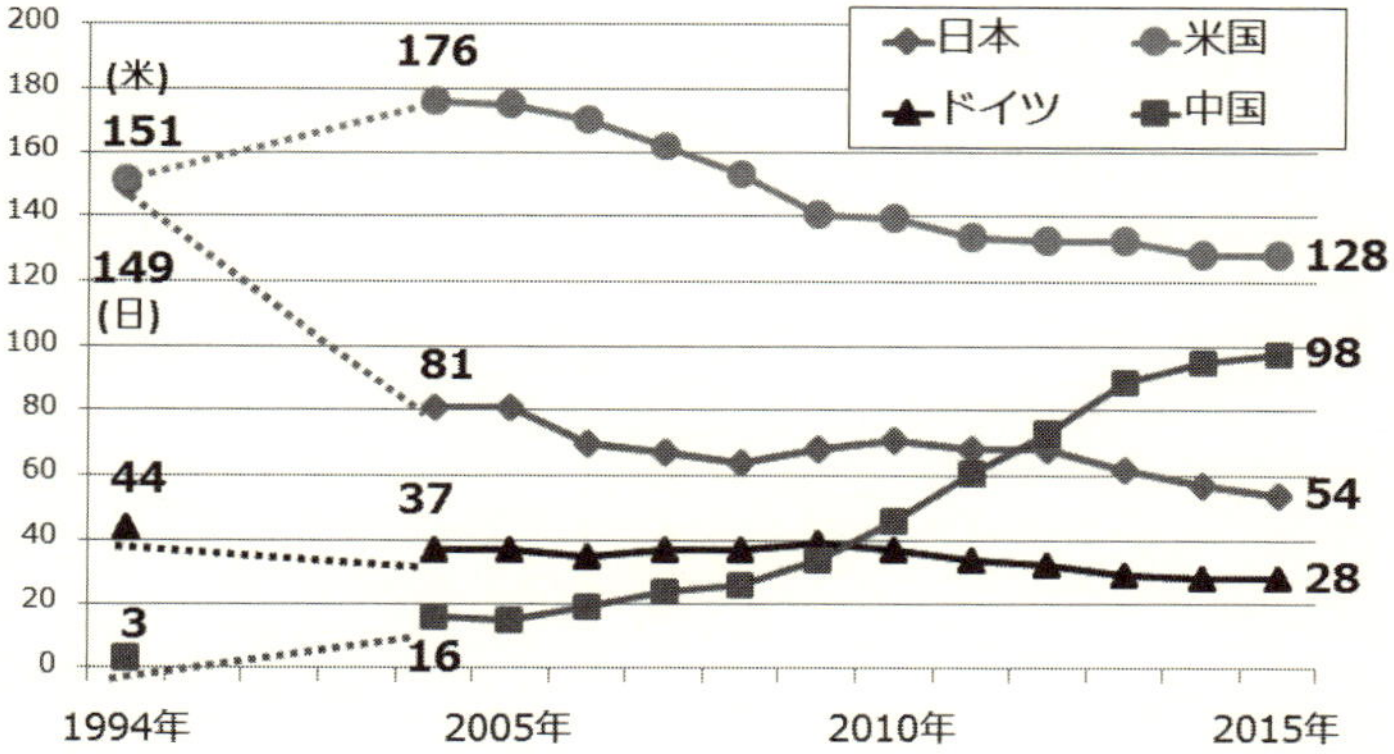

出典：米フォーチュン誌：世界企業番付「Fortune Global 500」1994〜2015の発表データをもとに作成

に日本企業は１４９社がランクインしていた。これが２０１５年には54社まで減少してしまった。一方で、中国は20年の間に98社まで増加しており、日本企業の相対的な地位低下は否めない。また、これから世界的に市場が伸びていく分野、たとえばヘルスケア市場においては図表７にあるように、医薬品分野の日本最大企業・武田薬品工業がやっと世界第17位、医療機器分野でテルモが第20位という状況で、「これからは海外市場だ。新成長分野で国際競争だ」という経済産業省の掛け声の割には少し寂しい感じがする。

ヘルスケア分野への政府支援強化の一環として、省庁縦割りの弊害をなくすために、「ＡＭＥＤ（国立研究開発法人日本医

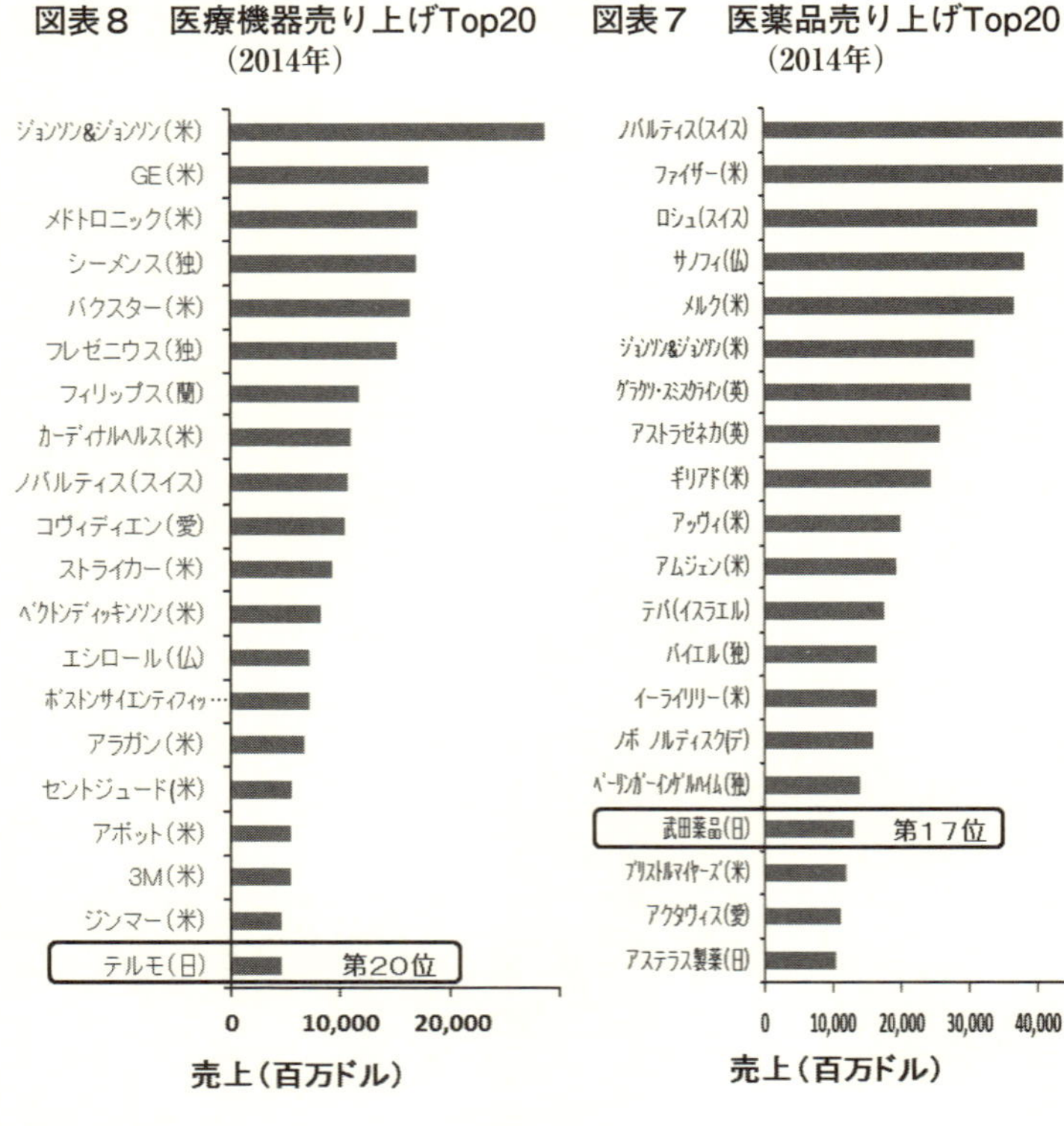

出典：各社アニュアルレポートから引用

療研究開発機構）」という組織が２０１５年に設立された。それまで文部科学省、厚生労働省、経済産業省でバラバラに運営され、似たような研究テーマに対して重複投資が行われていた補助金を一本化し、国が一枚岩で研究開発を後押しできるような仕組みができた。しかし悲しいかな、その予算は２０１５年度でたったの１３００億円弱。研究機関を兼ねているので単純比較は難しいが、アメリカの同様な組織であるＮＩＨ（国立衛生研究所）の３・５兆円とも言われる予算とは比べものにならない。

ちなみに、武田薬品工業の研究開発費は同年で３５００億円弱だ。政府も「ヘルスケアはこれから期待の産業領域」などと言っているのに、この規模では掛け声倒れと言わざるを得ない。

世界に誇っていた家電のブランド価値が低下していたり、日本食ブランドがマーケティングの失敗でその価値を奪われたり、日本企業の世界ランキングが低下している現実を見ると、「海外市場を取り込み国際競争で勝つ」という気分じゃなくなってきたかな。

でもまだ気落ちする必要はない。日本の魅力を企業だけでなく官民連携で世界に輸出しようという動きが活発化しているからだ。そのひとつの例がインフラ輸出。２０１５年にはインドの高速鉄道を受注した。インフラ輸出はこれから世界で、とくにアジアで伸びていく市場で、国をあげた営業活動が不可欠だ。これまで、個々の企業がそれぞれの国に営業していて、官民連携という掛け声はあったものの、なかなか実践できていなかった。それが最近だいぶ変わってきた。インドの新幹線採用では安倍首相をトップに置いた外交が大きな後押しとなった。トルコへの原子力発電所の輸出も頑張っている。

インフラ輸出成功のカギはトモダチ作戦

キミならどんな国にどんな日本のインフラを輸出しようと思うだろうか。いちばん先に思いつく相手は新興国じゃないかな。新興国なら人口の増加や都市への人口集積、産業の勃興によってさまざまなインフラが必要なはずだ。たとえば鉄道や発電所、加えて橋やトンネルなど。長い歴史の中で多くの災害を克服してきた日本の技術は、世界的に見ても高いレベルにある。導入コストは高いけど、それに見合う価値があるというのが日本ブランドのインフラ輸出の特徴だ。政府自身、「質の高いインフラ輸出」という言い方をしている。

ただ、新興国向けに日本の高いレベルの精密さが必要なのか、という点で疑問が残る。たとえば、「日本の電車は時間に正確で安心だ」と日本人はよく言う。しかしその定時運行を保つためには、さまざまなノウハウが必要だし当然コストもかかっている。

先日、私がドイツ人をアテンドして山手線に乗せたとき、面白いことが起こった。朝、事故か何かの理由で電車が大幅に遅れていたらしく、時刻表よりも20分の遅れが出ていると電光掲示板には表示されていた。ダイヤは徐々に回復していて、そのとき電車は5分間隔で着実にホームに到着していた。遅れている時間が正確に表示されていることを自慢しようと、「電車が20分遅れていると電光掲示板に出ている」と私が説明したら、「次の電車がもう来るのに、20

分遅れているという情報に何の意味があるのか」と笑われてしまった。

ドイツ人でさえこうなんだから、これからインフラを整備しようとしている新興国の人にこの日本的な価値を認めてもらうことは難しいように思える。日本で求められる品質に慣れ親しんでいるあまり、日本人の基準は高くなりすぎてはいないか。もっと言えば、日本が主張する「質の高いインフラ」は、相手から見ると、「日本が輸出するのに都合のいいインフラ」になってはいないか。郷に入れば郷に従えとはよく言われているけれど、どうしたらいいだろうか。

単純だけど、マーケティングの原点に立ち返ってその地域の価値観を理解すること。そして日本人が考える自分たちのいいと思う品質レベルだけでなく、現地の人のニーズにあった品質や、どの程度の価格であれば対価として見合うと感じるのかなど、その地域ごとの事情に合わせる工夫が大切だ。つまり、相手が共感できる「質の高いインフラ」を日本の技術力で実現すること。現地のニーズを理解するのにいちばん有効なのは、その地域の人材を取り込むことだ。グローバル企業では海外人材をビジネスユニットのヘッドに据えたり、海外企業を買収して経営陣にそのまま経営を任せたりといった対応をすでに進めている。

けれど鉄道、電力、通信といった国内のインフラを担う企業は、国内が事業の中心であることから、そこまで海外事業にコストや人材を割けない事情もある。ここで、日本の企業間の連携が必要なってくる。たとえば、商社の役割はイメージしやすいけれど、それ以外にも各国の事情や人脈、商習慣を知っている企業はたくさんある。現地に進出しているさまざまな業種の日本企業だ。これを使わない手はない。すでに進出しているインフラ以外の他業種企業が積極的にインフラ輸出にも関与することで、日本ブランドのインフラ採用の可能性を広げることができると思う。

「安定した日本式インフラ設備が海外にあると、自分たちのビジネスもしやすくなる」

そんな視点を持って企業間連携を深めていくべきだと思う。

原子力発電所や新幹線など日本が強みを持つインフラ以外に、たとえば、一般的な鉄道や火力発電所、道路などの分野でもインフラ需要は伸びている。こういった市場への取り組みにおいても、官民連携は重要だ。トルクメニスタンのガス発電所建設、ミャンマーでの港湾建設、カタールでの大規模発電事業など、トップ外交は2015年だけでかなり成果をあげた。さらには、発注側である新興国へのODAなど経済支援メニューや、貿易保険などを通じたリスクヘッジの仕組みなどを通じた企業に対する支援など、日本政府の資金面でのサポートも充実してきた。

このようにインフラ輸出では、いまのところ官民連携が一見うまくいっているように見える。さらに効果を高めるためには、攻めるべき国や地域、そのタイミングを官民双方でよくすり合わせしていくことが必要だ。

図表９　トップセールス外交数の推移

	総理		閣僚		合計	
	件数	企業との連携	件数	企業との連携	件数	企業との連携
2012年（参考）	10	0	38	5	48	5
2013年	34	8	87	12	121	20
2014年	32	10	95	17	127	27
2015年	32	9	87	13	119	22

出典：「第24回経協戦略会議」資料より

一社の中ですら、製品をつくる技術部門とそれを販売する営業部門では、売りたいものが異なることはよくある。また、経営幹部のトップセールスは有効な手段だが、営業の現場が行ってほしいお客さまとトップが行こうとする行先が食い違うこともある。トップ主導のセールスにもリスクはある。インフラ輸出の官民連携でも、注意は必要だ。政府の独りよがりのパフォーマンスセールスにならないように、また企業も内向きにならないように、官民それぞれが継続的に本音で話し合える場が必要だと思う。これからインフラ市場が伸びていく新興国はその潜在的な規模は大きいが、政治や為替など不安要素も大きい。リスクマネージメントのため民間企業が持っていない情報を官から民へと流通させる仕組みも必要だ。

課題はまだまだあるが、インフラ輸出をめぐる官民連携の状況は数年前とはかなり変わってきている。数年前には、日本政府が特定企業を応援するようなことはできないという方針で、それぞれの企業が頑張って市場に入り込むしか方法はなかった。

他の先進国では、政府と企業ががっちり組んでトップ営業していたにもかかわらずだ。それがようやく大きく方向転換して、日本も他国と同じように、政府と企業がいっしょにグラウンドに立てるようになった。これは国際競争を戦ううえで非常に大きい出来事だった。

いまはいい状況になりつつある。今後は、この状況が政権によって変わらないように、官と民が安定した関係をつくることだと私は思う。たとえば、官と民の間の人事交流を活発にして、お互いの価値観を共有し人的関係を密にする。こんな基本的なことで、政治の変化にも対応でき、日本の魅力を世界に持続的に発信できるようになると思う。国と民間、企業と企業……日本の中のトモダチ作戦が日本のインフラ輸出をもっと伸ばしていくはずだ。

農業だってモノづくり

「2013年は38人、2015年は4000人」

この数字は何を表していると思う？　2年の間で約100倍に増えたもの。その答えは、イオングループの農業法人イオンアグリ創造へ入社を希望する学生のエントリーシートの数だ。

正直なところ、私もこの数を聞いたとき驚いた。TPPなどで農業が取り上げられている影響かはわからないが、このところ就農を希望する若者が増えているらしい。今後の市場の伸びしろが大きい分野と有望視されている。

世界的に見ると、食のマーケットは拡大している。人口減少の影響で日本国内の市場は小さくなる一方だけど、世界人口は増えている。人が増えるだけ胃袋の数も増えるし、加えて、経済が豊かになってくると人は食にも豊かさを求めるから、高付加価値な食べ物、たとえば蜜たっぷりのリンゴや皮ごと食べられるぶどうなど、農業は新たな市場が生まれる可能性も秘めている。

そう言うと、キミは少し首をかしげるかもしれない。日本で農業というと、国に保護されて今後伸びないイメージがあるのも事実。多分それは、いままでの内向きの農業政策のせいかもしれない。たしかに日本の農業はこれまで、とくに稲作を中心に国から全面的な補助を受け続けてきた。戦後の食糧難をなんとか乗り越えるために、コメを作ってくれる兼業農家を奨励、保護していく必要があったわけだ。「国内の食糧確保」という目的ゆえ、コメの生産量と価格調整にも国が関与してきた。耕作する面積にも口を出して、コメが余ったときは実態に合わせて耕作地を減らす「減反政策」も行われた。政治家は票田目当てに補助金をばらまいた。結局問題を先送りにしてきたツケが回ったいま、農家の平均年齢は67歳。半数以上が年金受給者で、後継者もおらず耕作放棄地は40万ヘクタールを超えている。こんな話ばかりしていると、日本の農業の国際進出は夢ものがたりだなんて声も聞こえてくる。

しかし、海外に目を転じると、日本の農業の未来の可能性がほのかに見えてくる。オランダの例を見てみよう。オランダは九州ほどの国土面積ながら、農産物輸出額は世界2位。輸出ということは、国内市場より、海外市場を意識して上手に取り込んでいるということを意味する。オランダの農業政策の特徴は、「自由化」「選択と集中」「イノベーション」の3つのキーワードで示すことができる。生産品を高付加価値の品目に絞り、農場の大規模化、自動化を進めてきた。農業経営体は統廃合され、現在7000社ほどに集約されている。いまも130万戸以上存在する日本の農家とは大きな違いだ。

オランダも最初からこうだったわけではない。変革のきっかけは1986年。ポルトガルとスペインがECに加盟したことだった。このとき、オランダ国内には安価な農作物が流入し始めて、国家として強い危機感をもったため、政府主導で農地と生産品目の集約化を開始した。広大な土地で大規模生産することに利がある小麦や大豆、トウモロコシなどは最初からあきらめた。狭い土地で生産でき単価が高い、トマト、パプリカ、チーズなどに注目した。加えて効率的に収穫できるように自動化も進めた。チューリップの季節にアムステルダムの花市場や植物工場に行ってみたが、かなり自動化が進んでいることに驚いた。日本ではご年配の方が機械を使いながら行っている収穫作業も、オランダではICタグを使ったりして自動化・省人化が発達している。

アルスメールの生花市場（オランダ）

また、自国の弱点である気候も逆手にとっている。緯度が高く曇りや雨の日が多いので、屋外栽培ではなくグリーンハウスなどの施設栽培が盛んだ。グリーンハウスは日本にもあるが、残念ながら採算ベースに乗っている事業を見つけるのは難しい。

かたやオランダ企業は、たとえばアムステルダムの郊外、スキポール空港の近くにある大規模な植物工場地区では、電力に関して複数企業で地熱発電設備を共同利用することにより経営の効率化を図っている。面白い所では、植物工場の隣にあった大規模なデータセンター。何でこんな所にデータセンターがと疑問に思ったけれど、ちゃんと理由があった。植

機械化が進むグリーンハウス（オランダ）

物工場では光合成のために二酸化炭素が必要だから、二酸化炭素をつくるためだけに天然ガスを燃やしている。でもそのとき発生する電力は植物工場ではあまり必要とされない。そこで植物工場の経営者は、この余った電力を売って収入を得ようと考えて、電力をたくさん使うデータセンター運営会社に供給するというわけだ。他にも、最新のグリーンハウス施設見学を観光メニューに仕立て上げて付加収入も稼いでいる。農業を観光資源としても考えている。とにかく自分たちで考えていろいろ工夫している。

農業は儲からない、国のためにやっているから保護してもらうという発想ではなく、自分たちでテクノロジーを駆使して工夫する、農作物をつくるだけでなく周辺ビジネスも考えるなど、わが国の農業とは姿勢の違いを強く感じる。この差は、農業を個人事業ではなく、企業経営として捉えているから生まれるものかもしれない。

国の政策も徹底している。私がいちばんビックリしたのが空港の検疫だ。新鮮な花や野菜をスピーディに輸出するために、世界各国から検疫官をオランダの国際空港に呼び集めている。企業、国がそこまで徹底しているから、世界中から花が集まってくるし、農産物の輸出大国にもなれる。

「そもそもがEUという自由貿易圏内にいるからできることじゃないか。日本とは環境が違う」

と思ったかな。たしかにそうだ。オランダはヨーロッパの陸続きの国であり、島国の日本とは、地理・気候・周辺国との交流・関税・通貨・エネルギーコストなどさまざまな条件が違う。でも、日本がそっくり同じことをやる必要はないだろう。しかしオランダから学んで、日本で実現すべきことがあるのは間違いない。

いちばん学ぶべきは、気候、土地、人件費などの悪条件を理由に農業は儲からないとあきらめるのではなく、企業経営の目線で農業の生産工程を再構築するという姿勢だ。つくるものは異なるが、日本が得意とするモノづくりに通じるものがあるのではないだろうか。

世界的にも「農業はもはや工業」というべき段階にきている。悪条件を逆手にとり、プロセス・品質を改善し、よりよいものをつくり出していく技術は、日本のお家芸だ。最近ＩｏＴがブームだけど、さまざまなセンサーを使った制御技術は日本の最大の強みだ。製造業がこぞって考えているスマートファクトリーなどの仕組みを農業にも展開していくことにより、日本の技術を世界に発信できることになる。中途半端な機械化ではなく、完全自動化で生産性を飛躍的に高めるんだ。これが成功すれば、農産物だけでなく、農業の生産の仕組みをスマートファーミングとして海外市場に展開できるかもしれない。

そして、農業を産業として伸ばし、海外市場を取り込んでいくときに考えなければならないのは、お客さまをよく知ること。これはインフラ輸出の話とまったくいっしょで、海外マーケットをどこと想定するか、誰をターゲットにするのかにより、相手の価値観に合わせた戦略を考えることが大切だ。仮にアジア諸国の富裕層がターゲットだとすると、「糖度の高い果物、新鮮で安全な野菜。日本では一般的だが、その地域で手に入りにくいもの。単価は下げない」などかな。国全体でのブランド管理も重要だ。

加えて海外の市場を取り込むためには、海外の人が客観的に判断できる品質基準を取り入れること。私たちは、盲目的に「日本の食材は安全だ」と信じているが、じつは世界の中で安全・安心と思われていないケースもある。

図表10　センサー市場における日系企業のシェア

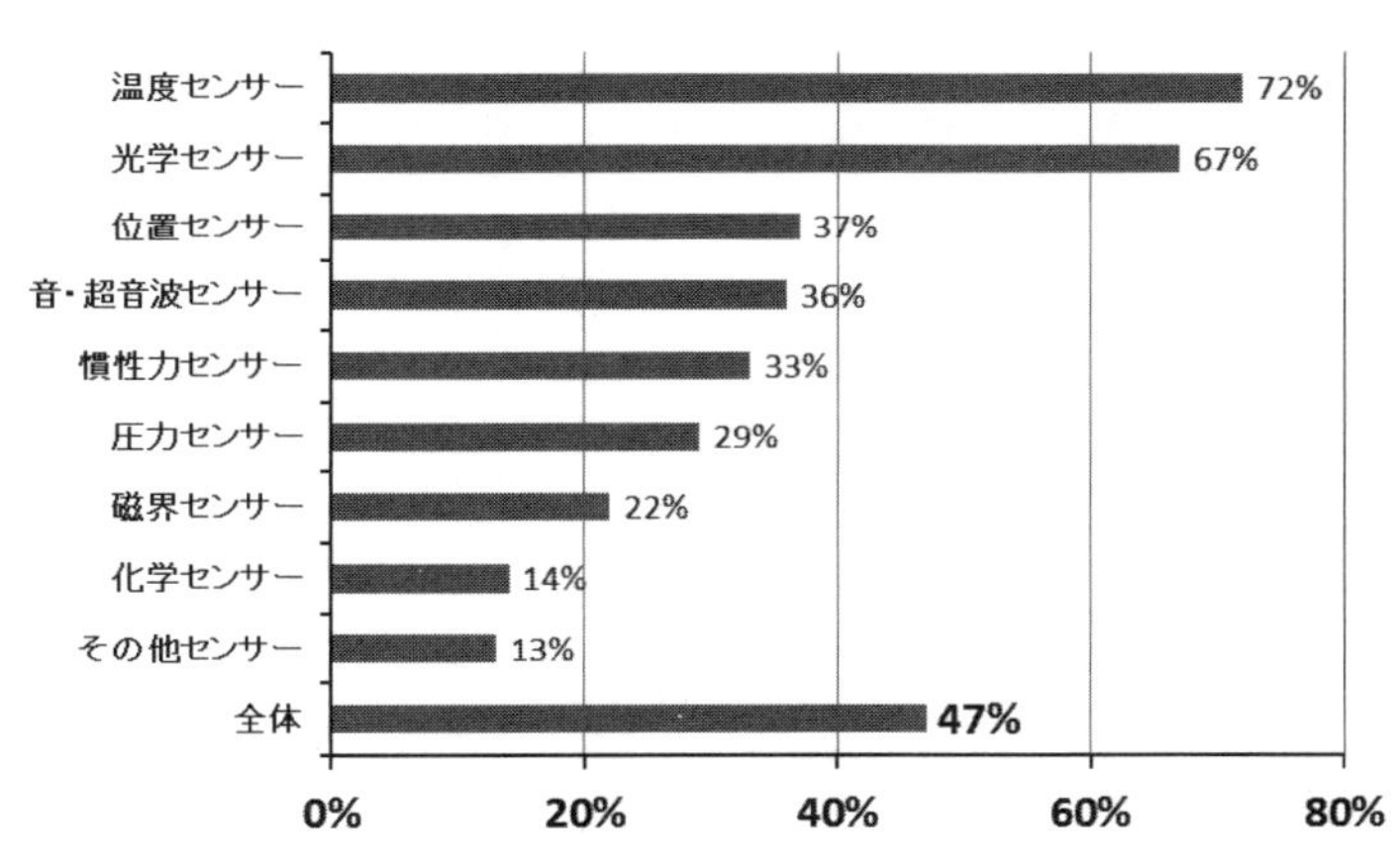

出典：電子情報技術産業協会「電子情報産業の世界生産見通し」（2015年12月）

たとえば、２０２０年に開催される東京オリンピック・パラリンピック。日本の食材でおもてなしができると安易に考えるのは危険だ。日本では、ロンドン大会でも採用されたグローバルＧ・Ａ・Ｐという欧州発の農産物の安全に関する認証を受けている食材が少ないため、選手村の食事を不安視する声が上がっているそうだ。このままでは、「東京２０２０大会で、選手村の食事は食べたくない」と宣言する国も出てくるかもしれない。正直な日本人が栽培した作物だから安全だといくら主張しても、世界ルールに沿った認証がされていないと、海外の人には認められないのが実情だ。日本の魅力である安全・安心を国際ルールの中で見える化していくことは、海外市場の取り込みには不可欠だということだ。

観光も日本ブランドで行こう

ひところの中国人観光客の爆買いブーム、ホテル価格の高騰、ＷｉＦｉの充実など、外国人観光客が増えることによる経済効果と世の中の変化は、キミも実感しただろう。２０１５年はインバウンド観光が日本経済の底上げに一役買ったことは明白だ。デフレからなかなか抜け出せない日本にとって、観光は一筋の光のように思える。

日本政府も観光分野を重要な産業と考えて、２０２０年に４０００万人、２０３０年には６０００万人の外国人観光客の受け入れを目指し、さまざまな取り組みを行っている。世界銀行の２０１３年のデータによると、ＧＤＰ全体における外国人観光客から得た収入の比率は、日本では０・４％だが、その他の先進国の平均は１・８％である。したがって、日本にとってはまだまだ伸びしろがある分野だと言える。

２０２０年の東京オリンピック・パラリンピックはいい目標だ。いままで放置されていたローマ字標識の見直しや多言語化対応などに、ようやく真剣に取り組んでいて、遅れていたハード面の整備はこれからも進んでいくと思う。国も民間も一体となって観光産業を盛り上げようとしていて、いまのところ、その効果は確実に表れている。

ただ、一抹の不安も感じている。データを見てみると、ここ数年、日本に来てくれている外

図表11　訪日外国人旅行者数及び地域別割合（2014年）

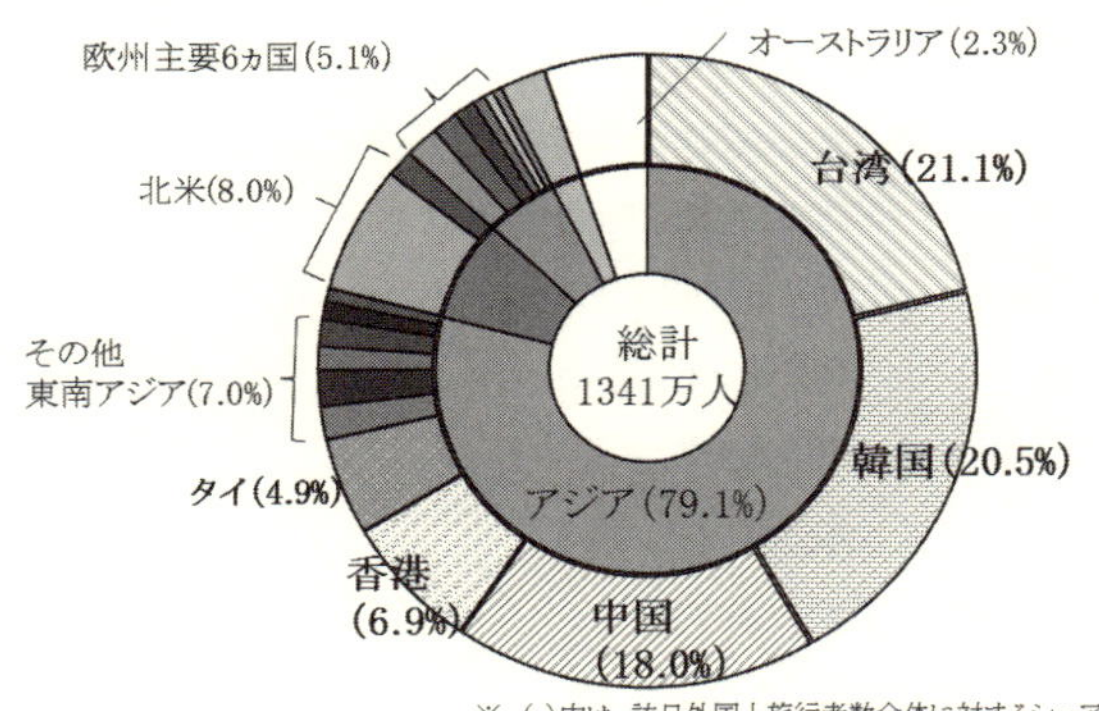

出典：日本政府観光局（JNTO）資料より観光庁作成

国人の約８割がアジアの人たちで、訪日目的の１位は日本食を食べること、２位が買い物、３位が京都や富士山などの観光となっている。

たしかに日本食は美味しいけれど、最近では海外でもおいしい日本食が食べられるようになった。富士山も素晴らしいけど、特別な理由がなければ毎年行きたいとは思わない。一方、為替は不安要素だ。日本でしか手に入らないものがなくなれば日本で買い物をする必要はなくなるし、円高になれば、高い買い物をするためにわざわざ物価の高い日本に来ようと思わない。

ライバルも多い。２０１４年の国連世界観光機関のデータによると、誘発的な影響を含めた直接観光の市場規模は全世界のＧＤＰの９％、約６００～７００兆円にまで及ぶ。全世界の観光客数は２０１３年で約10億人だが、今後世界経済の成長

図表12　外国人旅行者の訪日動機（2014年）

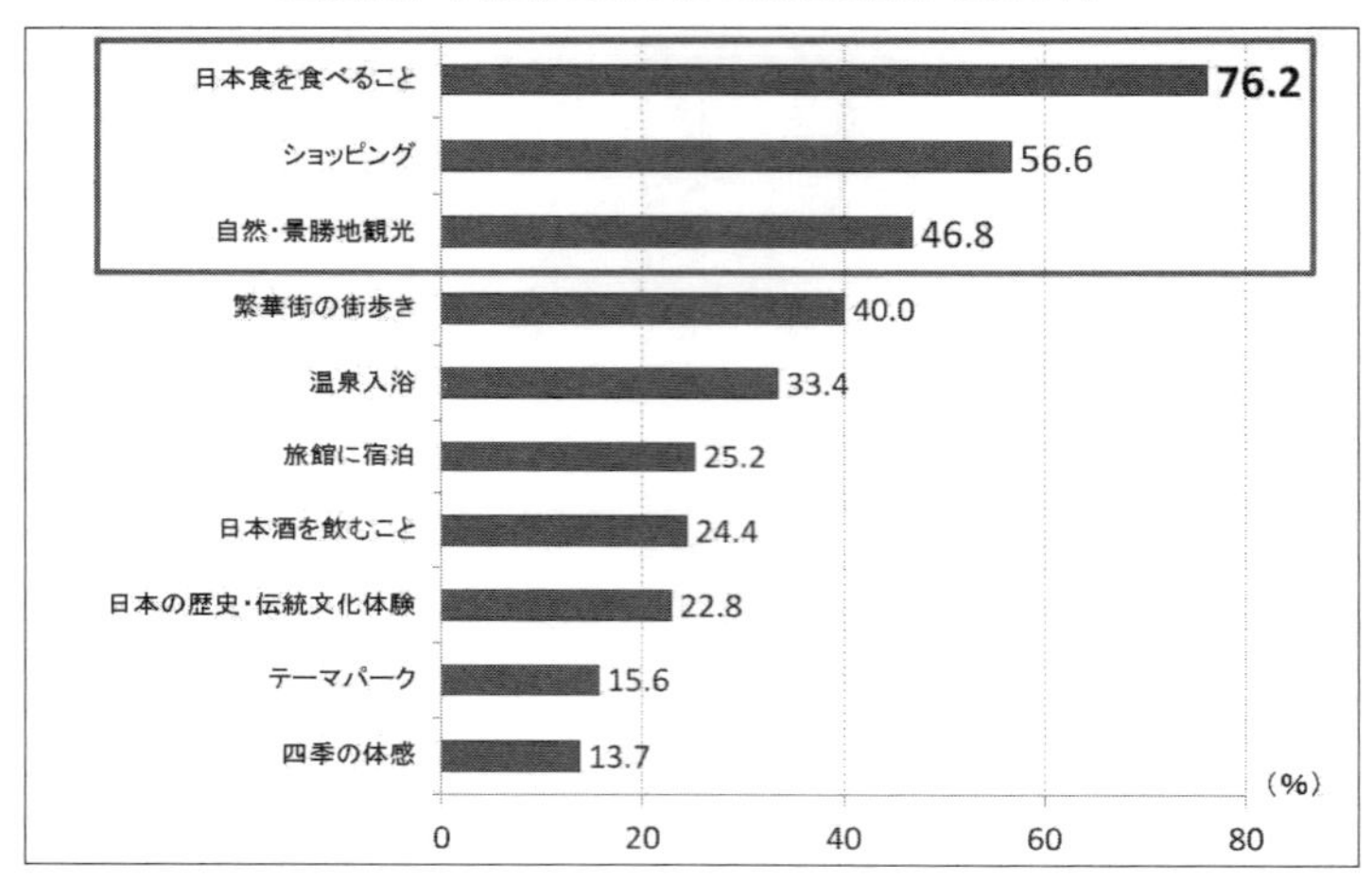

出典：国土交通省

によって人々がもっと豊かになっていくと、年平均3・3％の率で増加していき、2030年には年間18億の人が海外旅行をするだろうと予想されている。海外旅行者が1・8倍に増えるのだから、産業規模も1・8倍となると仮定すると、その規模は1000兆円を優に超えることになる。当然、他国もこの巨大市場をめがけて攻勢をかけてくることが想定されるから、厳しい競争になることは間違いない。

和食や歴史ある京都の街並み、あるいは美しい田舎の風景や自然、能や茶道などの伝統芸能・伝統文化、また、秋葉原に代表されるようなサブカルチャーが日本にはあるけれど、果たして観光資源としての日本ブランドに国際的な競争力はあるのだろうか。

たとえば、アメリカに行ったことがある人に、アメリカ50州の名前と特徴をいくつ言えるか、聞いてみたらどうだろう。ハワイ、カリフォルニア、ニューヨーク、シカゴ……はたしか州の名前じゃない。イリノイ州だったっけ？　グランドキャニオンは何州だったかな。州の名前ですらそうだから、それぞれの特徴となると、なかなか言えない。

海外の人が見た日本も、おそらくそんなに変わらない。日本の47都道府県、その名前をすべて覚えているだけで凄い。なかにはすごくマニアがいるかもしれないけれどね。

地方自治体にとって、観光はいま力を入れたい産業だ。自分の住んでいる土地に愛着はあるし、その魅力を外国の人にも知ってほしいと思うのは自然だ。だから、最近のインバウンドブームに乗っかって、「なんとかわが町の知名度アップを図り外国人観光客を呼び込みたい」とみんな努力している。

各地域の観光客誘致の活動の母体となるのが、自治体の観光課や観光協会だ。観光庁のページにある全国自治体・観光協会等リンク集にはじつに２４０３サイトのリンクが張られていて、そのリンク先は自治体が持っているポータルだったり、観光協会のホームページだったりする。横並びで比較されているから、それぞれが工夫をして自分たちをＰＲしている。ただその内容は、残念ながら、自分たちの県や市の名前のアピールに終始しているような気がする。

そのわかりやすい事例が、ホームページの観光マップだ。自分たちの県や市や町の地図しか載せていないケースが結構あるが、なんとも残念に思える。本当に日本を訪れたいと思っている外国人のことを考えると、必要な情報は県や市の名前やその地域だけの地図ではないはずだ。エベレストがどの国のどの県にあるかと同じで、富士山がどこの県にあるかは、訪れる人にはあまり興味がないことだ。もっと率直に言えば、山梨県と静岡県が「富士山へはわが県で」とアピール合戦を繰り返しているが、富士山を登ってみたい外国人観光客にとってはそのアピールは必要なことではない。リピーターとして繰り返し訪れてもらう環境を醸成するためには、それぞれの地域の頑張り方ももっと考える必要がある。

日本政府もようやく重い腰を上げて、自治体をまたぐ広域観光周遊ルートを認定し、外国人観光客の平均滞在日数の6~7日に合わせた観光動線を海外に発信している。2015年には7ルートが認定された。ようやく政府もお客さま目線で動き始めたと言える。

加えて、私は観光協会の再編が必要だと思っている。観光資源の数に比べて、観光協会の数は多すぎる。日本人は真面目ゆえ組織をつくれば、なんとか結果を出そうと努力する。しかし目標に向かって邁進するあまり、結果的に全体最適を損なう可能性がある。いわゆる縦割り組織の弊害だ。

わが国の観光資源を洗い出し、その資源に合わせて観光推進組織自体を見直すことが必要だ。キミも知ってのとおり日本は島国だから、まず来日の際の入口となる空港・港と海外との競争に負けない観光資源をベースに、観光推進組織を再編することが必要である。そのうえで特徴を見いだせない観光協会や自治体関係の観光組織は大胆に削減すべきだと思う。地域ブランドの競争に固執することなく、日本ブランドとして世界と競争していく姿勢が、インバウンド観光を一次的なブームとして終わらせないために必要だと考えられる。

ところがこうしたブランド化や組織再編などの仕事は、思いのほか日本人が苦手とすることのような気がする。日本人が得意とするのは、たとえば一点に集中する匠の技を尊び、自己の価値観をあくまで追求し、小さな組織を使って究極を追い求める技だったりする。そんな価値観や日本人のスタイルを変えることは簡単ではない。そのための有力な手段は、まったく違った価値観を持った人材を持ち込むことだ。たとえば、外国人材の登用が効果を発揮することがある。

自虐的な言い方だが日本人は外圧に弱い。でも中途半端なやり方はいけない。結局日本人のコミュニティの中に埋没したり、逆に日本人に敬遠されてしまったりしては元も子もない。「やっぱり外国人はね」などといわれてしまう。単に意見を拝聴するだけならあまり意味はなく、期待する外国人には、戦略や人事の決定権など明確な権限を与えて、彼らに大胆に仕事をしてもらう。

スポーツの世界を見ると、先行事例が結構ある。古くは野球、サッカー、そして最近ではラグビーのエディジャパンが記憶に新しい。共通しているのは、海外チームのほうが明らかに実力が勝っていたり、相手の価値観や戦略を理解することが必要なときに、その効果がてきめんであることだ。もちろん人選も大切だ。外国人なら誰でもいいわけではない。観光分野のプロとして、日本の良さと悪さを客観的かつ率直に進言できる人材を見つける必要がある。いたずらに批判するだけの人や単に日本好きでは機能しない。その道のプロを登用すべきだ。

そしていちばん重要なのは、継続的に引き継げる日本人メンバーがそろっていること。あくまで、外国人の登用は刺激剤であり、持続的発展のためには、キミや私たち日本人でそのスピリットを受け継いでいくことが必要となる。

KUMANOの場合〜和歌山県田辺市の取り組み

そうした観光産業の事例のひとつとして、和歌山県田辺市の取り組みを聞いてほしい。着実に、そして持続的に成果を上げている事例だ。

田辺市は平成17年に周辺の町村との合併後、熊野古道を中心とした観光資産を広域で生かし、外国人観光客を増やすことを目的に、田辺市熊野ツーリズム・ビューローを設立した。ビューローでは着地型観光を目指し、旅行業の免許も取って地元企業などへ旅行手配を行い、あるい

日本の観光関係者に説明するブラッドさん

は地元の物産をうまく組み合わせて商品化したり、きめ細やかなサポートを積極的に行ってきた。

平成23年の開業当初、外国人の予約件数は１３６件に過ぎなかったが、平成27年には３１４９件へと増加。とくに欧米豪からの観光客が増えた。直近の来訪数で見ると、１位がオーストラリア、２位がアメリカ、３位がイギリス、４位がフランス、５位がスペインとなっている。彼らは何を目指して「ＫＵＭＡＮＯ」を訪れるのだろうか。

じつは外国人旅行客が増加した最大の理由は、カナダ人で旧・本宮町の英語助手をしていたブラッドさんを田辺市熊野ツーリズム・ビューローの立ち上げ時から採用したことだった。ブラッドさんは外国人観光客の目線で、看板の

田辺市熊野ツーリズム・ビューローにて

整備やインターネット環境の整備、海外のプレスツアーなどの広報活動を地道に行った。それが設立から10年経ち花が咲いたということらしい。

団体客ではなく「FIT（Foreign Independent Travel）」と呼ばれる個人手配の海外旅行客が多いのも特徴だ。彼らは数日かけて熊野古道を歩きスピリチュアルな旅を楽しむ。その途上、日本式の民宿に泊まり、民宿経営者との触れあうのも楽しい経験のひとつになっている。民宿の方々は決して流暢に英語が話せるわけではないが、熊野の地元料理などを通じてコミュニケーションを図り、外国人観光客の満足を得ている。その結果、トリップアドバイザーでの好評価や

ＳＮＳで発信増が顕著で、観光客の増加に結びついている。

ただ、課題がないわけではない。継続的に観光客を呼び込むためには、宿泊先のさらなる整備や魅力あるコンテンツが必要だけれども、宿泊施設は70代のおかみが運営しているケースもあり、後継者問題もある。そうなると、若い世代が観光業で生計を立てられるかどうかが課題になってくる。でも、地元高校生が海外感覚を学ぶためにボランティアで田辺市熊野ツーリズム・ビューローを手伝っているなどと聞くと、希望はある。こうした活動を通じて、地元の自然や歴史に興味を持つ若者が増え、観光業にチャレンジする若者も出てくるだろうし、都会から自然や文化を求めて田辺市を訪れる日本人もいるようだ。

ブラッドさんの価値観をいかに田辺市で受け継いでいくかも課題だが、この点は心配いらない。田辺市熊野ツーリズム・ビューローのスタッフに着実にその精神が受け継がれいることを、取材して私は実感したからだ。外国人登用という強い刺激が一時的なものにとどまらず、しっかり田辺市に根づいていた。

世界に向かって日本の魅力を伝えよう

インフラ、農業、観光……日本ブランドはまだまだ健在で、海外市場の取り込みに活躍しそうだ。それ以外の分野でも、巨大な国内市場に安閑として、国外に進出しきれてないものがまだまだたくさん残っている。たとえばサービス業。回転寿司、宅配便、警備、コンビニなどはまさに日本の魅力が最大限生かせる業種だ。これまで国内市場で熾烈な過当競争を続けるなか、品質やサービス水準は世界トップクラスにまで磨き上げられたものは多く、いまこそ真価を発揮すべき時期だと思う。製造業は世界展開を早くから進めてきたけれど、サービス業も日本らしい魅力を生かせる分野であり、これからも伸びしろが豊富にある。

日本ブランドマネージメントも今後は重要になってくる。日本全体のブランドを海外に浸透させていくことだけでなく、各国でしっかり知財の管理をしていく必要がある。第二の「Wagyu」を生み出さないためにも、個々の企業だけでなく国全体でのブランド管理が必須だ。

ブランドイメージの浸透には政府の広報活動だけでなく、アニメや音楽、アイドルなど日本のユニークな文化が貢献してくれている。小さいころテレビで見たアニメや、いま活躍しているアイドルを通じて、海外の人に日本文化を擬似体験してもらうのは、真面目な日本政府のPRビデオよりはるかに効果がある。

そして、何より2020年の東京オリンピック・パラリンピック大会だ。全世界に日本文化や日本製品・サービスの魅力をアピールできる最大のチャンス。国を挙げてのPRをしていくべきだ。新幹線や既存のサービスだけでなく、燃料電池車、電気自動車、自動運転、ロボットやＡＩ技術を活用した新しいサービス。さらにはサイバーセキュリティの観点からも治安維持を強化した監視体制など。オリンピックを訪れた外国人を通じて、これらの新しい日本を世界に発信できれば、日本ブランドへの信頼は揺るぎないものになるだろう。このチャンスを生かすべく、用意周到な準備をしていきたい。

日本ブランドはまだまだ健在だ。新しいブランドも生まれている。いまだ国内に埋もれている魅力を一企業の狭い枠に囚われることなく連携を図り、海外市場に挑んでいけば、まだまだ日本は持続的な成長を続けていけるだろうと私は固く信じている。

幸せと経済成長の関係

本章では、人口減少が日本経済に与える影響を中心に、これから仕事がどう変わっていくのか、海外市場をどうやって取り込んで行ったらいいのかについて話をしてきた。私の話がどこまで腑に落ちたかはわからない。私がキミぐらいの年齢、ちょうど会社に入って2年目ぐらいのとき、20歳ぐらい年齢が離れているおじさんとは世代間ギャップを感じていた。いまのキミがそう思っていないことを祈るよ。

たとえば、経済成長の必要性について。「日本は十分に豊かなんだから、これ以上無理して成長を目指す必要はない。むしろこれからは、いかに公平に分けあうかが大切だ。人口が減るのに成長を続けるなんて無理だろう」なんて考えているかもしれない。

たとえば、格差について「競争だから頑張れと言われても、結局は一部の人たちが得をするだけだろう。経済成長なんて結局、格差を生むだけなんじゃないか」と考えたかもしれない。

じつは私も、日本の経済を仲間と議論するなか、同じような疑問に何度もぶつかった。経済政策や戦略について考えるとも、「本当にそれは必要なことなのか」という原点にいつも立ち戻る。本章の最後に、私たちがこの1年間でぶつかったこと、感じたことを話をしてみたい。

キミも聞いたことがあるかもしれないが、「経済」という言葉の語源は「経世済民」という中国古典の言葉に由来するという説がある。「経世済民」とは、世の中をよく治めて人々を苦しみから救うという意味。「経済」という言葉の中に、人々の幸せとのかかわりという意味がすでに織り込まれているというのは、未来の経済を考えるときにとても重要なことだと思う。

経済と幸せの関係について、じつにさまざまな指標が提示されている。まずはGDP。国の豊かさを見るのに便利な指標だが、この数値では、生み出された価値が国民を豊かにするために適切に使われたかどうかはわからない。

これに対して、ブータンの国王が提唱したＧＮＨ（国民総幸福量）は、キミも聞いたことがあるだろう。これは、ＧＤＰのような物質的な豊かさではなく、精神面での豊かさを数値化するものとして、公正・公平な社会経済の発達、文化的・精神的な遺産の保存、環境保護、安定した統治などの指標を数値化したものだ。

ＧＮＨ以外にも、国連の「持続可能な開発ソリューション・ネットワーク」が『世界幸福度報告書』を発表している。これは、一人当たりのＧＤＰ、平均寿命、社会福祉の充実、汚職・腐敗などを数値化したもので、２０１６年版では1位はデンマーク、２位はスイス、アメリカ13位、韓国57位、中国83位、我が日本は53位となっている。

また、ＯＥＣＤも「より良い暮らし指標」を発表しているけれど、これは住宅、収入、雇用、環境、ガバナンス、医療など11の分野について38カ国を比較したものだ。すべての国や社会が「幸福度」を同じ価値観や概念で捉えているわけではないため、ランキング自体が目的ではないとされているが、２０１６年版では1位はノルウェイ、2位オーストラリア、7位アメリカ、28位韓国、日本は21位となっていて、この指標では医療と雇用が幸福の2大要素だとされている。

経済と幸せの関係を考えるとき、ＧＤＰの欠点を理解したうえで、こうしたさまざまな指標を参考にしながら、「経世済民」という原点に立ち返って考えていくことが大切だ。

果たして経済成長により人は幸せになれるのだろうか？　たしかに、時代や社会、国によって何を幸せとするのかという価値観や概念が異なるから、一概には言えない。キミと私でも考え方は違う。

でも、本来、経済成長は人々が幸せを追求するための手段なのだから、経済成長と幸福は対立する話ではないはずだ。社会的に立場の弱い人たちにとって大切な社会保障制度を維持することは、経済成長なしには難しいし、その経済成長は、海外諸国との良好な関係の条件でもある。同様に、未来を生きる子どもに必要な教育をも担保する。そしていちばん大切なのは、この国で暮らしていきたいという思いから生まれる出生率であり、経済が立ち行かなければ、出生率はどんどん下がる。当たり前だけど、人がいなくなる国に未来はない。だから私は、未来の日本にとって、「持続的な経済成長は幸せを実現するための前提条件だ」と思う。

キミの疑問や意見はまだまだ尽きないと思うけれど、私が答えられるのはここまでだ。もっと知りたい、考えたい、自分も何とかしたい、キミがそう思ってくれたら、私としてはとても嬉しい。

いろいろ提案めいたことを語ってきたが、直ちにバラ色の未来が待っていると言えるほどの自信があるわけじゃない。むしろ不安でいっぱいだ。未来の日本経済、大丈夫なのだろうかと。ただこの1年間、未来の経済というテーマについて真剣に向き合った私なりの意見であることは間違いない。そして意見を言うことより実践していくことの方が難しく、キミと真正面から向き合うのはこれからかもしれない。

まさに、言うは易し行うは難し、だと思うんだ。だから、キミから「先輩、あのとき大ぼらを吹いていましたね」、と言われないよう、私自身も気持ちを引き締めて、汗を流し、実践していくことにする。

第3章

真の平和国家は一日にしてならず

日本の安全を守るものは何か

「平和」と書けば平和が手に入るのか

日本の安全保障のこれからについて話をしよう。

日本は戦後約70年間、平和を享受してきた。このことはとても素晴らしいことだし、第二次世界大戦の反省を踏まえて、平和国家として日本が再生したことは日本人として誇るべきことでもあると思う。

ところでキミは、なぜ日本はずっと平和にやってこられたと思う？　よく聞く説明のひとつは、戦争放棄を謳った憲法９条があったから、というものだ。これは本当だろうか。

このことを考えるためのひとつの事例として、東南アジアの国・フィリピンを挙げたい。フィリピンはじつは、日本と同じように平和憲法を戴いていて、「戦争を放棄する」としている。でもこの国が日本と同じように平和で安全だったかというと、決してそうじゃない。南シナ海のほぼ全域の領有権を主張している中国にミスチーフ礁やスカボロー礁などを奪われている。

フィリピンと日本の違いは何だろう。それが知りたくて私はフィリピンに出かけ、同国の外務省や国防省、沿岸警備隊の人々に話を聞いてきた。そこで分かったことは、同盟国であるアメリカにフィリピンの基地を使用させないようにしたことが大きく影響したということだった。

フィリピンでも沖縄と同じく、米軍兵士による犯罪などさまざまな問題が起こっていた。だから、１９８６年に独裁政権を打倒し、民主主義の国家となったフィリピンは、国民感情を踏まえて基地使用を認める条約の更新をやめた。そしてこの結果、１９９２年までに米軍がフィリピンから完全撤退した。

すると１９９５年、フィリピン海軍が不在のときを見計らって、中国がミスチーフ礁に建築物をつくり、実効支配を開始した。フィリピンの軍隊はとても小規模だ。空軍には戦闘機がないとフィリピン政府の役人が話していたほどだから、中国に対抗できるはずもなかった。さらに２０１２年には、スカボロー礁で中国海警局（日本の海上保安庁に相当）とフィリピン海軍がにらみあいを続ける事態となった。一触即発の危機だ。だから、事態打開に向け、アメリカの仲裁によって、中国もフィリピンも同時に船を引くことで合意したと言われている。このためフィリピンは合意に従い船を引いたが、中国はそのまま残り、スカボロー礁を中国が実効支配してしまうこととなった。

このような痛い経験を経て２０１４年、フィリピンはアメリカと協定を結びなおし、アメリカ海軍が再びフィリピンに駐留することとなった。

フィリピンは平和憲法では領土を守れなかった。これは事実だ。平和憲法であれば平和が保たれるという考え方を「空想的平和主義」と呼ぶ人がいる。世界で起こっている現実をもっと直視すべきだということだろう。

カギを握るのはアメリカと中国

では日本の安全を担うのは何か。それは何よりまず外交努力だと思う。近隣諸国と友好関係を築き、お互いに安心していられるようにすることが基本だ。

経済・文化の交流を進めること。日本に対して親近感を持ってもらうこと。優れた科学技術や製品、マンガやゲームといったソフト、きめ細かなおもてなし、そしてカタいところでは民主主義、法の支配といった、何か「善いもの」と日本を結びつけて、海外の国々に理解してもらうようにすること。こういうことができれば、日本は世界で友人を増やし、国際世論を味方につけ、平和の土台を強化することに繋がる。

でもさすがに外交だけで十分だとはキミも考えないだろう。やはり抑止力としての防衛力が必要だ。たとえば、ある国が日本の島を奪おうと思っても、自衛隊にそれを阻止する十分な力があれば、その国を思いとどまらせる可能性は高まるはずだ。

私はたくさんの自衛隊の人たちに会って話を聞いてきたけれど、彼らは真面目で士気が高いと感じた。それにアジアの国の中では自衛隊の装備は優れているとされている。だから日本の自衛隊の実力はとても高いと報道やインターネットなどで時折目にしたことにも納得がいった。

また日本はアメリカと同盟を結んでいる。だから万一、自衛隊が戦闘状態に立ち至った場合、米軍は自衛隊とともに戦うこととなっている。これが強力な抑止力になって、日本の平和を支えている。アメリカの軍事力は圧倒的に強大だ。自衛隊や外務省の人たちと話をすると、彼らが米軍を信頼し頼りにしていることがよくわかる。

この仕組みはこれまでずっとうまく機能してきた。だからこれからもうまくいくだろうと考えたくもなる。しかしいまこれまでとは異なる大きな変化が起こっていることを理解しておく必要がある。それは中国の台頭だ。

昔、アメリカの最大のライバルはソ連だった。当時、ソ連は強大だと皆感じていたけれど、それでもソ連のＧＤＰは、アメリカの半分程度しかなかった。長い冷戦時代の軍拡競争の末にソ連経済は崩壊して、アメリカ一極体制が出現したんだけれど、それはアメリカが経済面で圧倒的な優位にあったから、軍拡競争を仕掛けることができたとも言えるだろう。

だが中国は違う。人口は13億人を超えアメリカの４倍。ＧＤＰは急速に拡大してきて、もうアメリカの半分を超えた。中国経済がさらに成長するとして、どこまで大きくなるだろうか。ひょっとしたら中国は、アメリカにとってソ連とは比べものにならないほどのライバルとなるかもしれない。

日本の安全は、圧倒的な力を持つアメリカとの同盟を背景に確実なものとなっていた。でもその前提が中国の台頭によって変わるだろう。このことは、いまのうちによく考えておくべきことだと思う。

中国ってどんな国

日中関係の現状

かつて日本は世界第2位の経済大国だった。アメリカがダントツの超大国で、それに次ぐ2位。第二次世界大戦の敗戦から復興して大国とまで呼ばれるようになった。でもいつの間にか

図表１　日米中の名目GDPの推移

（単位：億ドル）

	1985年	1995年	2005年	2015年
日本	13,848	53,355	45,724	41,232
アメリカ	43,467	76,640	130,937	179,470
中国	3,106	7,343	22,914	109,828

出典：IMFデータにもとに作成

中国にＧＤＰで抜かれてしまった。中国の経済規模は10年前には日本の半分だったのに、いまは日本の倍以上。バブル崩壊以降、日本が低迷していた間に中国は大国になった。

先にも述べたとおり中国は13億人以上の人口を抱え、日本にとって最も重要な市場でもある。中国との貿易は盛んで、ＪＥＴＲＯによれば、２０１４年、日本から見ると全世界への輸出額のうち中国は18・３％を占めている。一方、中国から見ると日本は６・３％。小さいように見えるけど、中国から見た取引順位では香港、アメリカに次ぐ３位で、中国にとっても日本は重要な貿易相手だ。

地理的にもとても近くて、これほど経済的にも深い関係のある国なんだけど、両国の間には政治がらみの問題がいろいろある。

問題の１つ目は、日本が領土として実効支配している沖縄県の尖閣諸島を中国は自国のものだと主張して、中国の海警や軍隊が尖閣諸島の周辺で活動していること。

さらに、彼らは尖閣諸島だけではなく、沖縄全体も中国に帰属すると考えている節があることだ。中国共産党の機関紙の人民日報には、

図表２　日本人の中国人への印象、中国人の日本人への印象

（単位：％）

	2005年	2010年	2015年
中国に良くない印象を持っている・どちらかと言えばよくない印象を持っている日本人	37.9%	72.0%	88.8%
日本に良くない印象を持っている・どちらかと言えばよくない印象を持っている中国人	62.9%	55.9%	78.3%

出典：言論NPO「第11回日中共同世論調査」をもとに作成

琉球は中国の属国だった、沖縄の帰属は未解決の問題だという記事が掲載されたし（２０１３年5月8日付）、中国外交部系の外交専門誌「世界知識」には、日本の合法的主権は沖縄に及ばないという趣旨の論文が掲載されたりもしている（２０１３年3月16日号）。誰がどう見たって沖縄は日本の一部。ありえない話だ。

だから中国政府の人に会いに行って、沖縄帰属の問題を直接聞いてみた。すると「そういう主張はあるが、政府としては立場を示していない」という回答だった。中国政府は否定することなく、単に態度を保留しているだけだから、これは決して安心できるものではない。

問題の２つ目は、中国共産党が反日教育を継続して行っているため、戦後70年経っても日本が嫌いという国民感情が根強く残っていること。日本の首相の靖国神社参拝を問題視し続けたり、抗日戦争記念館があったり、抗日勝利70年の記念パレードが行われたりしている。過去の恨みとその怒りは、消えることなく永遠に続くのじゃないかとさえ思える。

3つ目は、中国が信用できない、嫌いだという日本人が増えていること。いま中国に良くない印象を持っている日本人は88％にも上っている。そしてそれに便乗した雑誌や本が沢山出版されるようになった。いまにも中国経済が破綻するとか中国共産党の独裁体制が崩壊するとか、なんだか怪しげな情報が日本人の願望につけこむようにどんどん流布されている。これは問題だ。感情に囚われず、もっと冷静に事実を求めるべきだと私は思う。

国家100年の計で考える国

中国を理解するためには、中国の政治の姿と彼らの目標を押さえておくべきだろう。中国はご存じのとおり共産党独裁の国だ。だから、日本やアメリカといった他の民主主義先進国とはかなり違った政治の特性を持っている。歴史も中国の政治に影響を及ぼしているだろう。私は、中国の政治・外交を特徴づけるものには、①民衆に対する恐怖、②抗日、③歴史的地位の回復といったものがあって、これらが彼らの行動原則になっているように思う。

まず1点目、中国共産党は民衆を恐れている。中国の歴史は、古い王朝が民衆から見捨てられ新しい王朝が興るという枠組み、易姓革命(えきせいかくめい)によって説明される。言い換えれば支配の正当性を民衆の支持においていることになる。だから、共産党政権も易姓革命により打倒されること、

尖閣諸島

写真提供：読売新聞社

民衆に不満が蓄積し、暴発し、政府が転覆させせれることを恐れている。１９８９年に起こった、大規模な市民デモを武力で弾圧して多数の死者を出した天安門事件にもそういった共産党の恐怖が背後にあったのだと私には思える。

２点目は、中国共産党は一方でその支配の正当性を、共産党が抗日戦争に勝利して人民を解放したという物語に置いていること。これは日本にとっては厄介な問題だ。中国共産党がその政権を維持する根拠が抗日であるかぎり、抗日教育が重要となり、日本に反感を持つ人達を今後も永続的に生み出してしまうからだ。抗日戦争記念館を覗くと、中国の子どもたちが学校単位で見学に来ていた。歴史を忘れないという言葉には、怒りを再生産すべきという意味が含まれているようにも思える。

３点目は、これまでに侵食された中国の歴史上の領土・領域を回復しなければならないという強い意志だ。日本との関係では尖閣諸島がそうだ。他の国との関係では、たとえば南シナ海のほぼ全域が中国に属すると主張している。彼らは領土問題では妥協することはなく、長い時間がかかってもあきらめないと言われている。北京で会った中国人の国際政治学者に南シナ海の話を聞いたら、「中国人は我慢強いよ」と笑って言ってたのが印象的だった。

中国が長期の視点で物事を考えていることを示す例が他にもある。２０１４年の第18回党大会で中国共産党が示した「２つの１００年」というものだ。その１つは、中国共産党の創立１００周年にあたる２０２１年までに、全面的小康社会（いくらかゆとりのある社会）を建設するという目標だ。そのために２０２０年までにＧＤＰと国民平均所得を２０１０年の倍にするとしている。もう１つは、中華人民共和国として建国１００周年を迎える２０４９年に、富強・民主・文明・調和をかなえた社会主義現代国家の建設を実現するというものだ。ソ連をはじめ他の社会主義国が失敗してきたなかで、中国は自由主義経済を受け入れながらも、「中国の特色ある社会主義」という呼び名で社会主義の強国となることを真剣に目指している。さらにこの２つの１００年は「中国の夢」である「中華民族の偉大なる復興」の実現の基礎となるとされている。

このように、中国はとても長いスパンのビジョンを持つ。これからもし超大国としての中国が出現することになったら、いまのアメリカ、ヨーロッパそして日本などとは異なる制度の国が、それゆえに行動原理の異なる国が、世界の中で大きなウエイトを占めることになる。そのとき世界は、いまとはちょっと違っているかも知れない。

中国の政治と経済

これまで中国という国がどんな国か、私の思うところを話してきた。それでは、さらに中国を理解するために、政治・経済の特徴をもう少し詳しく見てみよう。

共産党独裁の仕組み

中国の憲法には、国家や社会は共産党によって指導されると書かれている。また、中国の人民解放軍も共産党の指導を受けるとされているので、「共産党の軍」だと言われる。このため中国では国家の上に中国共産党と党軍である人民解放軍が存在して、全権力が中国共産党に集中する体制になっている。

では、国家や社会を指導する力を中国共産党がどうやって維持しているのか。その力の源泉は、企業や政府や学校などのあらゆる組織に共産党の細胞組織を張り巡らす仕組みをつくっている点にある。具体的には、共産党員が３名以上いる組織は党の「基層組織」をつくらなければならない。中国共産党の統計では２０１４年度末の共産党員は約８８００万人いる。これは人口の６・７％を占めるから、たとえば１００人の組織なら7人くらい共産党員がいる計算だ。さらに国有企業や重要な組織ともなれば、党中央から党員が幹部として送り込まれる。この方法で、国家や社会に共産党による指導が行き届く仕組みになっている。

では、その中国共産党の組織体制はどうなっているか。全国レベルの中央組織としては、「中央委員会」が設置されていて、党大会代表の中から２０５名の中央委員が選定される。さらに、中央委員の中から25名の政治局員が選定され、その政治局員の中から「チャイナ・セブン」といわれる最高指導者7名の常務委員が選定される。政治局委員会は月に1回、政治局常務委員会は週に1回開催される。つまり、常務委員7名は常に顔を突き合わせており、国家の重要事項のほとんどはこの7名が決定しているらしい。

このチャイナ・セブンには序列があり、いまの序列1位は習近平・国家主席だということはキミも知っているとおり。習氏は中国共産党の「中央委員会総書記」と「党中央軍事委員会主席」のポストに就き、国家政府においても元首である「国家主席」と「国家中央軍事委員会主席」のポストに就いているので、政治・軍事の権力がすべて彼に集中している。序列2位は李克強・国務院総理だ。国務院は日本の内閣に相当するので、李氏は日本の首相にあたる。でも、

図表３　第18期中国共産党体制図

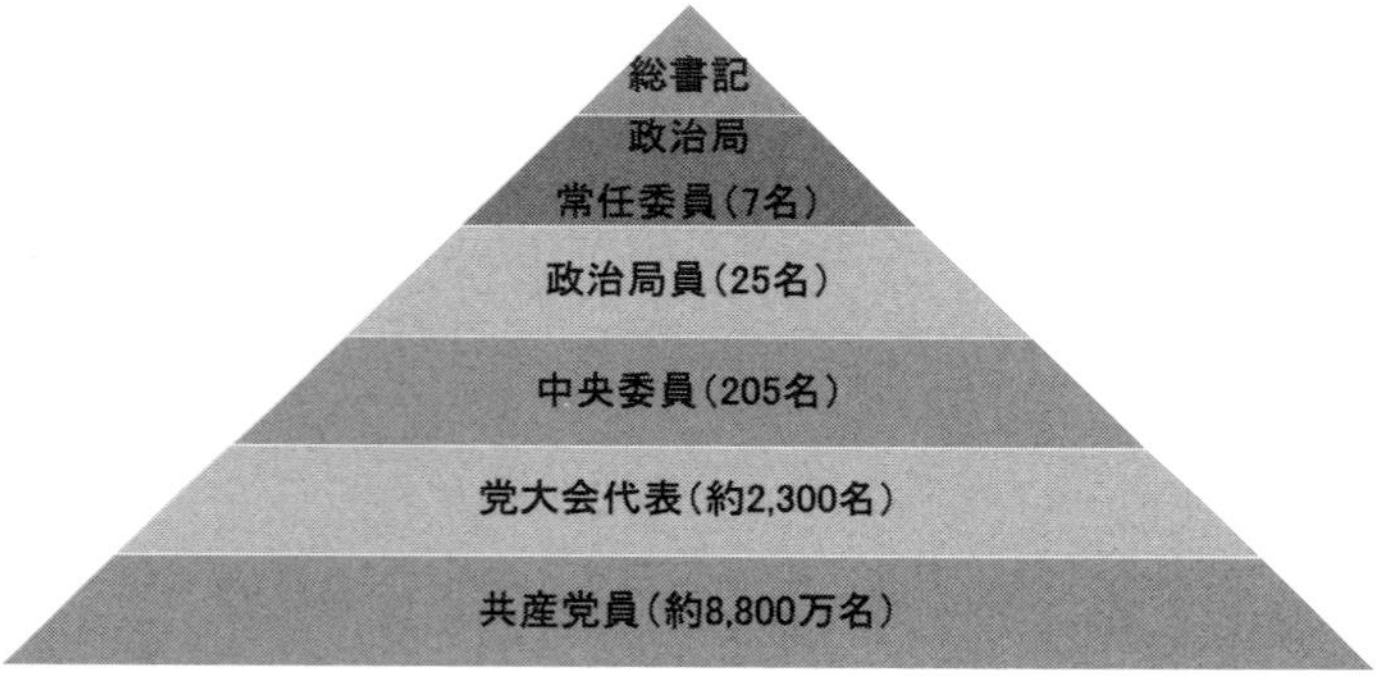

総書記
政治局
常任委員（7名）
政治局員（25名）
中央委員（205名）
党大会代表（約2,300名）
共産党員（約8,800万名）

出典：宮本雄二『習近平の中国』をもとに作成

実質的には共産党の政治局委員会、政治局常務委員会が重要事項を決定しているから、中国政府の役割はなんだかわかりにくい。

中国共産党が守りたいもの

次に、中国共産党が何を求め、何を指針として国家を運営しているのか見てみよう。

中国共産党は「核心的利益」と呼ばれ、妥協の余地のない利益というものを定めている。南シナ海や尖閣諸島を巡る報道で再三とりあげられていることからも想像できる通り、領土保全はそのひとつだ。

２０１１年９月に中国政府が発表した「中国の平和的発展」という文書には、核心的利益は「領土保全」、「国家主権」、「国家安全保障」、「国家統一」、「中国憲法に定められた国家の政治制度と社会の大局の安定」、「経済社会の持続可能な発展の基本的保障」の６点だと示されている。そしてこれらの中でも、政治制度の安定、すなわち、中国共産党による一党独裁体制の堅持こそ、絶対に妥協する余地がない核心中の核心だと言われている。

だから、独裁体制が崩れることに繫がりかねないものを、共産党の指導部はとても警戒している。マスコミやインターネットの徹底的な情報統制はキミも知っているだろう。国民が共産党に不平不満を抱く可能性のある情報を厳格に統制していることからは、彼らの警戒とその背後にある恐怖が透けてみえる。

国民の不平不満といえば、所得格差問題がその最たるものだ。先ほど話したように、あらゆる組織が共産党の指導体制に組み込まれ共産党員が送り込まれているけど、じつはこのことによる問題もある。共産党員は非共産党員からみればエリートで、何倍もの収入を得る権力者の場合が多い。権力者のもとには、さまざまな利権や旨みのある話がやってくるだろうことは想像に難くない。この権力集中の構造が、中国で賄賂や不正が横行する文化が根づいた主たる原因であり、就いたポスト次第では一財産築くことも夢ではないと言われていた。

ただし、この状況は少し変わってきているようでもある。それは「トラもハエも叩く」と言って、習近平指導部が反腐敗キャンペーンに徹底的に取り組んでいるからだ。これは政権安定のために政敵を排除する目的もあるけど、経済成長に黄色信号が灯り、暮らしが豊かにならない国民の不平不満の矛先を共産党からそらすという目的もある。この反腐敗キャンペーンは国民からは高い支持を受けているらしい。

このように、一党独裁とはいえ、中国は国民の声をまったく無視しているわけではない。民主的な国であっても権威主義的な国であっても、国民の要求を無視して政策決定を行い、国家を運営することは容易ではないということだ。

高度成長は終わった

次に、政治の安定化に欠かせない経済政策はどうか。

中国経済は急激な発展を遂げ、ＧＤＰの規模では２０１０年に日本を抜いて世界第2位の経済大国となったけど、さすがに2桁に近い経済成長率にもブレーキがかかり、公表された数値では２０１５年は６・９％となった。中国の統計は信用できないという話もよく聞くけど、成長速度がやや落ちてきたということは間違いないようだ。２００８年のリーマンショックでは、中国は4兆元（当時のレートで約60兆円）に及ぶ財政出動で公共投資にお金を回した。このおかげで中国と世界の経済は持ち直したけど、この結果、中国の鉱工業が生産過剰に陥ってしまったことで、現在、調整が必要な状況にある。中国は世界のためにバブルを引き受けてしまったとも言えるだろう。

２０１５年5月には習近平指導部が「新常態」という言葉を使って、高速成長から中高速成長への転換を宣言した。そして、2016年3月に発表した「第13次5カ年計画（2016～2020）」で、GDP成長率の目標として最低年6・5％を掲げた。

この成長率の目標は、中国共産党としては必ず達成させなければならない数字だ。それは、先ほど述べたように2020年度までにGDPと国民平均所得の倍増を達成し、「全面的小康社会」を実現すると、国民に約束しているからだ。6・5％で5年間成長すればこの目標がギリギリ達成できる。私が北京に行った際にも、ビルやバス停、ガードレール、あらゆる場所に「中国の夢」や「全面的小康社会」のポスターが貼られていた。これだけ大々的にアピールしていたら、やっぱりダメでしたとは言えないだろうと感じた。

また、この5カ年計画には、投資輸出主導型からサービス消費主導型の経済へ構造転換をすると書いてあって、第三次産業のGDP比率を2015年の50・5％から2020年には56％にすると目標が示されている。ここで難しいのは鉱工業などの第二次産業に従事しているのは国有企業が多いという点だ。国有企業は共産党幹部が経営し利権を得てきていたので、既得権益を手放すことにつながる整理がなかなか進まないといった事情がある。

もし利権がらみで国有企業の改革が進まず、産業のシフトが思うように進まなかった場合、中国は経済が停滞し、一人当たり所得が先進国並みには届かない、いわゆる「中進国の罠」に陥るかもしれない。中国経済の専門家は、そのとき世界経済全体が大きな影響を受けることに

北京市内の「中国の夢」の看板

なると警鐘を鳴らしていた。

北京で会った中国の大学教授もこんなことを言っていた。

「世界に１４０の民主主義国家があるが、そのうちうまくいっているのは30カ国程度だ。中国には13億人の人口がいる。失敗はできない。失敗したら国際社会にとっても大きな災いとなる。個人的には、中国は遅かれ早かれ民主国家になると思っているが、それは一人当たりＧＤＰが２万ドルを超えた後だろう」

経済の安定した成長と所得水準の十分な向上が民主化には不可欠という考えだ。これから中国は安定成長を続け、やがて一人当たりＧＤＰがアメリカや日本のような先進国の水準に届くだろうか。世界が注目している。

中国の外交と軍事

強気の外交とそれを支えるもの

ここからは中国の外交方針について考えてみよう。

中国はご存じのとおり、南シナ海の岩礁を埋め立てて人工島を造成し、そのうえに滑走路やレーダー施設を備えた軍事基地を建設している。また東シナ海では、２０１２年9月に日本政府が尖閣諸島を国有化してから、中国海警局による領海侵入が続いている。さらに２０１６年6月には中国海軍が尖閣諸島周辺の接続水域を航行したり、鹿児島県沖のトカラ海峡でも領海侵入したりして問題になっている。

こんな風に中国が、フィリピンやベトナムなどのＡＳＥＡＮ諸国や日本などと揉めるまで、強気の行動を取る背景には何があるのだろう。

中国は１９９０年代から、実力をつけるまでは能力を隠すという意味の「韜光養晦（とうこうようかい）」を外交政策の柱において抑制的な外交方針をとっていた。でもリーマンショックで揺れる世界経済を大規模公共投資で救ったことや、軍事力の近代化を進めてきたことで自信を深めてきたんだと思う。ちなみに、中国の軍事費は過去10年間で約4倍、過去26年間で約40倍の早いペースで増えていると、日本の防衛省は発表している。

2012年に就任した習近平・国家主席は「中華民族の偉大なる復興」を目指すと発表した。つまり、1840年にイギリスと戦って負けたアヘン戦争以降の近代史の屈辱から抜け出し、大国として復活することを目標とした。それに、これまで国力が弱かったために欧米に好き勝手に国際ルールを決められてしまったという意識もある。だから自信を深めた中国は、これからは中国の番だと考えて、強気な行動を取りはじめたと言える。

専門家がこの中国の軍事費拡大についてどう考えているか、直接話を聞いてみた。アメリカのある政府関係者は、

「中国の軍事費は公表しているよりはるかに大きいが、もともと出発点が低いので軍事費が拡大しても問題ない」

「中国は軍事設備をつくる、買うだけでなく、どう使うか知らなければならない」

と言っていた。防衛政策に詳しい日本の政治家からも、

「中国の最先端装備はもう日米と遜色ない。ただし軍事力は情報を含めて蓄積がものを言うし、軍人の戦う意識は高くない」

と同じようなことを聞いた。

中国軍は軍人のレベルが高くないし、装備を十分に使いこなせないだろうという見方が多いのはわかった。しかし、中国の軍事費はすでに日本の3倍に達しているし、最先端の装備を持

っていることを考えれば、甘い見込みを持つことは許されないだろう。

中国にとって南シナ海が大事な理由

ところで、中国が南シナ海のことを核心的利益と呼び、絶対に譲ることがないとまで言うのは、なぜなんだろう。

南シナ海に眠る石油や天然ガスなどの豊かな海底資源を囲い込むためと言われたりする。海上輸送路（シーレーン）の安全を確保するためというのもわかりやすい理由だ。中国はエネルギーの輸入を南シナ海を通る海路に大きく依存しているから、その輸送路の安全を確保することは間違いなく重要なはずだ。

しかしこの理由だけでは何かすっきりしないものが残る。海底資源と海上輸送路を確保するために周辺国と揉める必要があるのか。それに中国は南シナ海の軍事拠点化を進めているわけで、何か軍事的な理由もきっとあるはずだと私は思った。

いまのところ中国は、アメリカと正面から戦ったらとても勝ち目がないから、アメリカとの軍事衝突は何としても避けたい。一方で、どうにかして対等な立場に立ってアメリカの軍事行動を抑え込みたい。そのために中国は、アメリカに対して核抑止力を持ちたい、アメリカから核攻撃を受けたとしても核による報復でアメリカに耐えがたい損害を与えることが可能な状態、

「相互確証破壊」を成立させたい、と考えている。しかし現実には、核弾頭の数は圧倒的にアメリカの方が多い。2016年にFAS（アメリカ科学者連盟）が発表した推計では、アメリカが7600発で中国は260発だ。これでは相互確証破壊は成立しない。

だから中国は、アメリカの攻撃を受けにくい潜水艦から核ミサイルで攻撃する力を持ちたい。いまの中国の潜水艦（戦略原潜）が搭載する弾道ミサイルの射程は約8000キロメートルと言われていて、太平洋まで出ていかないとアメリカ本土を攻撃できない。それで中国海軍は戦略原潜を、水深が深く探知されにくい南シナ海からフィリピンと台湾の間のバシー海峡などを抜けて太平洋に展開したいと考えている。南シナ海を支配したいという理由はそこにある。

一方で、アメリカにとっても南シナ海はとても重要だと言われている。

その理由のひとつは、南シナ海はアメリカ海軍が世界に展開するための航行の要衝だということだ。中東に行くときにも南シナ海を通り抜ける必要がある。もうひとつは、太平洋にいったん出てしまった中国の戦略原潜を探すのは、圧倒的な海軍力を誇るアメリカといえども難しいから、南シナ海の海南島にある中国の潜水艦基地から戦略原潜を常に追尾して、行動を監視し続けなければならないというものだ。

こういう理由でアメリカも南シナ海で譲ることができない。だからアメリカ海軍は2015年10月から南シナ海にある中国の人工島の近くにイージス艦などを派遣し、航行の自由を実力で保障する「航行の自由」作戦を展開しているんだ。

中国VSフィリピン――国際法は通用するか

南シナ海は譲れないと考えている中国は、実効支配を着実に進めている。

中国は南シナ海のほぼ全域を「九段線」と言われる9本の境界で囲い、この内側は中国の主権と管轄権が及ぶと主張している。フィリピンが実効支配していたスカボロー礁を、2012年に中国が奪ったことは最初に触れたけど、それもこの九段線の内側にあることを理由にしていた。また、スカボロー礁については、西沙諸島のウッディー島、南沙諸島のファイアリー・クロス礁と合わせた3カ所に軍事基地を置くことで、南シナ海全体の海域、空域を中国軍が押さえやすくなるという軍事的な意味があったとも言われている。

一方、軍事力で劣るフィリピンは、中国に対抗する手段として国連海洋法条約に基づくオランダ・ハーグの仲裁裁判所での裁判に踏み切った。この条約は海の平和利用などを目的に1994年に発効したもので、中国、フィリピンを含め160以上の国が批准している。その国際海洋法条約が紛争解決の手段として指定しているもののひとつが仲裁裁判所による裁定だ。

フィリピンは国際裁判を専門とするポール・ライクラーというアメリカ人弁護士を雇って、2013年に裁判を申し立てた。中国はこれを拒否したけれど、条約の規定に従って中立国か

図表４　南シナ海と九段線

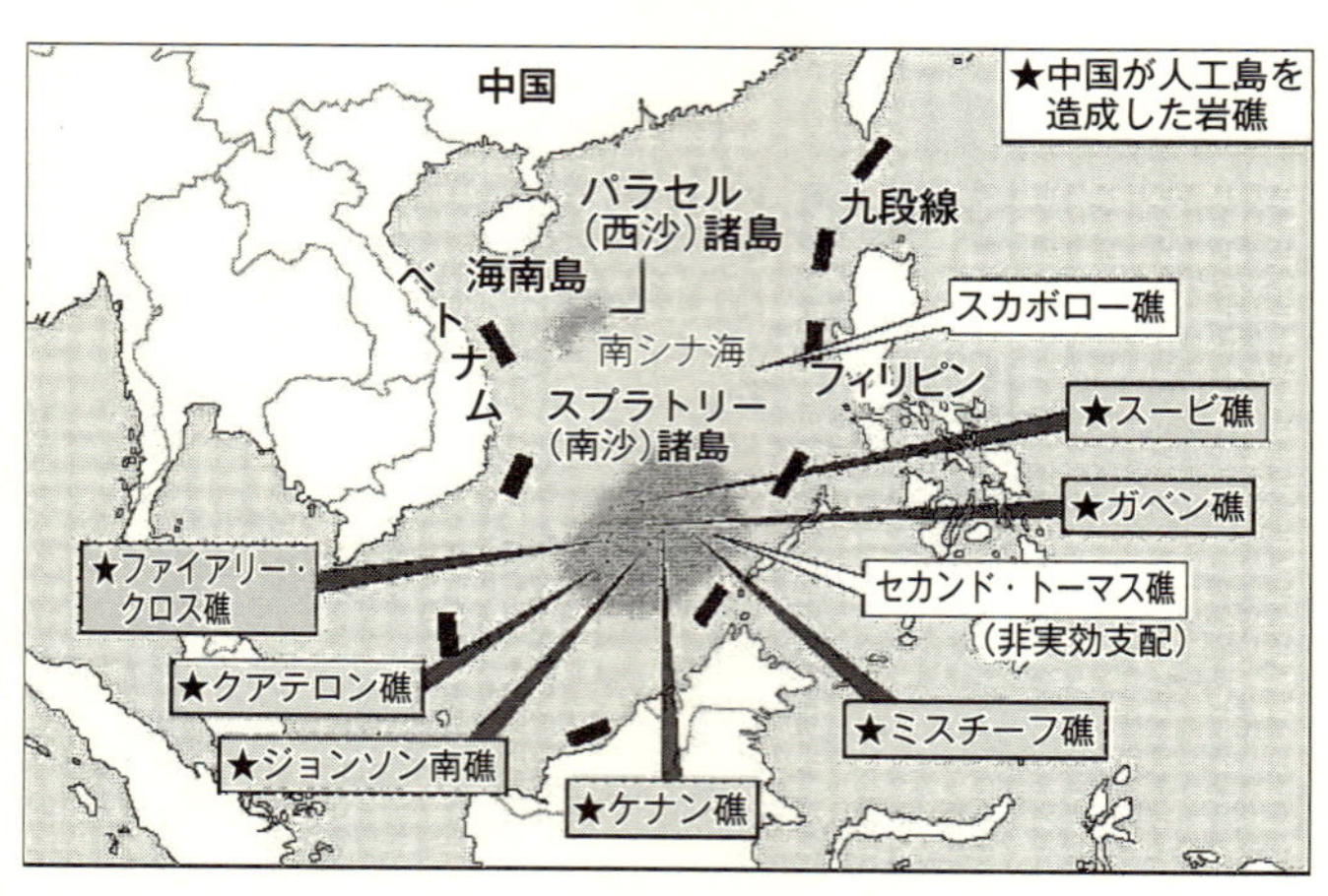

出典：「読売新聞」（2016年６月17日付）をもとに作成

ら選ばれた仲裁人が審理していたんだ。２０１６年７月には判決が出て、九段線の内側での中国の主権や管轄権の法的根拠が否定される結果となった。マニラで会ったフィリピン政府の人は「仲裁裁判は平和的解決策だ。フィリピンは南シナ海でむちゃなクレームをつけているのではなく、ルールを明確にしてほしいと言っているにすぎない。アジアの国々は大国も小国もともに、国際法に基づき対応すべきだ」と言っていた。

ところが中国は今回の判決について、「無効で拘束力はなく、受け入れられず認めない」と声明を出し、従わない立場を明確にしている。判決に強制力がない点をついて、南シナ海の軍事拠点化を今後も進めるつもりのようだ。Ｇ７首脳会議、ＡＳＥＡＮ地域フォーラム、東アジアサミット等の国際会議で、日米やASEANが「法の支配」を掲げて中国への牽制を続けても、中国の南シナ海での人工島造成や軍事拠点化をやめさせることはできていない。大国となった中国は国際法を守らなくなるんだろうか。ポール・ライクラー弁護士は、「中国は帝国主義に走るのか、他国の権利を尊重する国になるのか、それが問われている」と発言していた。韜光養晦を捨てた中国に、日本はどう向き合えばいいのだろう。

台頭する中国にどう向き合うか？

中国への対抗策

中国は国際会議やメディアなどを通して、今回の仲裁裁判所の判決を認めない発言を繰り返している。

日本はこのような中国とこれからどう付き合っていくべきか。彼らの主張に耳を傾け、理解を示し、友好的に振る舞い協調して行動すべきか。それともアメリカとタッグを組んで、外交・軍事だけでなく、経済面でも中国に対抗するべきだろうか。

日本の安全保障を考える際には、このどちらか一方だけではダメじゃないかと思う。友人か敵かといった単純な発想で乗り切ることができるほど、国際情勢は甘くはないだろう。だから日本の選択肢は、協調と対抗の両方の関係を数多く積み重ねていくことになる。これらの関係一つひとつが日本が使える梃子（てこ）となり、さまざまな状況で日本が影響力を行使することを可能としてくれる。これが、日本の平和をより安定させることにつながる。

中国は歴史的にも大国であり、最近の目覚ましい経済発展によってＧＤＰ世界第2位の経済大国にもなった。これからもさらに発展していくだろう。中国は日本にとって永遠に隣国なのだから、冷静に中国の力を評価し対応していかなければならない。ここではまず、日本が行うべき中国への対抗策について考えてみよう。

同盟関係の多角化

アメリカと中国の間でパワーバランスが変化しているなかで、今後50年、１００年の日本の安全を確実にしたいと考えたとき、いつか日米同盟だけでは不十分となる可能性は否定しきれない。

となると、日本の安全を将来にわたって確実なものとするには、日本とともに中国に対抗する仲間を増やす、同盟関係を多角化するという方策が求められる。ただし、同盟関係を結ぶのは簡単なことじゃない。日本が同盟関係を構築していくためには長期的な、少なくとも数十年間という長い視野を持って、どっしりと腰を据えて取り組む覚悟が必要だ。

その最初の一歩としては、60年近い実績がある日米同盟を基軸として、徐々に同盟関係の国の輪を広げていくのが現実的だと思われる。具体的には、次の3つの視点から進めて行くべきだ。

①日米韓豪の安全保障面での関係強化
②インドとの特別なパートナーシップ構築
③活力あるASEANの出現を支援

それでは、これら3つの視点の内容とその具体的な方策について話をしよう。

①日米韓豪の安全保障面での関係強化

アメリカは日本以外に世界の中で40カ国もの国と同盟を結んでいる。この中には、NATO(北大西洋条約機構、28カ国)も含まれている。それらの国の中で、日本と地政学的な利害が一致し、民主主義・自由主義・法の支配といった価値観を共有する国は、韓国・オーストラリアの2カ国だ。この2カ国と日本とアメリカの4カ国の緊密な同盟関係の醸成が、「同盟関係の多角化」の最初のステップになるだろうと私は思う。

これまで、日韓豪の3カ国は、アメリカに基地と寄港地を提供することで、米軍の前方展開を支え、その見返りにアメリカに守られてきた。でもこの体制には、アメリカの同盟国同士の連携、すなわち日－韓、日－豪、韓－豪の連携が欠けていた。これからは、アメリカとの2カ国間の同盟を軸に、日米韓豪の4カ国で結ぶ多国間の同盟関係を目指して、4カ国の信頼関係醸成、協調行動の実績をじっくりと積み上げていくべきだと考える。協調行動・信頼関係を醸成していく分野としては、平時からの軍事演習、海上警備活動、サイバー防衛での協力などが考えられる。

もちろん、基軸となる日米同盟は日本にとって常に重要だ。日米同盟はこれまで以上に質的強化を行っていく必要がある。日本の外務省の人は日米同盟の勘所について「日米関係はガーデニングと同じ。手入れを怠ると荒れる」と言っていた。まずは基盤となる人的交流強化として、相互留学のさらなる促進、日本での修学経験者の帰国後の活動支援、日系アメリカ人を対象とした交流・広報などが挙げられる。

また、あるアメリカの国際政治学者は、アメリカへの情報発信の拠点として、政府出先機関とは違って現地判断で機動的に対応できる半官半民の広報活動事務所をワシントンに設立することが有効だと、アドバイスしてくれた。

②インドとの特別なパートナーシップ構築

インドも歴史的には大国のひとつだった。いまも人口では世界第2位だ。だから将来いずれは世界の大国となるだろうと見られているし、その資格があると彼ら自身も自負している。

現在インドは、非同盟主義を掲げているけれど、これから安全保障面で日米の重要なパートナーとなり得る国だ。なぜならインドは、①中国の軍事的台頭を警戒していて、②経済発展のためにアジア各国との関係強化を強く希望し、③民主主義・法の支配といった価値観を日米と共有しているからだ。とは言え、大国でありたいインドが、アメリカのジュニアパートナーとなるようなことはきっと望まないだろうから、先に話した日米韓豪の同盟の枠組みに入るようなことはないだろう。

それでもインドが、中国に対抗できる大国として、そして日米韓豪の同盟国と特別なパートナーシップの関係にある国として立ち上がることが、日本にとっては大きな希望となるだろう。だからいま、政治・経済のさまざまな分野でインドを支援し関与を続けることが、日本の安全保障にとってとても重要だ。具体的な支援としては、整備の遅れているインフラやエネルギー関連技術を供与することや、国連安全保障理事会の常任理事国入りを相互に支援することなどが考えられる。

③活力あるＡＳＥＡＮの出現を支援

ＡＳＥＡＮは「Association of South-East Asian Nations（東南アジア諸国連合）」の略称で、東南アジア10カ国の経済・社会・政治・安全保障・文化に関する地域協力機構のことだ。加盟している10カ国は、人口、経済規模などに大きな違いがあるけれども、これから経済発展していく国々であり、経済的な統合が進めば6億人という巨大な市場が生まれると期待されている。

これらのＡＳＥＡＮ加盟国の経済・外交・軍事面の連携が強固になり、加盟国が政策を共有化していけば、ＡＳＥＡＮの存在が、南シナ海などでの中国の、力による現状変更を抑制することにつながる可能性がある。しかし、もしＡＳＥＡＮ諸国が分断され、中国との二国間交渉に多くが委ねられることになれば、中国の影響が強まるだろう。その結果、ＡＳＥＡＮ加盟国のフィンランド化、つまり事実上ソ連の属国だったフィンランドのように、中国の属国となる可能性が高まると、アメリカの国際関係論の学者が主張していた。

そうならないためにも、日本はアメリカなどとともに、ＡＳＥＡＮ加盟国へのさまざまな技術供与、海上警察の体制整備・能力強化、防衛装備提供を通じた軍事力強化といった支援を積極的に行う必要がある。そして、日米韓豪、インドなどと行動をともにする活力あるＡＳＥＡＮの出現を促すべきだ。

中国との協調策

さあ、次は中国と協調してやっていく方法についてだ。

中国は国連安全保障理事会の常任理事国だから、アジアをはじめ世界の平和と安定に大きな責任がある。だから中国がわれわれとともに行動することはとても重要だ。中国を巻き込み、われわれの考えや価値観を受け入れてもらう方法にはどのようなことが考えられるだろうか。

いま、中国とＡＳＥＡＮ各国との間で、法的拘束力がある「南シナ海行動規範」の制定について協議が行われている。これは南シナ海の問題に対しては平和的手段で解決を図ることを規定するもので、中国に周辺国との協調行動を促し、一方的な力による現状変更をやめさせることが期待されるためとても重要だ。実効支配の既成事実を積み上げたい中国はこれまで協議を先延ばしにしてきたが、ようやく２０１６年８月には関係国が高級事務レベル会合を開き、２０１７年半ばを目標に行動規範の枠組み草案を作ることに合意した。

この「南シナ海行動規範」の制定に加えて、私は中国とＡＳＥＡＮだけでなく、欧米や他のアジアの国も交えて取り組む方策として次の３つを挙げたい。

①「航行の自由サミット」の開催
②シーレーンの共同管理

③航行の自由のための共同防衛の枠組み

それではこれらを具体的に見ていくことにしよう。

①「航行の自由サミット」の開催

南シナ海はアジアの多くの国にとって中東、ヨーロッパへ向かう船が必ず通る重要なシーレーンだ。先にも述べたとおり、米軍にとっても南シナ海は重要だ。そんななかで、中国政府も南シナ海の航行の自由を一応認めている。２０１６年4月には「中国側は国際法に合致する真の航行の自由を一貫して尊重し、支持している」と断ったうえで、アメリカの航行の自由作戦を非難していたことからもわかる。

このように、航行の自由に正面きって反対する国はないわけだから、「航行の自由サミット」を開催することを最初のステップとしてはどうか。航行の自由について首脳間で議論する場をつくり、ヨーロッパも巻き込んで、Ｇ７各国と中国で航行の自由の尊重という行動原則の共有を図る。まずは合意を積み上げていくこと。それが重要なポイントだと思う。

これまでアメリカのオバマ大統領が「核安全保障サミット」で核兵器の廃止を訴えてきたが、決してすぐに成果が上がるものではなかった。それでも、外務省の人に聞くと、意味のある取り組みだったと各国から評価されていたようだ。同じことを「航行の自由」でもやろうということだ。

②シーレーンの共同管理

その次のステップでは、世界各国にとって重要なシーレーンを海上テロや海賊から守る取り組みを協力して行い、共同管理するところに進みたい。日本、アメリカ、オーストラリア、韓国、インド、ＡＳＥＡＮ諸国、そして中国の各国が海軍を出して、共同で事に対処する。現在すでにソマリア沖で多国籍部隊が海賊対処にあたっているけれど、それと同じことを南シナ海周辺でも行おうというものだ。

この段階になると、南シナ海のほぼ全域に対して主権を主張している中国の参加は難しくなるという予想が立つ。だけど、あくまでも航行の自由が認められる範囲で、海賊対処などに従事するわけだから、中国も正面切って反対はしにくいはずだ。

それに、最初は中国の参加が得られなくても、ＴＰＰと同じように、常に中国の参加に対してオープンだというかたちをとって、日本、アメリカ、オーストラリアなどを中心にスタートすれば、中国の前向きな対応を引き出せるかもしれない。

図表５　シーレーン（海上交通路）

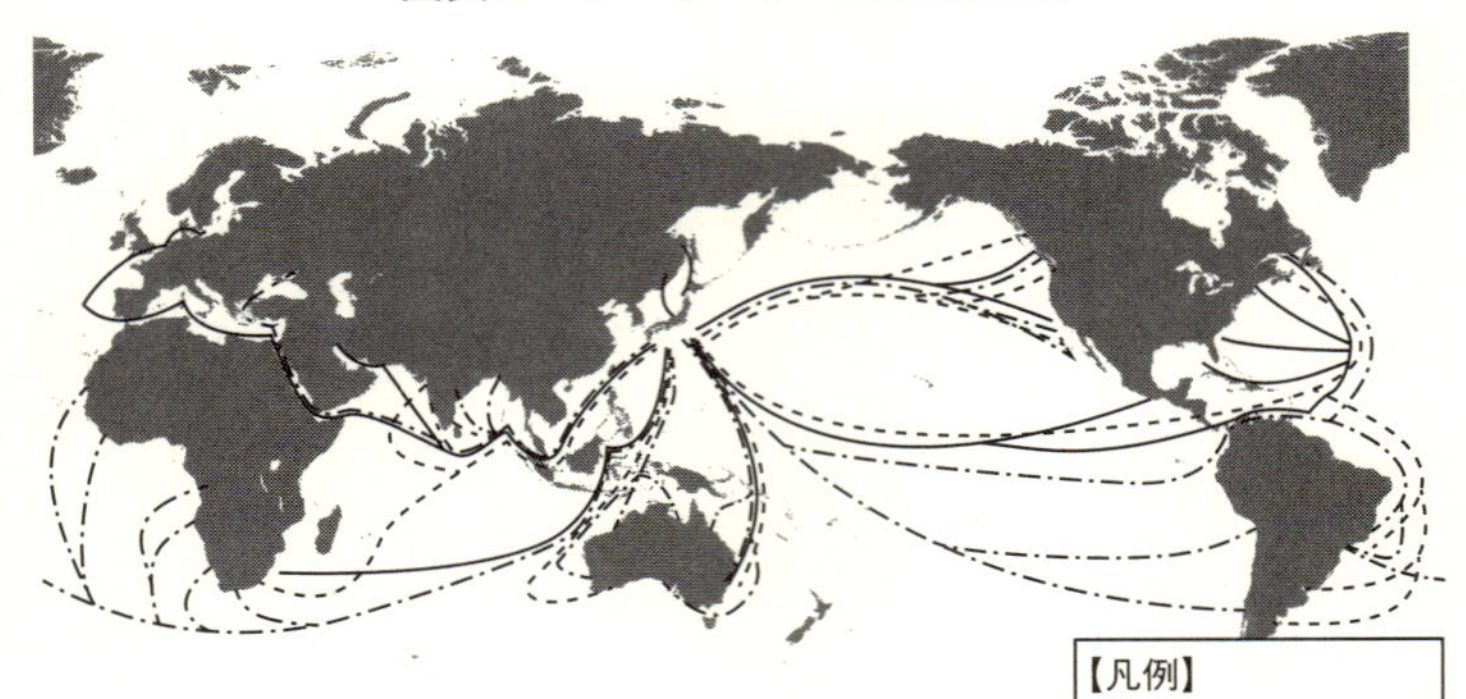

出典：海上自衛隊のホームページをもとに作成

③航行の自由のための共同防衛の枠組み

最後のステップとしては共同管理からさらに進んで、シーレーン（海上交通路）の共同防衛の枠組みを設置する。これは

①シーレーンを封鎖しようとする国や組織が現れた場合に、加盟各国が共同で排除にあたる
②シーレーン上での加盟国に対する攻撃に対しては、自国に対する攻撃とみなして共同で反撃する

という、シーレーンを防衛する同盟の位置づけだ。この取り組みで、アメリカや日本が中国に南シナ海周辺で海上封鎖をされることを恐れ、逆に中国はアメリカに海上封鎖をされることを恐れているという状況を打開できる可能性がある。それに、シーレーンは国際的な公共財であり、関係国が共同で防衛するという考え方

自体は妥当だろう。

中国がこれに参加するのは、正直とても難しいだろうと思う。中国のこの枠組みへのインセンティブは、南シナ海周辺でアメリカに海上封鎖をされることを回避できるというものだ。しかし、このリスクさえ、時間とともに小さくなると中国が考えてもおかしくない。現段階では中国海軍はアメリカ海軍の足元にも及ばないけれど、もしかしたら20年後には状況が大きく変わっているかもしれない。だからこんな取り組みが実現しないよう中国は妨害して、時間を稼ごうとするだろう。結局、この共同防衛の枠組みは、さっきと同じく中国抜きでスタートしたうえで、中国の加盟を促すということになると思う。

これらの提案が簡単に実現できるものでないことは重々承知している。でも、この枠組みが地域の緊張を緩和する可能性があるし、何より、「アメリカ一強」の時代が終わるリスクを考えれば、関係各国が何らかのかたちで共同防衛にあたることを避けて通れないだろう。アジアの新しい安全保障の枠組みは、いまから考えておく必要があるはずだ。

コラム●サイバー攻撃の現状

現代の戦争は、サイバー攻撃から始まると言われている。

ロシアは、2008年の南オセチア紛争の際、地上軍をグルジアに進攻させる前に、まずはサイバー攻撃で同国内の通信ネットワークを麻痺させたと報道されている。また、2014年のクリミア併合直前から現在に至るまで、ロシアはウクライナ国内の重要インフラに対するサイバー攻撃を継続的に実施しているといわれていて、2015年12月に発生した同国西部での大規模な停電は、ロシア軍のサイバー攻撃によるものであったとの見方が強い。

ロシアだけじゃない。報道によればアメリカとイスラエルは2010年、スタックスネットというコンピュータ・ウィルスをイランの核施設の制御システムに侵入させて、数千台の遠心分離機を乗っ取って同施設を稼働不能にするというサイバー攻撃を、周到な準備に基づいて成功させている。このほか、中国、北朝鮮、イランなども活発にサイバー攻撃を行っているといわれている。

日本では2011年9月に三菱重工がサイバー攻撃を受けて、最新鋭の潜水艦やミサイルを製造している工場などで多数のコンピュータがウィルスに感染した。

アメリカの連邦捜査局は2014年5月、中国人民解放軍サイバー部隊の軍人5人の氏名を顔写真付きで公表して、機密情報を盗んだ産業スパイ容疑で訴えると発表しているが、これ自体、アメリカ側が

図表６　サイバー攻撃のイメージ

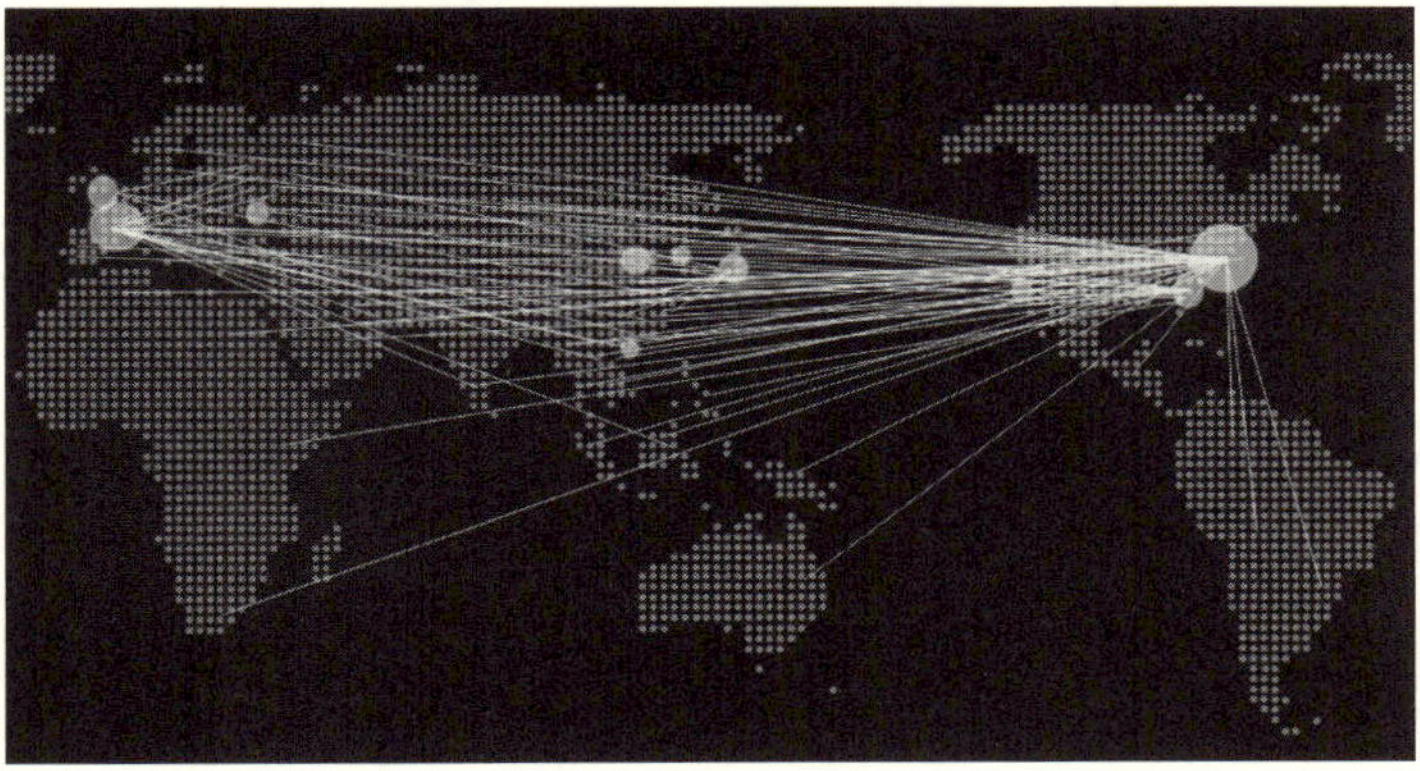

人民解放軍のコンピュータにアクセスして彼らのパソコンで写真を撮ったと言われている。

　でも、ミサイルの発射などとは違って、サイバー攻撃ははっきりわからないし、攻撃を受けた方も公表しないから、報道で明らかになるのはごく一部で、氷山の一角に過ぎない。

　コンピュータ・ネットワークや情報技術が高度化した今日、安全保障の世界では、サイバー空間は、陸、海、空、宇宙に続く「第5の戦場」と呼ばれている。そして、主要国はサイバー空間における軍事的脅威に対処するため、軍の再編を進めている。まず、アメリカでは２０１０年５月、陸軍、海軍、空軍、海兵隊の４軍のサイバー部隊を統合するかたちでサイバー軍が創設された。このサイバー軍は、緊縮財政が進む米軍の中にあって、年々人員や予算が増大している数少ない部門のひとつになっている。その人員はいまでは６０００人以上にも上るとも言われている。また、中国では「人民解放軍61398部隊」などからなるサイバー軍が編成されており、北朝鮮やロシアでも数千人からなるサイバー軍がある。

日本でも2014年3月に、自衛隊にサイバー防衛隊が新設された。サイバー防衛隊は防衛省・自衛隊のネットワークの監視とサイバー攻撃発生時の対処を24時間体制で実施している。そして、サイバー攻撃に関する脅威情報の収集、分析、調査研究なども一元的に行っている。世界で最初にサイバー軍を創設したアメリカからは約4年遅れ。とはいえ日本にもサイバー専門部隊ができたのは非常に良いことだ。しかし、その体制や能力は諸外国に比べるとまだまだ不十分で、たとえば人員については、中国や北朝鮮とは2桁違うともいわれている。

ところで、2016年1月、アメリカの軍事系のシンクタンクであるランド研究所は、尖閣諸島をめぐって日中が軍事的に衝突した場合、中国がサイバー攻撃を活用して優位に立ち、わずか5日で中国が勝利宣言を出すというシミュレーション結果を公表した。この分析の信頼性、客観性に関する評価はいろいろだけど、何より大切なことは、そんな軍事衝突を現実に起こさせないことだ。

そのためには、相応の実力を備えた部隊を持つことによる抑止力が決定的に重要だ。サイバー攻撃の現状を踏まえれば、自衛隊サイバー防衛隊の体制強化と能力向上は喫緊の課題だと思える。

日本の防衛は大丈夫か

さて、ここからは日本の防衛に目を向けてみよう。実際に、日本が他国から攻められた時の備えは十分だろうか？勉強していくと、日本の防衛力は十分とは言えず、防衛産業も非常に心もとないことがわかってくる。さらに、日本の防衛の土台となる、私たち国民の意識、そして憲法９条の問題について、いっしょに考えてみたい。

自衛隊は日本を守れない？

軍事活動を活発化する中国・北朝鮮・ロシア

「安全保障」を辞書で引くと、「外部からの侵略に対して、国家および国民の安全を保障すること」とある。ひと言で言うなら「国の守り」でもいいだろう。この安全保障の環境が近年、日本にとって厳しさを増している。

２０１６年６月、私は沖縄県の那覇市にある航空自衛隊那覇基地を初めて訪ねた。滑走路に面した巨大な格納庫には、自衛隊のＦ15戦闘機が東シナ海の空ににらみを利かすようにずらり

那覇基地を離陸するＦ15戦闘機

写真提供：防衛省

と並んでいた。Ｆ15は、たとえは古いけど「鉄腕アトム」と同じ10万馬力のエンジンを２つ持ち、最高速度マッハ２・５を誇る日本の主力戦闘機だ。

このＦ15による、外国機の領空侵犯を防ぐための緊急発進（スクランブル）が急増しているのは、キミもニュースで見たことがあると思う。那覇基地の航空自衛隊がカバーする南西地域で、２０１５年度は過去最多の５３１回に上った。その大半が中国軍機に対するものだった。ある自衛官は「10年前は那覇での緊急発進が年40回にも満たず、比較的平穏だった。10年後にこうなるとはまったく想像しなかった」と話していた。

中国軍機の飛来が急増した背景には、沖縄県・尖閣諸島の領有権を強引に主張し、東シナ海や南シナ海の現状を力づくで変えようとする中国の意図がある。

私の那覇訪問から2週間後には、中国軍の戦闘機が尖閣諸島方面に南下し、緊急発進したF15と接近する事案も起きた。戦闘機同士が高速で近づけば、空中衝突やミサイル発射のような不測の事態にもつながりかねない。

6月には海上でも、中国の軍艦が尖閣諸島周辺の接続水域（領海の外側12カイリの水域）に初めて進入したり、鹿児島県沖の日本の領海を通過したりした。つまり空と海の両方で、中国軍が活動を活発化させていることを示す出来事が相次いでいる。

日本の周辺で、中国同様に目が離せないのが北朝鮮の動きだ。北朝鮮は、国際社会の批判や警告を無視し、核実験と弾道ミサイルの発射を強行し続けている。２０１6年6月には、グアムの米軍基地を標的にしているという中距離弾道ミサイル「ムスダン」の発射に成功した。ムスダンや、日本の大半を射程に収める中距離弾道ミサイル「ノドン」は、移動式発射台を使うため奇襲能力が高い。北朝鮮が核爆弾の小型化に成功し、ミサイルの弾頭に搭載できるようになれば、日米韓3カ国に対する北朝鮮の核攻撃がいよいよ現実味を帯びる。攻撃の可能性をちらつかせる挑発的言動や威嚇も繰り返している。日本の安全保障に対する北朝鮮の脅威は、深刻化の一途をたどっている。さらにはロシアも、極東地域で軍の活動を活発化させている。

中国・北朝鮮・ロシアによる軍事活動の活発化で、日本を取り巻く安全保障環境が年々厳しくなっている現実がある。アメリカや韓国、オーストラリアなどとの連携について、これまで議論してきたが、その前提として、自分で最大限の努力をしない国をよその国が命がけで守ってくれるだろうか？　まずは日本自らが努力して、防衛力を高めることが重要なんだ。

自衛隊の本当の「実力」

では、日本の防衛力の現状はどうなっているのだろうか？
現在、自衛隊の兵力（2015年度末）は、陸上13・9万人、海上4・2万人、航空4・3万人で、世界有数の実力を持っている。第2次安倍政権発足から1年後の2013年12月、政府は、自衛隊の体制や防衛力の基本的指針を定めた「防衛計画の大綱（防衛大綱）」と、14年度から5年間の装備品の〝お買い物リスト〟となる「中期防衛力整備計画」を決定した。
現大綱の最大の特徴は、中国による急速な軍備増強と、北朝鮮の核・ミサイル問題という差し迫った脅威に対応するため、陸海空3自衛隊を一体的に運用する「統合機動防衛力」構想を掲げた点だ。その目玉のひとつが、南西諸島の防衛を強化するため、米軍の海兵隊をモデルにした「水陸機動団」という部隊を3000人規模で陸自に新設することだ。たとえば、敵に離島を占拠された場合、水陸機動団が空自と海自の支援を受けながらすばやく上陸し、島を奪い返すことを想定している。陸自は2018年3月末までに、上陸時に使う水陸両用車を初めて導入する。

「南西シフト」の一環として、空自は16年1月、那覇基地のF15戦闘機部隊を倍増の2個飛行隊（約40機）態勢にして、「第9航空団」を編成した。航空団の新設は51年ぶりだ。空からの警戒監視能力を高めるため、早期警戒機E2Cの1個飛行隊も那覇基地に新設した。今後は2万メートル近くの高高度を飛ぶ米軍の無人偵察機グローバルホークも導入する。そして海自は、護衛艦を47隻から54隻態勢に増強する。

それでも、急ピッチで軍拡を進める中国に対し、自衛隊がかつてのような軍事的優位を維持するのは困難になりつつある。

日本の防衛費は、2016年度予算では4年連続で増え、過去最高の5兆541億円になった。これに対し、中国の16年の国防予算は、公表されたものだけでも過去最高の約16・2兆円で、日本の約3・2倍に達している。とくに、中国の弾道ミサイルや巡航ミサイルは、沖縄にある自衛隊や米軍の基地にとって脅威となっている。

南西防衛強化へ大胆な改革を

日本の防衛費は対GDP比で1％を保っている。他の主要国は2〜4％で、主要国の中では最低だ。安全保障の専門家の中には「核を持たないドイツ並みの1・2％程度に上げてはどうか」という意見もあるけど、国の厳しい財政事情や国内世論を考えれば、当分難しいだろう。限りある予算を有効に使うためには、何をどんな順番で導入するかをよく考え、無駄な支出をしないよう徹底することが重要だ。さらに、陸海空3自衛隊の予算配分の見直しも必要と思われる。

防衛費全体での陸海空3自衛隊の予算割合は、2016年度予算では陸自43・0%、海自29・4%、空自27・5%だった。この割合は、じつは冷戦期からほとんど変わらずにきている。陸海空3自衛隊の予算割合がほぼ固定化してきたため、政府の中には「日本として本当に必要な防衛力整備がドラスティックに進んでいない」という批判の声すら聞こえる。今後は、陸上自衛隊の合理化と海上・航空自衛隊の増強をさらに進めることが必要ではないか。

すなわち、まず、実際の有事では遠距離からのミサイル攻撃が最も懸念されるなか、他国軍による「着上陸型侵攻」を念頭に全国くまなく部隊を配置する陸自の態勢は、見直す余地がある。大事なのは、陸自の数ではなく機能だ。陸自にいま求められるのは、「水陸両用作戦」と「対空・対艦ミサイル対応」だ。防衛省はすでにその観点で強化に取り組んでいるけれど、大胆にかじを切っているとは思えない。陸自が初めてつくる水陸機動団は、現在の計画では3000人規模だが、ある防衛省関係者は「南北に長く島が多い九州・沖縄地方の守りを考えると、これでは心もとない」と言っていた。そこでたとえば、陸自の普通科連隊、戦車・火砲を削減

米軍と訓練をする陸自隊員（2016年1月、アメリカ・カリフォルニア州）

写真提供：防衛省

し、その分の人員や予算を使って、水陸機動団を倍の6000〜7000人ぐらいに増やしておくべきではないだろうか。

次は海上自衛隊だ。海自は、艦隊運用人員の充足率が8割程度と低い一方、任務は日本周辺の警戒監視のほか、北朝鮮の弾道ミサイル対応、尖閣諸島周辺など東シナ海での警戒監視、アフリカ・ソマリア沖の海賊対処、さらに他国軍との共同訓練や相互訪問といった防衛交流をするなど、負担が大きくなっている。私が会ったある元海上自衛官は「私たちは与えられた任務を100％こなすだけだ。ただ、現場はへとへとに近い」という本音も漏らしていたよ。

そんな中、将来新たな任務が生じる可能性があるのが南シナ海だ。アメリカは2015年秋から、中国がつくった人工島周辺にイージス艦を派遺して、中国への「圧力」を強めている。アメリカが今後、南シナ海での活動を拡大すれば、日本に共同警戒監視や後方支援を求めてくるかもしれない。しかし、ぎりぎりの人員でやりくりしている海自に、南シナ海で活動する余力はない。将来の南シナ海対応なども考慮すれば、3自衛隊の予算シェアを変えてでも、海自の予算・人員を増やしておく必要があると思う。同時に、海上保安庁との連携をより緊密にしていくことが不可欠だ。

航空自衛隊の強化も大切だ。防衛省は、統合機動防衛力構想の柱として南西地域の防衛体制強化を掲げ、空自関連では那覇基地に戦闘機部隊2隊による航空団をつくった。それでも、尖閣諸島を含む南西地域をカバーする那覇基地の空自は、北部・中部・西部と全国で3つある航空方面隊に比べ、航空団は1つだけ（3方面隊は2つずつ）、人員は約半分で基地の数も少ないため、方面隊ではない「南西航空混成団」という名称だ。現在、2017年中の方面隊への改称を目指しているが、10年以上先を見据え、那覇基地を拠点とする空自の増強をさらに進めることが欠かせない。あわせて、全国の他の地域から南西地域への輸送力を強化するためにも、現在の輸送機C1に比べ約4倍の輸送力を持つ新型機C2の本格配備を急ぐべきだ。

このように陸海空3自衛隊がそれぞれレベルアップし、自衛隊全体の統合運用能力を高める必要がある。

日本の防衛産業に目を向けよう

人を傷つけることだけが「防衛産業」の目的ではない

次に、国を守るために欠かせない「防衛産業」についても考えよう。

「武器輸出」と言われたら、多くの日本人は「死の商人」がミサイルやライフルを売りさばき、軍事大国が戦車や空母を買い入れるようなシーンを思い浮かべるだろう。だからいけないことだと。

そうした側面を否定はしないけど、それだけではあまりに短絡的な見方だ。「火は火事の原因になるから火を使ってはいけない」と言っているようなものだ。人類が火を起こすことを覚えてから文明は進歩してきた。失敗を重ねながら、制御の仕方を学んできたんだ。優れた道具の使い方を会得することは、自分の国が戦争に巻き込まれないために必要なことだと思う。

日本は70年前に大きな戦争に敗れた。そこから平和国家として歩み始めた日本人は、悲劇を繰り返さないため、「軍事的なもの」に自発的に重い制約をかけてきた。私もそれを当然のこととして受け止めていた。

しかしながら結局、理想とする世界平和は訪れず、脅威が消えることも、武器が不要になることもなかった。そしていまの日本は、自動車や鉄道をはじめ製造業で世界をリードしながら、

図表7　2011年から2015年にかけての武器輸出実績

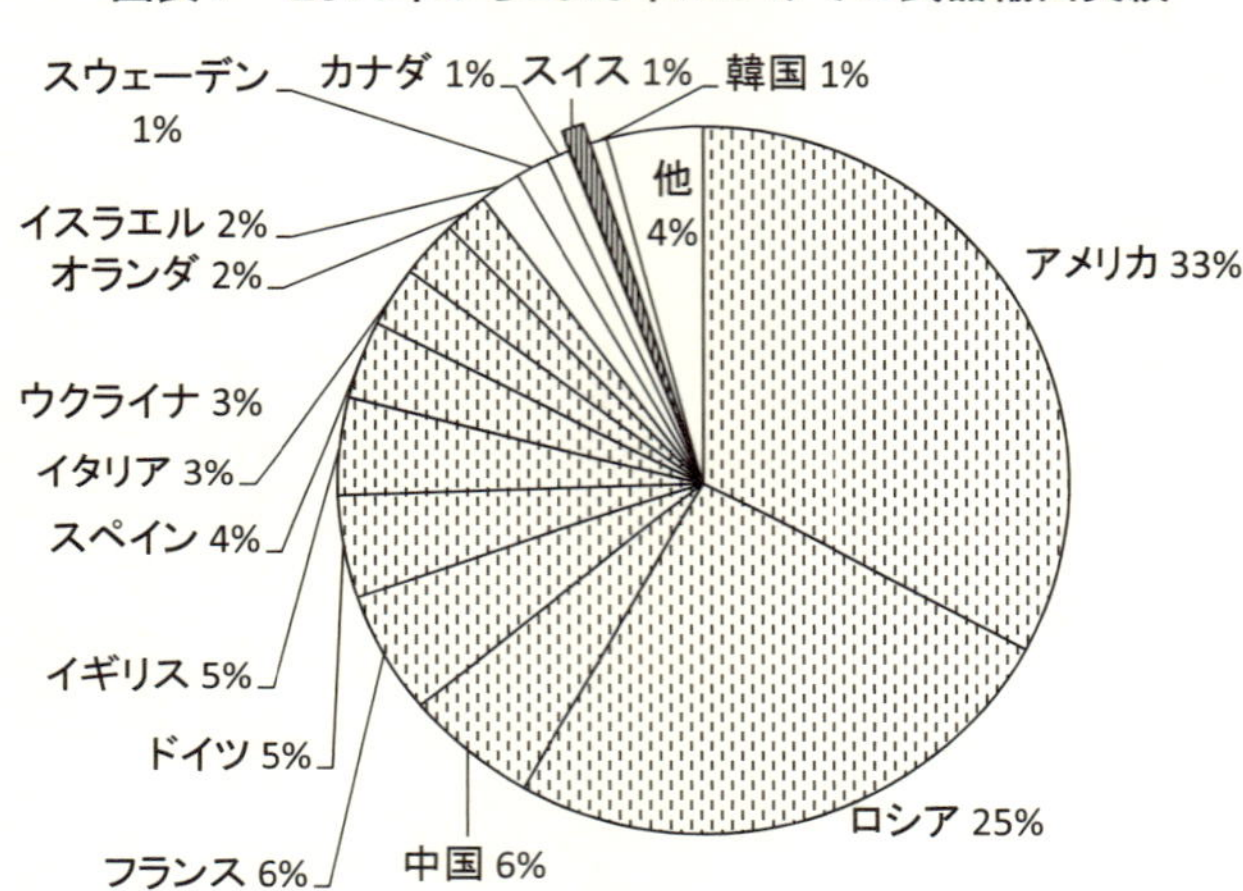

出典：ストックホルム国際平和研究所（SIPRI）データベースをもとに作成

防衛装備品には、高いお金を払って輸入している。

世界の状況を見てみよう。２０１１年から15年にかけての武器輸出を見ると、アメリカ、ロシア、中国など10カ国で9割を占めている。永世中立国として平和愛好家に人気のスイスも、14位に位置している。スイスが「死の商人」の国だと、キミは思うかい？。

優れた防衛技術があれば、他の国が日本を攻撃するのをためらうし、すぐれた装備は現場で人の生命を守る。平和国家・日本がそうした技術や装備を広めれば、日本の魅力はさらに増すだろう。

防衛を「気持ち」だけで支える日本企業

「日本の防衛の装備や補給を支えているの

は、企業の『気持ち』だ」

自衛隊関係者の言葉は、衝撃だった。日本の防衛関連企業は採算が合わないなかで、日本の防衛を支えるという「気持ち」だけで事業を続けていると言う。

真っ先に私の頭に浮かんだのは、太平洋戦争で日本がたどった道だ。物資が乏しく補給計画もままならない中、軍は国民の「気持ち」に訴えて戦争を進めた。その結果、日本国民がどのような経験をすることになったか、知っているだろう。

在日米軍の基地も視察し、詳しく説明を受けたけど、米軍は、補給やその他の「後方支援活動」を実戦部隊と同じように重視していると実感した。「部隊がどこまで行くことができ、しっかり基盤を固めて戦い、帰ってこれるか」という視点をきちんとクリアする戦略を考えていた。日本とアメリカのどちらが、人間の命を重んじていると思う？答えは明白だ。

もちろん、戦後日本特有の事情もある。憲法９条の下、外国に日本の軍隊が出て行くことは考えられなかったから。そんな中で、防衛産業だけが発展するわけにはいかなかったと思う。

日本の防衛産業が抱える問題

「武器輸出三原則」という言葉がある。戦後日本はごく一部の例外を除き、武器の輸出を行わないことにした。２０１４年になりこの原則が見直され、新たに「防衛装備移転三原則」が導入されたけど、このときは国内で大きなニュースになった。

だから日本の防衛関連企業にとっては、市場は国内だけで、新たな市場を開拓する可能性はなかった。防衛省・自衛隊からの発注を受けて生産・販売するだけのビジネスだ。政府のカネだけを当てにして、厳しい競争もせず、まったく広がらないような市場に、将来の展望が生まれるはずがない。

また、大企業の下請けとして、数多くの中小企業が存在するという構造にも注意が必要だ。戦車やパトリオット・ミサイルの生産に関係している企業の数は１０００を超えるけど、そのほとんどが下請け中小企業だ。自衛隊の日々の整備や修理、部品の補給などにたくさんの企業が参画している。こうした中小企業が立ちゆかなくなれば、自衛隊の活動自体に深刻な支障が生じることになる。

安全保障や国防というものに空白は許されない。まして日本は巨額の財政赤字を抱えている。十二分な人員や体制、防衛装備を即座にそろえるということは望めない。だからこそ、この防衛産業の問題に取り組むためのロードマップを考えなければならない。

防衛産業強化のためのロードマップ

現役・ＯＢの自衛隊員が口を揃えていたことだけど、日本の防衛関連企業は、技術力は素晴らしいけど、それを売り込むノウハウがない。腕のいい職人が逸品を生み出し、「わかる人はわかる」と思って黙々と仕事をしている、そんな風情だ。

しかし、激しい国際競争のなかで、誰かが手をさしのべてくれるのを待っているだけでいいはずがない。いま必要なのは、「国内防衛産業の経営を安定させ、負のイメージと制約を取り除き、海外展開を促進する」という行動だ。市場があるから企業が育つのか、企業が育てば市場が開けてくるのか、議論をすればきりがない。できることから直ぐに動かして、歯車のように相互に噛み合うことで相乗効果を生みだすべきだ。

「経営を安定させる」

日米安全保障協力をよく知るアメリカ人の有識者に話を聞いたら、日本の防衛省に防衛産業に携わる日本の中小企業の情報が蓄積されていないことを問題視していた。どの企業はどういった装備品が得意かという情報は、防衛装備政策の根幹である。２０１５年には防衛装備庁が新設されたことでもあるし、下請け企業のレベルまでリスト化して実態を把握し、サプライチェーン上でカギとなる企業を国がしっかり守るべきだろう。

中小企業は、使わない生産ラインを空で維持できるほどの余力はない。計画性を持たせて生産者の事業を安定させることも考えなければならない。たとえば競争入札制度の機械的な適用を変更し、随意契約や長期間にわたる契約形態を認める余地を広げるべきだ。

「日本の防衛を気持ちで支えている中小企業」への手当てを行うべく、経済産業省が果たす役割も大きい。情報を集約するだけでなく、海外のニーズとのマッチングを支援し、高い完成度の製品を新たに海外に展開できれば、経営の安定化に大きく役立つはずだ。

「負のイメージと制約を取り除く」

新たな「防衛装備移転三原則」が導入され、国際協力や日本の安全保障に役立つ国際共同開発・生産については、防衛装備品の海外移転ができるようになった。これは画期的なことだ。まずは、このようやく開いたあぜ道を踏み固めることが必要となる。そのために、民間企業も防衛装備品の移転の可能性に目を向けて欲しい。ノウハウがないなら海外のコンサルタントを雇えばいい。日本の商社にも、防衛産業に応用可能な知見を持っているベテランがいるはずだ。展望のある市場だと思われるようになれば、人材が集まってくるだろう。

ではどんな武器輸出をするのか。直接人を傷つける武器ではなく、情報通信や訓練・教育などに役立つ装備など、平和国家日本が得意とする分野の輸出を広げていくべきではないか。東南アジアのある国の軍人から話を聞く機会があったが、彼は「日本は良い国だし、日本のことは好きだけど、軍人が留学したり交流したりする相手を決める時は、その国との現場での協力の可能性をまず考える」と言っていた。逆に言えば、日本の技術が他国の軍に定着すれば、交流が深まり、信頼関係がより強まる、ということだ。こうした効果もあるんだ。

日本の大学や研究機関では、第二次世界大戦への反省から、軍事的な研究を禁止する傾向がまだまだ強い。でも他国では国家の安全のため、最先端の研究が行われている。民間でも活用できる高度な技術が派生することもよくある。軍事技術を前面に出しにくければ、デュアル・ユースを目的に掲げ、障壁を低くすればいい。文部科学省の科学技術予算も柔軟に活用するべきだと思う。

「海外展開を促進する」

本格的な海外展開は、企業のビジネスの展望を切り拓くことになるし、日本の安全保障自体にとっても重要だ。ただ、日本の防衛をすべて国産でまかなうためには、膨大な投資と時間がかかる。現実的にステップアップしていくべきだ。

まずは主要な装備の共同研究・開発にどんどん参加して、海外展開の実力を蓄えていくことが近道となる。次期主力戦闘機とされるＦ35の開発に、日本企業は参加できなかった。しかしいまや新たな三原則のもとで道が開かれたのだから、積極的に国際的な共同開発に参画していくべきだ。敷居が高いと思うなら、日本人にとって身近な在日米軍の知見や人脈を日本企業が活用するというアイディアはどうだろう。

政府の役割も大きい。2016年4月にオーストラリアとの潜水艦共同開発の受注競争に日本企業が敗れた。このときは「日本の技術は高く評価されたが、売り込みが下手だった」というコメントをよく見かけた。技術が足りないならそれまでだが、売り込みが課題なら失敗の経験をバネにより良い戦術を立案すればよい。こうしたノウハウを政府が蓄積し、司令塔となって、世界市場に日本企業が進出するための戦略づくりを進めていくことが求められている。

防衛産業界の再編も必要だろう。アメリカやヨーロッパでは、業界の再編成をとうの昔に済ませている。日本だけが国内で細々と生産を続けていたから、競争力を持った業界になれずにいる。後から追いかけるのだから、早く行動を起こさなければならない。そのためにも防衛装備庁は民間企業の人材をどんどん受け入れるべきだ。

安保法をめぐる日本人の国民意識

次に、安全保障関連法（安保法）について考えてみよう。安保法という法律はややこしいし、自分には関係ないし、なんとなく反対と思っている人が多いはずだ。しかし、激動する国際情勢や一部の国の国際秩序を無視するような振る舞いを考えると、自分たちの生活にも関わる大

図表８　安全保障に対する思考停止の構造

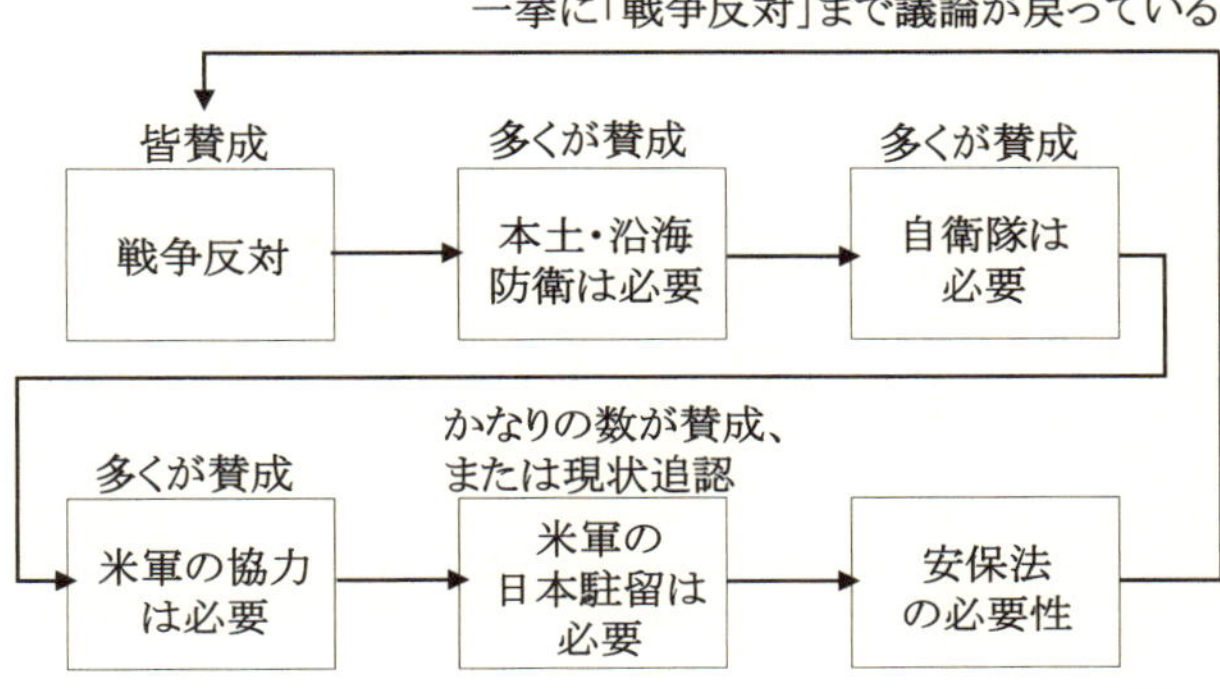

切なことだとわかってもらえると思う。

安保法とその必要性

冷戦後の湾岸戦争への対応など、国際社会の要請に応えるかたちで、日本は自衛隊の活動範囲を徐々に広げてきた。加えて最近の中国・北朝鮮などの軍事活動の活発化を受け、２０１５年９月に安保法を整備した。北朝鮮により繰り返し行われる核実験やミサイル発射、中国による尖閣諸島沖における漁船衝突、シリアにおける邦人殺害テロなど、日本を取り巻く安全保障環境は大きく変化し、日本が直面する危機は増大し続けている。そうした状況のなか、日本は「法律上制約があって活動に限界があるから、アメリカや国際社会に頼る」という都合のいい話を通し続けるのはもう限界だと考えて、今回、安保法を整備したという経緯がある。

その重要なポイントは、これまで認めていなかった集団的自衛権について、憲法の解釈を改め、次の3要件を満たす場合に、限定的に行使できるようにしたことにある。

①日本や日本と密接な関係にある他国への武力攻撃が発生し、日本の存立が脅かされ、国民の生命、自由および幸福追求の権利が根底から覆される明白な危険がある

②日本の存立を全うし、国民を守るために他に適当な手段がない

③必要最小限の実力を行使する

この法制について反対運動が起きたのは、キミも知っているだろう。「子どもを戦場に送らない」といった感情的な反対が多かったことは残念だ。なんとなく物騒だし、平和国家日本には合わないなとつい考えるかもしれない。でも、自分が日本国民を守る責任者として考えた場合、また、世界を構成する一員であると考えた場合、やっぱりこの方向は正しいと思う。

安保法に対する戦争反対論は議論の飛躍

では安全保障を巡る国民意識について考えてみよう。

まず議論のスタート地点「戦争反対」については、これは皆同意すると思う。

その次の議論として、「日本の領土・領海・領空の防衛が必要かどうか」についても、これも皆必要と言うだろう。

では、次に「その日本の領土・領海・領空を誰が守るのか」については、戦後の憲法論議を経ながら、いまは「自衛隊が守る」ということで、日本国民のコンセンサスが得られていると思う。一部に、外交だけで十分という人がいるかもしれないけど、自衛隊がいるからこそ外交力も発揮できるということを考慮すべきだと思う。「もし国際社会の全面協力を得た外交でもうまくいかなかったら、その時はあきらめます」というわけにはいかないのが安全保障だということは、ある程度皆、納得できるのではないか。

次に「米軍の協力が必要か」という点については、多くの国民が「必要」と考えていると思う。吉田茂首相以来、日本は「軽武装・経済重視」で米軍に日本の国防の一部を委ねることで、戦後の経済発展を謳歌してきた。それを見直すとなれば、膨大な防衛費の増額が必要となる。米軍と強力に連係している他の先進国でさえ、軍事費はGDP比の2％程度。しかし日本の防衛費がGDP比1％であることは、米軍の協力によるところが大きい。「米軍は不要。でも防衛費・防衛従事者数も大幅増はイヤ」というのは非現実的でもあり無責任でもある。

次に、米軍の協力が必要と考えた場合、「日本への米軍駐留が必要か、米軍基地が必要か」という議論になるけど、安全保障は即応体制が重要なので、「米軍の協力が必要なら、米軍基地は必要」と考えるべきじゃないか。沖縄を始め、米軍基地問題で大きな負担に苦しむ地域があって、日本全体でどう負担を分担していくかという問題は、地政学的な安全保障環境も考えながら、日本国民全体で解決しないといけないけど、米軍が日本にいる必要はないという意見は現実的ではないように思う。

ここで、今回の安保法の議論だけど、「日本を守るために近海で警戒活動をしている米軍が攻撃されても、自衛隊や日本が攻撃されていないので支援しない」。乱暴な言い方になるかもしれないけど「米軍だけが命をかける」ということが許されるかという議論になる。

アメリカ本国では、アメリカは日本を助けるが日本はアメリカを助けない不公平な状況を放置していいのかという議論は続いていて、最近では共和党のドナルド・トランプ氏が、大統領選での発言で、「不公正を是正しないなら、日本から米軍撤退」という意見を述べ、テレビで聞いた人も多いと思う。冷戦時代のような安全保障の〝フリーライド〟（ただ乗り）は許されない時代になっているんだ。

このような現状や議論を踏まえて安保法が成立したんだけど、この安保法に対する反対派が「戦争反対」というスローガンを立てるのは、論理的に飛躍しているように私には思える。

「戦争反対」という言葉には皆同意するだろう。しかし長い間、議論を積み重ねてつくり上げてきた現状を、「戦争反対」という耳障りのいい一言で、いきなり議論をスタート地点まで戻すようなことは残念だ。議論を飛躍させることなく、皆で建設的な意見を交わして、コンセンサスをつくっていく必要があると思う。

やり直しが効かないところが厄介だし、仰々しくなるけど、安全保障はとても大切なこと。先の大戦の反省も沖縄基地問題もあって、議論から逃げたくなる人もいると思う。自分には関係ないと思いたい人も多いかもしれない。だけど、これは日本国民の生活に直結する問題であって、逃げることはできない。現実的に、いっしょに考えていこう。

コラム●「安保イコール戦争」はいいかげん卒業しよう

「新聞を読め！」って、昔よく言われたよなあ。満員の通勤電車の中でも、感心するほど器用にたたんで新聞を読んでいるサラリーマンがいたけど、いまではほとんどスマホになった。

そういえば、日本で全世帯に占める自宅での新聞購読率（朝刊）は、２００７年で80％だったのが、２０１５年には52％まで落ちている。すごい減り方だ。

もうひとつ、面白いデータを見つけた。いろいろな国で「あなたは新聞に書かれている情報を信じますか？」と質問したら、日本では信じると答えた人は7割超。それがアメリカやヨーロッパでは10％台からせいぜい40％だそうだ。日本の数字に近いのは中国だったらしい。

日本人は若い世代を中心に新聞を読まなくなってきているけど、読むとその内容を鵜呑みにする人が多いということだね。普段から知識を蓄えていない真っ白な頭に、ポトンと情報の絵の具を一滴たらすと、

図表９　新聞の自宅購読率

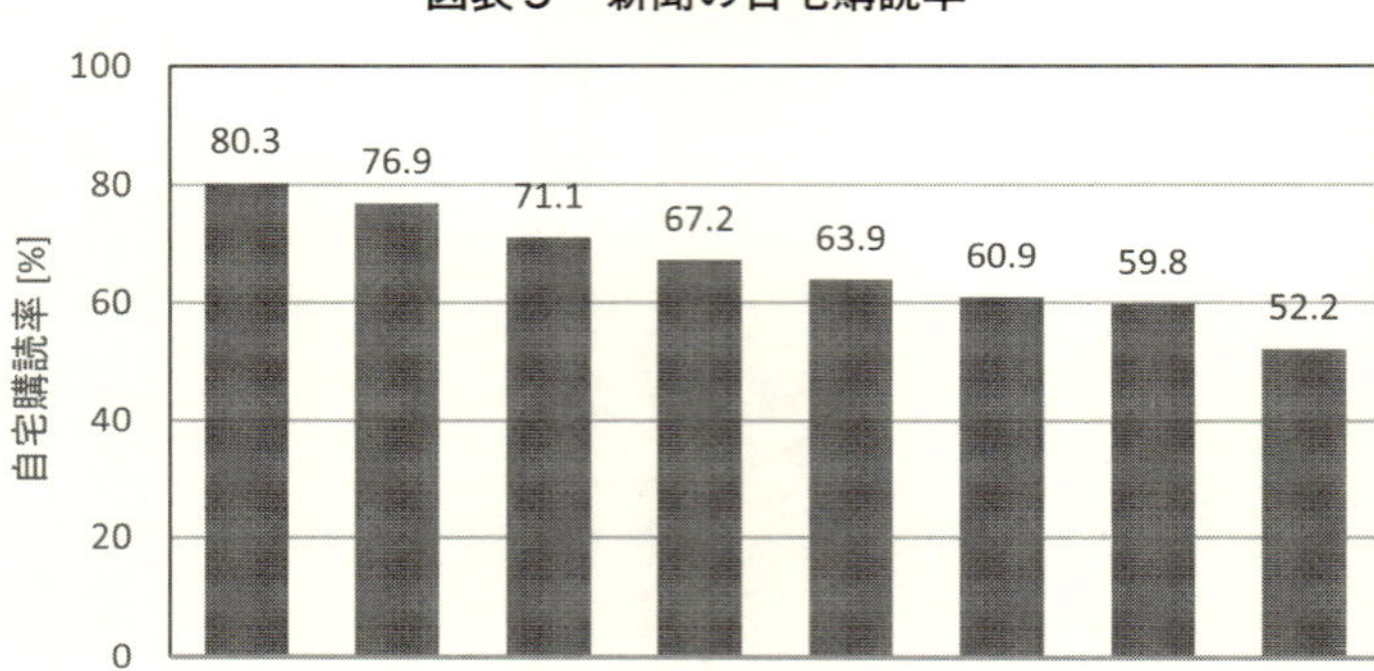

出典：城北宣広株式会社調査をもとに作成

たちまちその色に染まってしまうって考えると、ちょっと怖い。

もしメディアがある方向に世論を誘導しようとしたら、いまでもペンの力は強い。とくに経済やビジネスと違って安全保障の報道は、主義や思想の影響を受けやすいってことを、よく覚えておくべきだ。もちろん、自社の主張を一方的に押しつけて国民を間違った方向に導くようなことをすれば、そのメディアの責任は大きい。

でも、さっきのたとえ話に戻って考えてみてほしい。普段真っ白なまま放っておいた側と、ポトンと絵の具をたらした側と、どっちが悪いと決めつけることはできない。それに絵の具をたらすのは、別にメディアの人たちだけじゃない。

必要なことは、情報の受け手、読み手の側も、普段からいろんな情報や知識にアンテナを伸ばして、自分の頭で考えて吸収する癖を身につけることだ。そうでないと、また安保法のような話が出てきたら、すぐに誰かが「子どもを戦争に送る法律だ」などと言いはじめ、みんな「そうだそうだ」って流されることになりかねない。これでは健全な議論は難しい。だから「無関心」って危険なんだ。

そしてメディアには、読者の健全な好奇心に応える情報発信を期待したい。読み手の意識が高まっていけば、それに応えられないメディアは自然と退場するという健全なサイクルができてくるかもしれない。言っておくけど、私が出会ったことのあるメディアの記者たちは、皆さんとても真面目で立派な方たちだ。誰もわざと国をゆがめようなんて思っていない。だから、読み手の健全な好奇心にきっと応えてくれるはずだ。

世界ではいろいろなことが起きている。「平和ボケ」は卒業して、アンテナを伸ばそう。

憲法９条は見直すべきか？

憲法と安全保障

安全保障について考える際には、憲法９条との関係を考える必要がある。次ページに書いてある憲法９条を読んでみて、キミは日本が攻められたときに、自衛のための戦争をすることがろうか。

許されていると思うだろうか。また2項を読んで、自衛隊があることは許されていると思うだろうか。

ご承知のとおり、いまの憲法は、第二次世界大戦が終わったすぐ後にできた。そのときは、もう日本は戦争しないと思ったし、戦力も持たないと思ったのかもしれない。

しかし、すぐに朝鮮戦争が起きて米ソの冷戦が始まって、状況が変わり日本も自衛のための備えをしなければならなくなった。そこで政府は憲法9条をそのままで、解釈で自衛のための武力が行使できると言っている。

たとえば1項の戦争の放棄の解釈として、憲法学者の間では侵略戦争は放棄しているけど自衛戦争は放棄していないとするのが通説となっているが、自衛戦争も含めてすべての戦争を放棄しているという説もある。

また、2項では戦力の不保持を規定しているが、政府は、自衛権は否定されていないので、自衛のための必要最小限度の実力の行使は認められていると解釈している。戦力は持たないけど、自衛のための必要最小限度の実力の行使は認められるとは、正直意味がわかりづらい。

憲法9条
1日本国民は、正義と秩序を基調とする国際平和を誠実に希求し、国権の発動たる戦争と、武力による威嚇又は武力の行使は、国際紛争を解決する手段としては、永久にこれを放棄する。
2前項の目的を達するため、陸海空軍その他の戦力は、これを保持しない。国の交戦権は、これを認めない。

憲法を守らなければならないのは誰？　憲法は何のためにある？

そもそも、憲法を守らなければならないのは、誰なのか。じつは私やキミではない。憲法99条は、「天皇又は摂政及び国務大臣、国会議員、裁判官その他の公務員は、この憲法を尊重し擁護する義務を負ふ」としている。憲法を守らなければならないと規定されているのは、公務員、言い換えると「国家権力」だけなんだ。

これは、憲法が何のためにあるのかと関係している。いまの憲法というのは、国民が、国家権力を「縛る」ためにある。国家権力が国民の自由や権利を侵さないために、憲法っていう基本的なルールが定められている。

いまの憲法は第二次世界大戦が終わってすぐ後にできたから、そのときに国民にとって影響が大きいと考えられる、天皇制に8条、刑事手続きに関することに10条も割いている。でも、軍隊に関しては1条しかない。戦争の放棄と戦力の不保持しか書いていない。

だけど実際には先に述べたように、日本は自衛のための戦争はするし、自衛隊も持っている。憲法の考え方からすれば、本来は、日本がどの範囲までの戦争ができるのか、日本が攻められているときはどうか、日本と同盟を結んでいるアメリカが攻められたときはどうか、アメリカが日本を守っているときだったらどうか、世界的に脅威となる国が現れたときはどうかなど、憲法で基本ルールが定められているべきなんだ。自衛隊についても、どのくらいの戦力を持ち、どんな手続きでそれを使用できるのか、国家権力を「縛る」憲法に書いておくべきだと思う。

戦後の日本では、憲法9条を改正することは、日本が戦争する国に戻ることという考え方が根強くて、改正されずにいままで来ている。でも、いまのままで、ここまで考えてきた国際情勢に対応できるのか。不安にならざるを得ないと思う。

憲法に侵略戦争の放棄・自衛権を明記しよう

「アメリカが守ってくれる」からいまのままでいいとはならない。これはずっと語ってきた。国際的なパワーシフトや日本の人口減少などが進んでいるなかでも、有事への備えはしておかなければならないし、そのための基本的なルールを憲法でいま定めておかなければならないと思う。

もちろん、憲法9条を変えたら戦争する国に戻ってしまうんじゃないかという心配の声には配慮しなければならない。でも、2016年を生きる私たちが、1946年に書かれた憲法9条よりも、優れた憲法9条を書くことができないなんて、あり得ないんじゃないだろうか。私たちの英知を集めて、どういう憲法9条ならより多くの人が納得できるか、いっしょに考えてみよう。

まず日本が攻められたときに自衛のために戦うこと、そのための自衛隊を持つことについて、国民の多くは賛成している。民主党政権のときの政府もその考え方だった。

でも、憲法学者の7割が自衛隊に憲法違反の疑いを持っているという調査もある。アメリカの有識者と話したら、いまの状態は子どもの教育にもよくないと言われた。いちばん大切な憲法にウソがあるようだ、と。

一方で、侵略のための戦争には国民のほとんどが反対だろう。

また自衛隊について、政府は自衛のための「必要最小限の実力」は保持できると解釈してきた。何が必要最小限かは幅があると思うが、「必要最小限」っていう哲学が大事なのだと思う。

なので、憲法に、

①日本は、侵略のための戦争は放棄すること
②日本は、自衛のための必要最小限の戦力を保持すること
を明記したらどうだろう。

これならば、いまの政府解釈と基本的な考え方は変わらないし、国民の多くの理解を得られるのではないだろうか。

新たな同盟で平和を守るために

2015年に政府は、いわゆる平和安全法制を制定した。これまでの憲法の解釈を変えて、日本の存立危機事態には、集団的自衛権を行使できることとした。集団的自衛権とは、ある国が攻められたときにいっしょに守るということだ。この背景には、現在は一国の平和を一国だけで守ることは難しくなっているという判断がある。

存立危機事態における集団的自衛権の行使が認められたとして、それだけで十分かということも考えなければならない。ここはやり過ぎると、日本は戦争する国に戻るのかとなるので、十分な議論が必要だ。

だけどすでに議論してきたように、これからの日本は、日米同盟だけで安全を保つことは難しい。韓国、オーストラリア、そしてインド、さらにはＡＳＥＡＮ諸国との連携も考えていか

なければならない。

どこまでの連携が必要かは、これからも議論していきたいと思うが、やはり南シナ海、東シナ海の平和を守っていくことが、周辺国の共通の利益になるだろう。そのときに、個々の国だけでは大きな国には一対一で対抗できないかもしれない。何かあったときに友好国が助け合えるようにしておく必要があると思う。現状を力で変更しようとする国があったとしても、連携国がタッグを組んで対抗するという姿勢を示すことは、「抑止力」になると思う。

このことは、おそらくいまの憲法の解釈では、認められないだろう。日本の存立危機とは言えない状況であったとしても、周辺の平和を維持するために友好国とともに自衛力を行使するということだからだ。

そこまでする必要があるかは、議論が必要だ。でも、議論して必要と思うならば、憲法に書くべきだ。私は必要だと思う。

国民感情や周辺国への配慮

キミたちの世代は、憲法９条について議論することは、少ないかもしれないね。

歴史的に見て憲法９条というのは、とても重いものだ。それは、第二次世界大戦前の日本への反省が背景にある。学校もマスコミも、軍部といっしょに、戦争を進めてきた面がある。その反省・反動から、とくに教育現場や一部のマスコミには平和主義こそ第一で、憲法9条改正を考えること自体タブーと考えられてきた。

アメリカが日本を守ってきてくれたことも、結果としてそれを後押しした。「平和ぼけ」と言われたとしても、いまのままでいいだろう、ってね。

でも、これまで議論してきたとおり、これからもアメリカが日本を守ってくれるかどうかは、わからない。オバマ大統領も「アメリカは世界の警察官ではない」と言ってた。大統領が代わったら、日米関係を根本から見直すことになるかもしれない。一方で、中国がどんどん大国になっていくことも、これからの世界を考える大前提になる。日中友好はもちろん第一だ。だけど、日本もきちんと、憲法に明記された基本ルールに基づいて、自国の平和と繁栄を守るということを、示しておくことは必要だと思う。

憲法を改正するときには、周辺国への配慮も必要だ。いまの日本が軍国主義に戻るとは思わないだろうけど、加害者よりも被害者の方が過去を忘れないし、加害者であった日本には十分な配慮が求められる。地域の平和を維持するための憲法改正論議が、アジアの友好国に疑念を抱かせたら元も子もない。

自衛のための戦力が、どういうときにどういう手続きで活動するのか、皆が同じ認識を得られるようきちんと明記すべきと思う。

９条の改正案

さて、憲法９条と安全保障について理解は深まっただろうか。
最後に、これまでの議論を踏まえて、私の憲法９条の改正案を示したい。ぜひキミの意見を聞かせて欲しい。

提言：憲法９条の改正骨子
（１）日本は、侵略のための戦争は、放棄する。
（２）日本は、自衛のための必要最小限の戦力を保持する。
（３）自衛のための戦力は、自衛の必要がある場合、及び日本の平和を維持するために、地域の平和を友好国と連携して守る必要がある場合に限り用いる。
（４）自衛のための戦力は、内閣総理大臣の指揮に従うとともに、法律に定めるところにより活動する。
※　日本が、国際社会における平和を維持する必要がある場合に、自衛のための戦力をもって国際平和維持活動を行えることを明記することも考えられる。

日本を魅力ある「新しい平和国家」に

以上、これが私と仲間がともに1年間かけて学んだことだ。率直に言って、1年前の私は、日経新聞しか読んでおらず、それも国際面や安全保障の特集なんかすべて読み飛ばしていた。会社やビジネスの情報も大事だけど、日本という国にとってとても大事なことが他にもあるということが、いまではよくわかるようになった。

これから20年、30年という期間は、キミの世代が日本の舵取りを担う時代だ。アジア太平洋地域は大きな変動の中にある。中国の国力が増大し、それがどこに向かおうとするのか、世界中が注目しているけど、誰もその行き先はわからない。

世界史を振り返ってみよう。スペインやイギリスの覇権、欧州列強の競争、アメリカの覇権と米ソ冷戦。新しい国際秩序が形成されたり、既存の秩序に新興勢力が挑戦したりする過程には、長い時間がかかっている。中国とどうつきあうかという問題も同じだ。現在、世界のあり方が大きく変わろうとしているまっただ中に私たちはいる。長い期間をかけて他の国とせめぎ合うことはとても疲れることだけど、いま日本人はまさにそういう時代のうねりに直面している。

北京市を視察に訪れたフォーラム21メンバー

とても重要な同盟国アメリカとの関係も当然視するのではなく、きちんと考えて、メンテナンスしていかなければならないだろう。インドやオーストラリア、韓国、ロシア、東南アジアの国々も、日本の周りで力をつけている。どういう国とどういうつきあい方をするべきか、想像力の翼を羽ばたかせる必要がある。答えはひとつじゃなく、いろんな道があることを心したい。

もうひとつ、安全保障を考えるうえで忘れてはいけないことがある。安全保障は一日たりともおろそかにはできない、ということだ。国と国との同盟関係も、防衛体制や装備の整備も、ひと月でできるようなものじゃない。じっくり本気で方針を立てて、決めたら時間がかかってもやりぬく覚悟が必要だ。毎日黙々と訓練をしていざというときに備えている多くの自衛隊員のことも、忘れてはいけない。私たちも体験入隊をして、そのことを身をもって理解した。

そして、憲法だ。戦後の焼け野原の中でいまの憲法を打ち立て、その理念のもとで日本の繁栄を築いてきた先輩たちは立派だった。戦後日本は、海外で銃弾を一発も撃っていない。素晴らしいことだ。でも、そのために多くの制約を自らに課してきた。それでもうまくいっていたときは良かったけれど、これからはそうはいかない。日本の安全に対する脅威が多様化しているなか、手足を縛ったまま歩いていくことはできない。

私たちは、過去の大戦に至る過ちを決して繰り返してはならない。国の安全を強化するために国民を犠牲にしたり、周辺諸国の信頼を失ったりしては意味がない。平和国家として誇るべき歴史を歩んできた日本と日本人は、その精神は変えずに、世界から頼られる「新しい平和国家」に脱皮すべきときが来ているのだ。

国際社会で日本の舵取りをするというのはとてつもない課題だと思う。しかし150年前、明治維新を実現した若者たちは、まさに同じことを考えていた。キミにも、日本の安全保障を自分のこととして考えてほしい。まずは等身大でいい。そこからすべてが始まる。

第4章

世界に誇れる日本人らしさとは

このままでいいのか、日本人！

Where are you from?

私は、ここ数年ずっと「日本人とは何か」についてこだわってきた。本書でこれまで語ってきた日本の社会やら経済やら、あるいは安全保障やら、すべての問題の根っこには、この「日本人とは何か」という問題があるからだ。端的に言って、私たち「日本人」がどう変わらなきゃいけないのかを明らかにしない限り、いま直面しているさまざまな問題の解決には至らないと、私は考えている。

なんで、そんなことを考えるようになったのか。まずは、私自身が日本人について考えるようになったきっかけから話を始めよう。

私が会社に入って数年経ったころ、上司からカナダ出張を命じられた。初めての海外出張で、慌てて英会話を勉強したことを覚えている。

カナダに行って最初の試練は赴任の挨拶だった。英語の教科書では、初対面の人との挨拶は

「Nice to meet you」と習う。私もそこから始めた。どうやらうまく通じた。次に「よろしくお願いします」と言おうとして言葉に詰まった。英語が思いつかなかったからだ。結局あいさつは一言でおしまい。新しい同僚たちは笑顔で席に戻った。あとで調べてみると、「よろしくお願いします」に相当するぴったりの英語表現はないことがわかった。欧米では謙遜して挨拶する習慣がないからだと思う。いまになって思えば、彼らはお辞儀ではなく握手をする。そういうところから違うんだ。

海外に行ってみて驚いたことは、意外にも仕事を進めていくうえでは、高度な英会話力は必要ないということだ。専門分野の知識と用語を共有さえしていれば、何を言っているかくらいは想像がつく。うまく伝わらないと思った時には、図を描いて説明すれば何とかなる。

むしろ困ったのは昼休みの雑談だった。同僚に日本のことを聞かれたときに英語で表現することに苦労した。そもそも語彙が足りないため、適当な単語が思いつかないってこともたしかにある。だけど、英会話自体が難しいというのとはちょっと違う。難かしいのは英会話ではなく、質問されたことに関する答えそのものだった。

キミが出張に行っても、彼らは必ず日本のことについてあれこれ質問してくるはずだ。歴史や文化についてある程度答えられても、詳しく説明できないことは多いはずだ。まして、理由なんて考えてみたこともなかった質問についてはほとほと困るだろう。日本人でありながら、日本について知らないことがあまりに多い……海外に出て初めてそんな経験をする日本人は、私だけでなく結構たくさんいる。

たとえば、「なぜ職場の人といっしょにお花見に行くの？」「なぜ日本人はプレゼントを『粗品』って言うの？」と聞かれたとき、なんて答える？　そんな風習は彼らの国にはもともとない。日本人にとっては当たり前で、いちいち理由なんて考えたことがないようなこと。それが説明できない。

そういえば入社したときに先輩から「キミはどこの出身？」って聞かれた。私は「奈良県です」と答えたけど、それが普通だ。では、外国に行って「Where are you from?」と聞かれたら、キミはどう答える？　答えは僕と同じはずだ。そう「Japan」だ。

同じ質問なのに相手によって答えは変わる。それだけじゃない。このとき私は、自分が「日本人」であることを意識した。

こうして私は、「日本人」そして「日本人らしさ」とは何かを考えるようになった。

「日本人」って何だろう？

そもそも「日本人らしさ」とは考えるに値するものなのか。およそ1億2000万人もの人

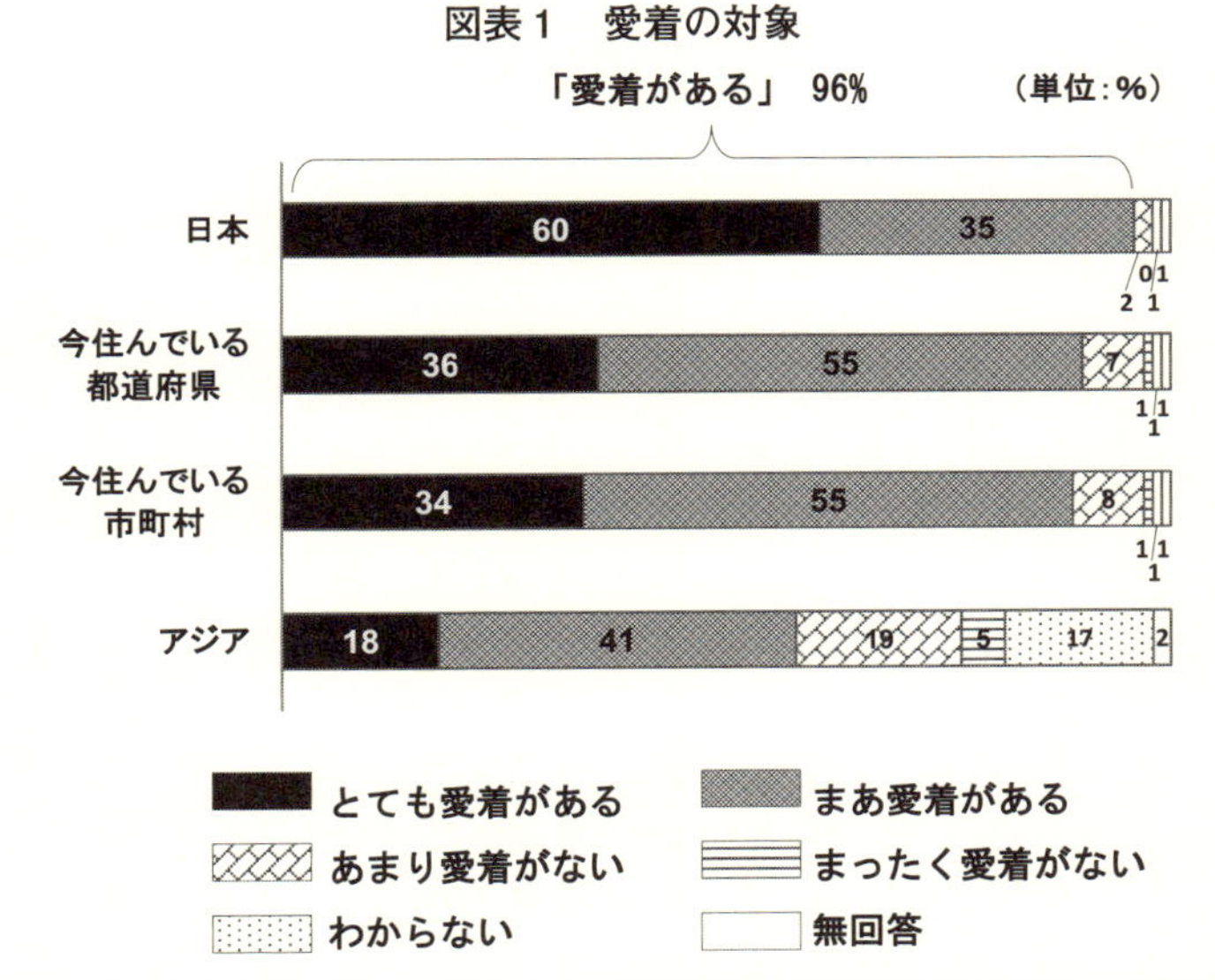

出典：「日本人が持つ国への愛着とは～ISSP国際比較調査2013年（国への帰属意識）・日本の結果から」『放送研究と調査』2014年５月号（p.17）より作成

間が、北は北海道から南は沖縄の島々まで細長い国土に分散して住み、異なる気候や生活習慣を持っているなかで、全員に共通する「日本人らしさ」というものがあるだろうか。

私は、「日本人らしさ」の手がかりを得るため、まずは書店や図書館に行ってみた。そうしたら、日本や日本人に関する書籍がやたら数多く出版されていることを知った。多くの研究者が視点や切り口を変えながら日本や日本人を語っていて、それが日本文化論というひとつの研究ジャンルを成していることにも驚いた。自国の文化論がこれほど多く書かれている国は世界でも珍しいのではないだろうか。これはつまり私たち日本人が、自分たちのルーツを探りたいという欲求が純粋に強いということであるし、日本人を探ること自体が好きでたまらないんじゃないかと思ったくらいだ。

日本文化論が盛んであることについて、文化人類学者の青木保氏の分析から考えると、それが日本人の自己認識・自己確認のためのツールになっていると言えるだろう。おそらく、それだけ日本というものを意識し、愛着を持つ人が多いということだろう。図表1に示すように、日本に愛着を持つ人の割合は、じつに96％に上るという。

さて、その「日本人論」の中身だが、多くの書籍において、日本は長い歴史を持つ国であるとともに、温暖な気候、災害の多い自然環境に影響を受け、独特の文化や行動、思考様式が形成されてきたとされている。その日本の特異性については、日本人だけが語っているのではなく、外国人もまた議論していて、内容に賛否はあるものの古くはルース・ベネディクトの『菊と刀』が有名であるし、世界を「文明」という枠組みで俯瞰したS・ハンチントンの『文明の衝突』においても、日本文明は他から独立した文明として分類されている。

私はこれらのさまざまな日本人論を検証しながら、改めて「○○人らしさ」とはある事柄に対する集団の行動の型と定義できると考えた。そのイメージが図表2である。「日本人らしい」とか「アメリカ人らしい」というときのその「らしさ」は、その人たちのある行動を指して言

図表２　“日本らしさ”の成り立ち

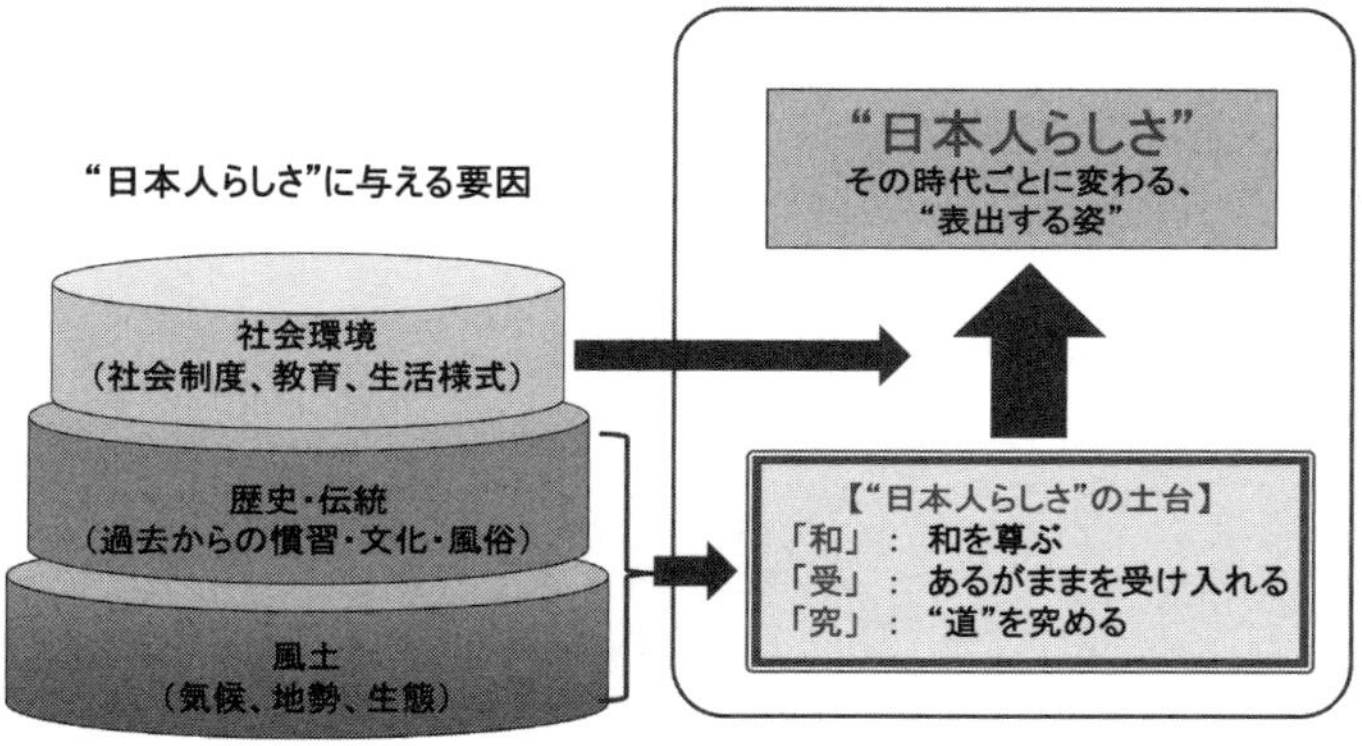

“日本人らしさ”に与える要因

社会環境
（社会制度、教育、生活様式）

歴史・伝統
（過去からの慣習・文化・風俗）

風土
（気候、地勢、生態）

“日本人らしさ”
その時代ごとに変わる、
“表出する姿”

【“日本人らしさ”の土台】
「和」：和を尊ぶ
「受」：あるがままを受け入れる
「究」：“道”を究める

う場合が多いはずだ。

図表２の枠組みを使って「日本人らしさ」を考えてみよう。まず、「○○人らしさ」に影響を与える要因には、気候や地勢・生態といったその国で暮らすうえでの基礎となる風土があると考えた。日本でいうと、たとえば「辺境の狭い島国」という特徴。アジア大陸の東の端に位置しているから大陸の国々と比較して外敵からの侵略が少なかった事実。また山々に囲まれた小さな平野で生活し、ムラという集団を形成してきた。大陸からの異文化や技術に接する機会が少なく、独自に文化を発展させてきた反面、島の外、とくに大陸を強く意識し「そこに正解がある」、「もっと良いものがある」という思いでそれを眺め、自分たちの文化や技術を磨いてきたことが挙げられる。

独自の風土の中には、四季の移ろいや災害の多発も含まれる。それに影響された「自然観」も大きな特徴のひとつだ。「風流」という言葉が示しているように四季の変化を敏感に感じ取り、親しみながら生活を送ってきたし、その逆に台風や豪雨、豪雪、そして地震など度々発生する災害からは、自然に対して畏怖の念を抱き、立ち向い征服しようとせず、自然と共生、調和し、受け入れてきたということがある。この「自然観」は、西欧の人と異なる特徴だと言われている。

その風土に合わせ生活していくなかで、慣習や文化・風俗などが生まれ、長年にわたり歴史・伝統として人々に根づく。日本人にとっては農耕文化、とくに稲作文化が「日本人らしさ」に大きな影響を与えた。どんな影響かって？　集団作業を前提とする稲作は、ムラという共同体内での協力関係を強めたし、気候に厳格に合わせて田植えや稲刈りなどを行うことは、人々の風俗や行事にも大きく影響を与えたと言われている。これらの風土と歴史・伝統が相まって、長年にわたり日本人の生活に深く広く浸透し、日本人の行動の型を特徴づけたと考えられる。これこそ「日本人らしさ」の土台ではないか。

その「土台」の中身を考えてみた。

まず最初に、ムラという集団で、稲作を中心とした共同生活を行うことで人間関係を大事にした「和」を尊ぶ土台ができた。

また、さまざまな自然災害に見舞われても、その災害を受け入れたうえで立ち直ってきた事実。他国の文化を吸収し自分たちに合わせたかたちに発展させた歴史。そして宗教までも自らの文化に適応させてきた受容性。このようにあるがままを受け入れる土台がある。これを「受」という文字で表すことにする。

さらには、職人気質や武士道、茶道のようにひとつのことをとことん究めること、頑張ることに価値を見出し、それを評価する、すなわち「究」という土台があると思う。そして、これら「和」「受」「究」で表される３つの土台によって、日本人の行動の型が特徴づけられると考えた。

ただし、これらの土台に基づく行動は必ずしも良いことだけを示すのではない。

「和」を例にとって説明してみよう。良いことの例で言えば、人間関係を円滑にしようとするために、場の空気を読み、相手の気持ちを察して行動すること、これは素晴らしいことだと思う。日本語で〝敬語〟が発達しているのも、人間関係を大切にしようとしている表れだし、東京オリンピック招致の際に話題になった〝おもてなし〟の心にも通じる。逆に、空気を読み過ぎるために日本人は会議の席などで、「自分が変な質問や発言をしたら場の空気を壊しかねない」との意識からきわめて発言が少なくなってしまい、何を考えているかわからない、自分の意見がないなどと批判されている。これは悪いことの典型的な例だ。このように、「和」を土台とした日本人らしさには、良いことと悪いことがある。

「受」や「究」を土台とした行動様式も同様で、「受」を土台とした行動で見れば、世界の食文化を取り入れ、日本流にアレンジして美味しいものを開発するところは特徴的で、キミも大好きな〝ラーメン〟や〝カレーライス〟は、いまや日本を代表する料理だし〝ライスバーガー〟なんてものまである。逆に良くないことは権力に対して従順で〝お上〟に任せておけばいいという無関心な態度などは最たるものだ。

自動車を中心とした工業製品にみられる品質の良さは世界が認めるところで、これが「究」の良いところ。しかし労働時間が長く、〝過労死〟や〝うつ〟が発症するほど頑張るのはいかがなものか。

こんなところが、私が考える「日本人らしさ」の土台だ。日本人らしさの土台に基づく行動には、良いことと悪いことがあり、その表れ方は、時代や状況によって変わってきているというのが、私の言いたいポイントなんだ。

「日本人らしさ」って海外で通用する？

では、「日本人らしさ」が歴史や風土といったものだけから形成されてきたのかというと、そうではない。戦前と戦後で日本人の行動様式は大きく変化したし、戦後であっても昭和に生まれた私の世代と平成に生まれたキミの世代とは共通点がある一方で、思考や行動様式には違いがある。すると、長い歴史や風土だけが日本人らしさをつくったとは言い切れないように思える。この違いに影響を与えているのが、図表２にも示した〝社会環境〟ではないか。

たとえばいまなら、国内の人口減少、グローバル化、ＩＴやＡＩの急速な進展、そしてこれらを踏まえた教育制度などが、重要な社会環境の因子といえそうだ。私はその中でも、「グローバル化」がいちばん「日本人らしさ」に影響を与えると思っている。グローバル化の進展によって、日本人は自分とは異なる価値観の人と接する機会が増加する。私がかつてカナダ出張で経験したような戸惑いを経験する人も増えるだろう。日本人同士のコミュニケーションとは違ったスキルが必要とされるし、日本のことだけでなく、相手の国のことももっと知る必要が出てくる。私の会社はもともとは国内の取引先が多かったけど、最近は少しずつ海外も増えてきている。キミもこれから外国人といっしょに仕事する機会が増えることは間違いない。

ひとつ気をつけたいのは、これまで「日本人らしさ」として許容されていたものが、外国人相手だと悪いこととして捉えられてしまう可能性があることだ。文化的な文脈が違えば、解釈も異なるはずだからね。

こう考えていくと、グローバル化が進展していくなかで、これまでの「日本人らしさ」が通用しない場合が、どんどん出てくるんだと思う。だからこそ、これからの日本人に必要な「日本人らしさ」を考えていきたいと思う。

日本を知ること＝自分を知ること

伝統文化に向き合おう、そして未来へつなげよう

よく言われることだが、外国人と接すると、日本の文化について質問を受けることが多くなる。能や歌舞伎、日本の伝統文化への質問が多くて、恥ずかしながら知識が乏しく、うまく説明できない。そんな経験をしている日本人がたくさんいる。グローバル化した今日の世界では、外国人に自国の文化をきちんと説明できることは、国際人の最低限の教養なのかもしれない。

最近の日本文化といえば、アニメやファッション、和食などが「クールジャパン」と呼ばれ、日本発信の新たな文化として世界で人気となっている。とくにアニメはすごく人気があって、

海外の若い人が日本を知るきっかけになり、新たな日本ファンをつくり出す大きな力となっている。私が先日会ったフランス人の日本文学研究者も、日本研究の道に進んだ理由はアニメがきっかけだったそうだ。この流れは良いことだと思うし、国も積極的に「クールジャパン」を世界へ発信することを支援している。日本のファンづくり、輸出を増やすことなど、多くの面で「クールジャパン」は日本にとって重要な役割を果たしている。

ただし、最新流行の文化も大事だけど、ここで話したいのは、日本の伝統文化をもっと日本人が理解し、興味を持ち、大事にして、未来へつなげなくてはならないということ。その理由は、「日本人らしさ」の説明でも触れたように、文化は私たち日本人の土台をつくってきたひとつで、この土台は未来の日本人につないでいかなければならないものであるから。世界が注目しているクールジャパンでさえも、土台に日本の伝統文化があってこそ生まれてきたんだと私は思っている。日本で長く育まれた伝統文化は、この日本が置かれたさまざまな環境のなかで独自の発展をしてきた。この独自性こそ日本の創造力の源であり、過去から現在までつながっている日本の資産なのだ。キミが外国の人に日本の文化を聞かれたときに、伝統文化についてもきちんと説明できる方が、より説得力があると思わないかい。

そこで、いま日本の伝統文化が置かれている状況を調べてみた。

文楽、能などの伝統芸能、京染物、扇子などの伝統工芸に携わる方々にお話を伺ったところ、いずれも後継者が不足していたり、需要が減っていたり、問題が山積していた。取材した以外の伝統芸能、伝統工芸でも、資金難に苦しんでいるところが非常に多いこともわかった。私は、日本人が伝統文化に理解を深めるといった課題に加えて、伝統文化を維持・発展させる取り組みが必要であると思うようになった。

その解決への取り組みのひとつとして、子どもたちが伝統文化に触れる機会を増やし、伝統文化に対する興味や知識を少しでも多く身につけてもらうのはどうだろう。最近の小学校では、伝統的な日本の楽器に触れたり、お茶を習ったりする機会が設けられている。これは、私の子どものころと比べると大きな変化である。だけど、まだまだ十分ではない。どうすればもっと伝統文化に触れる機会を増やすことができるのか。

私のアイディアは、地域に根ざした伝統文化に触れる機会を増やすというものだ。とくに小学生や中学生に対して、学校がその機会をつくってあげるのが効果的だと思う。じつは昔は、コミュニティが各地域で機能しており、そこに住む子どもたちは、地元の伝統文化に触れる機会があったんだ。しかしながら最近は、地域コミュニティの存立自体が危ういと言われる。だから学校が中心となって、もっと伝統文化に触れる機会を増やせばいいと考えている。

どのようにこれを実現するか。学校側から地域に暮らす「高齢者（先輩）」たちに協力をお願いするのはどうだろう。実際にこれを行っている地域がある。私が紹介してもらった小学校では、地域の職人の方、高齢者の方が学校に積極的に参加し、伝統文化である絞り染めや山車、祭りを先生といっしょになって教えていた。

これはさらに、学校を核とした地域コミュニティの形成という期待ができる取り組みでもある。ここの先生に「なぜうまくいっているんですか」と質問したところ、「地域の方にどんどん積極的にお願いしているんです。すると喜んで引き受けてくれる方がたくさんいらっしゃる」との返事が返ってきた。

これは、周囲に伝統文化を担う方々が暮らしている地域の話であり、都会の学校ではこうはいかないかもしれない。その場合は、地元施設などに学校自らが出向き、体験できる機会を積極的に増やす必要があるだろう。

私自身は、知り合いに案内してもらって文楽を体験した。その知り合いのお陰で楽屋口から入ることができ、幸運なことに開演前の時間を使って文楽の基礎知識を教えてもらった。しかも舞台裏で、実際に文楽の人形を手に持たせてもらうこともできた。じつは、これは文楽に興味をもってもらおうという協会の計らいであり、この体験が私の文楽鑑賞への興味を高めるものとなった。この体験のように、子どもたちにも実際に見たり体験させることが、伝統文化に関する知識を深める機会になるはずだ。将来にわたってのファンづくりとなるかもしれない。

各伝統文化に携わる方々には、ぜひ触れる機会をもっと増やして欲しいと思っている。

もちろん、私たち大人自身も伝統文化の理解を深める必要がある。大人たちの知識向上、興味喚起を促すためには、新聞、テレビの力が必要だ。もっと伝統文化の情報をたくさん流してみてはどうか。現状では、伝統文化のテレビ放映や、新聞紙面の記事がきわめて少ないことが憂慮される。そこで、新聞、テレビなどのメディアに伝統文化情報発信をお願いしたい。もちろん、これはきっかけづくりにすぎない。多くの時間やスペースを求めるものではなく、国民の伝統文化に対する理解浸透を促す規模を想定している。

こんなことを言うと、過去にはメディアが統制され情報が正しく伝わらなかった時代もあって、番組内容を統制するのかと批判が出てくるかもしれない。しかし、ちょっと待ってほしい。メディアには、日本国民が必要とする情報や教養を伝える役目があるはずだ。その本来持っているはずの機能と役割を忘れてはいけない。たとえば、話は少々脱線するが、バラエティ番組ばかりを放映するのではなく、世界各国のニュースを放映することもテレビの義務ではないかと、私は思う。グローバル時代を迎え、グローバル人材をたくさん育てなくてはいけないと、国をあげて必死に取り組んでいる状況だからこそ、もっと放映する内容も吟味する必要はある。

日本、日本人にとって大切にしなくてはいけない文化の問題については、日本人の興味や関

図表３　各国の文化予算額の比較（2015年度）

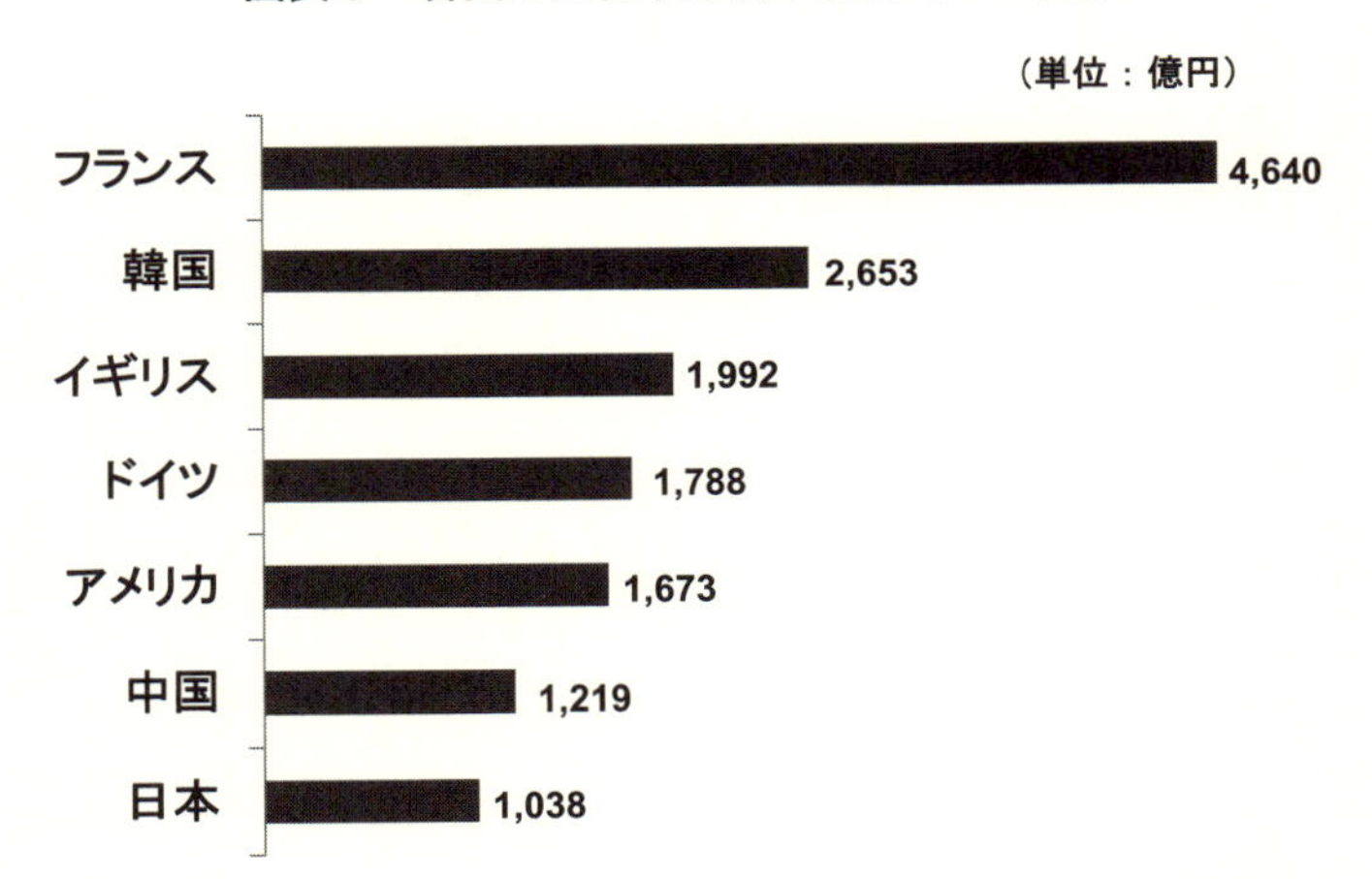

出典：文化庁ホームページ（http://www.bunka.go.jp/）、文化庁「諸外国の文化予算に関する調査報告書」（平成26年度）より抜粋

心を醸成すべく、メディアにはわずかな時間やわずかなスペースを活用することを望みたい。

ここで伝統文化を未来へつなげる話もしておきたい。ポイントは、国も国民も伝統文化を未来につなげるために相応の努力が必要だということだ。

たとえば、フランスの文化予算は日本の約４倍である。フランスは国家として、文化を大切にし、国の財産と考えている。ファッション業界を長年牽引し続けられるのも、国家の努力がベースにあるからだ。フランス並みとは言わないまでも、日本の予算をもう少し増やしてほしい。

国民にも変化が必要だ。唐突だが、「パ

トロン」として文化の応援団になってほしい。パトロンというと後援者・支援者、応援団という意味がある。飲み屋のきれいなお姉さんにせっせと貢ぐ人のことでもある。歴史的には、イタリアのルネサンス文化を花開かせたのが、メディチ家を代表とする当時の大富豪たちであり、彼らがパトロンだった。そんな大富豪でなくていいから国民全員がパトロンになって、日本の伝統文化を大切に守っていく。すてきな話ではないか。

伝統文化を維持する活動は、国や自治体によってこれまでも行われてきたが、人口減少が進む時代においては、継承するための基盤である人や地域がどんどんなくなってしまうという、危機的事態が起こっている。そうなってくると、国や自治体からの支援だけでは、伝統文化の維持・発展は難しい。だからこそ、国民全体で主体的に伝統文化に触れ、応援する風土がより重要になってくるんだ。

最近定着してきたクラウドファンディング（Crowd Funding）の活用というアイディアがある。クラウドファンディングとはご承知のとおり、たとえば起業家が自分のアイディアの実現のために、インターネットを通じて不特定多数の人から資金の出資や協力を募るものだ。「群衆（crowd）」と「資金調達（funding）」を組み合わせた造語だ。

クラウドファンディングを通じて、伝統文化を国民が手軽に支援する環境を整え、金銭的な支援を求めるとともに、その仕組みを使って公演場所の提供を求めたり、手に入れにくくなった材料を求めたりすることも行う。支援のメニューはたくさんあった方がいいし、簡単な方がいい。国や公的機関の「お墨付き」は重要になる。支援する側がいちばん気がかりになるのが、「支援する相手がきちんとしている相手かどうか」だからだ。支援がきちんと目的通り役立っているかどうか。そんな不安を国や公的機関が担保することこそ、成功するための重要ポイントである。

こうした活動を通じて、後継者不足で消滅の危機にある伝統文化、材料が手に入らないので絶滅してしまいそうな伝統文化が数多くあることを国民に知らせたい。「伝統文化レッドリスト」を公表することで、多くの人に危機的な現実を理解してもらいたいと思う。

近現代史をもっと知ろう

私たちは学校教育で縄文時代から現代まで長大な日本の歴史を学んできた。グローバル化したいまの時代において、私たちは日本が海外とより深く関与することになった近現代史について、より知識を深める必要があると思っている。私自身は両親が生まれた時期、青春を過ごした時期の日本がどんな状況だったか、残念ながら詳しく知らない。最近ようやく書店に並んでいる本を何冊か読んで、知るようになったくらいだ。

図表４　社会・歴史教科書のページ構成

〔小学校6年社会科教科書〕

出版社	構成		
	全ページ数	近現代ページ数	構成比（%）
A社	155	55	35.5
B社	167	66	39.5
C社	147	57	38.8
D社	147	51	34.7
		平均	37.1

〔中学校歴史教科書〕

出版社	構成		
	全ページ数	近現代ページ数	構成比（%）
A社	263	146	55.5
B社	279	129	46.2
C社	266	134	50.4
E社	279	125	44.8
F社	293	149	50.9
G社	275	129	46.9
		平均	49.1

出典：平成28年度教科書をもとにフォーラム21・29期調べ

学校の授業で日本史を学び、源平合戦の源義経や戦国武将の活躍、明治維新の坂本龍馬などの話は、とてもわくわくした記憶がある。ただ不思議なことに、明治維新以降の近現代史については、その内容を覚えていない。しかも高校では日本史を選択しなかったため、残念ながら私は、ほとんど近現代史を理解せずに大人になってしまった。

最近の社会科あるいは歴史の教科書がどんなふうになっているか、近くの図書館に行って調べてみた。近現代史のことはあまり触れられず、明治維新までの時代に重点がおかれた内容ではないかと思っていたが、調べてみると意外と近現代史に割くページ数が多かった。小学6年生の教科書では全体の約40%、中学校では全体の約50%が近現代史に割かれていた。とくに高校で近現代史を教える日本史Aの教科書では、江戸時代末期から現代に至るまで、詳細に説明されていて正直驚いた。昔の教科書も調べたけど、じつは近現代史に割かれているページは意外にもいまと同様に結構多かったことがわかった。

その詳細な近現代史を、授業ではどのように教えているか。中学生の甥に聞いてみると、「日露戦争までは詳しく教えてもらったけど、それ以降はすぐに終わってしまったよ」だった。

ちょっと信じがたい話なので、中学校の先生をしている大学時代の友人に実情を聞いてみたところ、「近現代史についてももちろん教えているけど、正直時間が足りなくて、十分に時間が取れているかというと、そうではないかな」との答えだった。

高校ではどうだろう。知り合いの先生に尋ねてみると、答えは「教科書に書いてあることは、もちろんきちんと教えていますが、そこに自分なりの解釈を入れてしまうと、保護者からのクレームがくることもあるので、慎重になります。正直言えば、授業で近現代史を教えるのは難しい」だった。教科書ではページ数も割かれ、詳しく説明されている近現代史だけど、授業の実情としては、私の学生時代とあまり変わらないみたいだ。

先日、アメリカの取引先が来日した際の会食での話。日米安保のことが話題になった。

「従来はアメリカは日本を助けるけど、日本はアメリカを助けてくれないことになっていた。

今回安保関連法案が施行されたけど、それまで日本はうまくやってたよね」

と彼らは話してた。正直、日米安保条約については、安保闘争の様子をテレビの映像で見た程度の知識しかなく、条約が締結された経緯なんて詳しく知らなかったから、ただただ愛想笑いするばかりだった。結構恥ずかしかった。

キミが私と同じような恥ずかしい思いをしないですむように、いまからでも遅くないから、日本の歴史について興味を持って学んでほしい。仲間と仕事やプライベートの話だけでなく、日本の歴史についても語りあってほしい。

とくに近現代はいまの日本の礎を築いた時代であり、日本が欧米を中心としたグローバル化の流れに影響を受け、結果として戦争を経験し、多くの犠牲を払ったきわめて重要な時代だ。キミのおじいさん、おばあさんが、まさに生きていた時代でもある。外国人と深く会話するときに避けることのできない話題だし、日本人として生まれてきた以上、自分の国が諸外国にどのように接してしてきたか理解した方がいい。私は、歴史解釈云々という議論がしたいわけではなく、ただ単に、その時代の日本人の目線に立って過去の出来事を理解し、自国の歩んできた道のりを考えてほしいと思っているだけだ。

昨年、文部科学省から、2022年度を目処に、世界史の必修を見直して、近現代史分野を中心に日本史と世界史を合わせた「歴史総合」という新しい高校の必須科目を設けることが示された。

　国としても、近現代に日本がどのような道を歩み、どのように現代日本を形成してきたかを高校の段階で理解することを重視している。現在の高校での歴史教育では、調べたことを発表させる活動や課題解決的な学習を取り入れた授業が十分に行われていないという課題もあるようで、歴史総合ではその課題を解決するような方策も検討されているようだ。

　せっかく歴史を学ぶなら、ただ過去の出来事や年代を暗記するのではなく、その出来事がなぜ起きて、その後の日本にどう影響を与えたか、しっかり議論した方がいい。自分の国が歩んできた歴史にしっかり向き合って、みんなで自由に議論してほしいと思う。一人ひとりの考え方が違ったってかまわないじゃないか。

グローバル日本人

　キミは「グローバル人材」と聞いて何を思い浮かべるだろうか。外国語ができる人？　でも、それだけだろうか。

私のカナダ出張の話をしたけど、じつはそのとき、自分は日本のことをよく知らないと気づくと同時に、相手の国のこともまったくわかっていないことを痛感した。グローバルに活躍する人になりたければ、自国のことだけでなく、異文化に関しても知識を持つ必要があることに思いいたった。語学力だけではないことに気づいた貴重な経験となった。

世界を知ろう

では、異文化理解のために何をすればいいだろうか。単純に考えると、異文化を経験する、異文化を持った人と会うことが思いつく。手段としては何があるだろう。たとえば、外国人に日本へ来てもらい文化交流する、というのはどうだろう。あるいは、自らが外国に行って文化交流するということも考えられる。

異文化への理解が日本文化の根本にある

日本の文化はじつは、日本列島以外の国からいろいろな人が集まってできあがっている。日本は単一民族だと思われがちだけど、主として中国、韓国を指す渡来人はもちろん、ベトナム、遠くは中東からも人が船に乗ってやってきて、奈良の都や文化をつくりだしてきた。

明治以降、次々と西洋の文化を取り込み、和洋折衷という言葉もあるとおり、日本はいままでにはなかった物をつくりだしてきた。先にも述べたように、受容性という特性が日本人にはあり、究めるという特性も発揮して改良を重ね、日本の形を生み出してきた。こう考えると、古来から日本人は多様性を受け入れる素養があったとも言える。江戸時代も高度経済成長期も、地方からたくさんの人が江戸、東京に流入し多様性が生まれ、日本という国は発展してきたのだ。

異文化、異なる価値観を知ることで個人の視野が広がり、異なる考え方、価値観への理解が深まり、時にはイノベーションを起こすことにつながる。グローバルな人材が求められている中で、国際感覚が養われ、考え方に多様性も生まれてくる。昨今の世界情勢をみると民族紛争や国家間の対立が多いけど、違う国の意見や立場を知ることで、問題解決への道が開け、お互いを理解し合うことにつながるかもしれない。そして最後に、もうひとつ重要なこととして、日本、日本人らしさを知ることができ、日本の良さを認識することにもつながる。

外国人に日本の四季を全て感じてもらおう！

グローバル化が進むなか、イノベーティブなアイディアを生み出していくには、多くの日本人がもっと海外に出て、自分の目でものを見たり、体験をすることが重要だと思うが、すべてないだろうか。

の日本人が海外に行くのは難しい。ならば、逆に外国人をより多く日本に呼びこむことができないだろうか。

最近、日本を訪れる外国人観光客は増えているが、観光客は滞在期間が短い。日本人と接する機会も限られるし、一定の場所に集まる傾向にある。もっと長期間、場所も問わず、より多くの日本人と接する機会をつくることはできないか。たとえば留学は長期滞在となるが、留学生を増やすとしても、留学には大きな経済的負担があるため、一挙に増やすというわけにはなかなかいかず、また交流も学生の枠に縛られてしまう。

もっと自由に日本を楽しむことができないかとあれこれ考えていたとき、偶然にもワーキングホリデーを利用して来日している外国人と話す機会に恵まれた。これは使えるのではないかと思った。

ワーキングホリデーの制度というのは2国間の協定に基づいて最長1年間、異なる文化の中で休暇を楽しみながら、その間の滞在費用を補うために就労を認めるという制度だ。双方の国が互いに長期にわたって若者を受け入れることで、広い国際的視野を持った若者を育成し、両国間の相互理解、交友関係を促進することを目的としている。この制度を利用すれば、外国人は日本全国どこにでも滞在できる。

図表５　日本へのワーキングホリデー利用者数

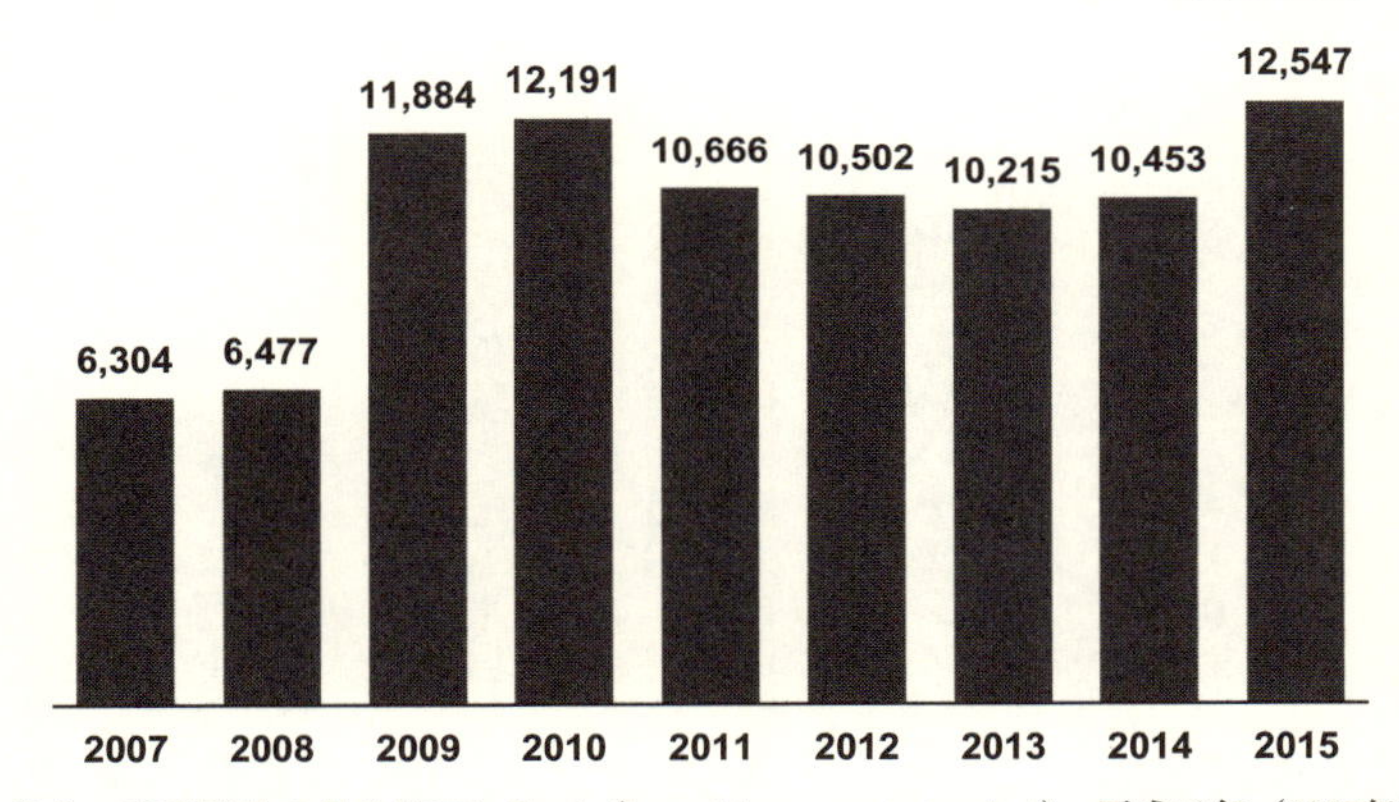

出典：政府統計の総合窓口(e-Stat)（http://www.e-stat.go.jp/）、平成19年（2007年）から平成27年（2015年）ビザ（査証）発給統計を加工して作成

来てもらえる外国人を増やせないものか？

東京・新宿に日本ワーキングホリデー協会がある。ここは主にワーキングホリデー制度を活用して海外で生活したい日本人への支援をしている機関だが、海外からワーキングホリデーを利用して日本へ来る外国人の状況に関して話を聞いた。すると、ワーキングホリデーという制度は知っていても、海外の人を日本が受け入れていること、東京だけでなく地方にも行けることを知っている人は案外少ないそうだ。

２０１６年７月時点で、日本とワーキングホリデーの提携をしている国は、オーストラリア、ニュージーランド、カナダ、韓国、フランス、イギリス、ドイツ、アイルランド、デンマーク、台湾、香港、ノルウェー、ポルトガル、ポーランド、スロバキア、オーストリアの16の国および地域。この制度を利用して日本に滞在する外国人は1年間で1万人強。これがオーストラリアでは10万人を超えるという。日本に来る外国人の数はまだまだ少なく、たとえばイギリスは、定員1000人に対し、700人しか利用していない。まずはこの16カ国に対して、日本がワーキングホリデーを受け入れているという広報活動をもっと行う必要があるようだ。

日本に興味がある外国人でも来日しにくいのは、言葉の壁のほかに、自分のやりたい仕事がなかなか見つからないことが課題になっているようだ。語学教師の仕事をする外国人が最も多いようだが、日本の企業や自治体がワーキングホリデー制度への知識を持っておらず、活用方法が見いだされていないのが大きな原因である。外国人観光客は年々増加しており、2020年には東京オリンピックが開催される。ワーキングホリデーで来日する外国人を、東京だけでなく地方でも活用するいいチャンスが到来している。国内企業と自治体に対して、ワーキングホリデーの仕組みや効果などをＰＲし、認知度を上げ、就労募集を増やすことにまず着手する必要がある。たとえば、人口減少で伝統文化に携わる人が不足している地方に、外国人に助っ人として来てもらうことだって可能だ。

次に外国人のワーキングホリデー利用を困難にしているのが、日本定住のための準備の大変さのようだ。住む家の保証人を探し、銀行口座を開き、携帯電話を手に入れるなどの作業を独力で行うのは本当に大変らしい。ここはサポートを考えたいところだ。たとえば、ワーキングホリデーの期間は1年が基本なのに、携帯電話やインターネットは通常2年契約。これをもう少しやさしい環境にしてあげれば、来日を希望する人への後押しになるはずだ。住居の手配、仕事の斡旋、語学教育など、包括的に外国人をサポートする機関を設立すれば、ワーキングホリデー利用者が増えるだろう。

ワーキングホリデーの提携国をもっと増やす。とくに親日国をターゲットにする。滞在期間を1年から2年に延ばす。年齢制限を30歳から35歳まで引き上げるなど、利用者を増やす策はたくさんある。滞在期間を延ばすことは、日本語の壁を考えると十分な効果があるように思える。なぜなら、海外では日本語を授業で教わる機会が少なく、1年の滞在期間でなんとか日本語を覚えるのがやっとであるため、企業としても活用する範囲が限定されてしまうからだ。もう少し長いスパンで雇用できれば、企業にとってのメリットも大きくなる。

ちなみに、ワーキングホリデーで来日した人の多くは、親日リピーターとして日本へ戻って来るケースが多く、自国では日本の良いところを宣伝してくれているようだ。また自身が滞在した地域の魅力について情報発信し、結果的に観光客を増やす取り組みをしてくれている人もいるらしい。

マスコミにもよく登場する落語家の桂三輝は、もともとワーキングホリデーで来日したカナダ人だ。師匠は桂文枝。初の外国人上方落語家として、いまは外務省からの依頼を受け、落語という日本の伝統文化をヨーロッパやアフリカに広めてくれている。

外国に出て行く人材を応援するために

日本の留学生の数が伸び悩んでいる。これだけグローバル化が叫ばれているなかで意外な事実だった。2000年から2016年までのアメリカに留学したアジア各国の学生数の推移を見ると、中国やインドが急激に増加している一方で、日本は伸び悩むどころか、減少していることが分かる（図表6）。日本の学生がなぜ留学しないかを調査したところ、次の理由があるようだ。

①留学費の負担が大きい。
②留学先での単位が母校の単位にならず、留年してしまう可能性がある。
③就職活動をはじめ、留学後の受け入れ体制が整っていない。

これらの問題を解決すれば、日本から海外への留学生が増えるのではないか。

最近では、文部科学省も留学に力を入れていて、「トビタテ！留学JAPAN」という給付型の留学制度ができている。多くの企業も寄付をしており、いわゆる企業のひも付きでなくても、留学できる制度だ。経済的な支援は広がりつつあるようだ。このような制度を私たちフォ

図表６　アメリカへの留学生数の推移（国際比較）

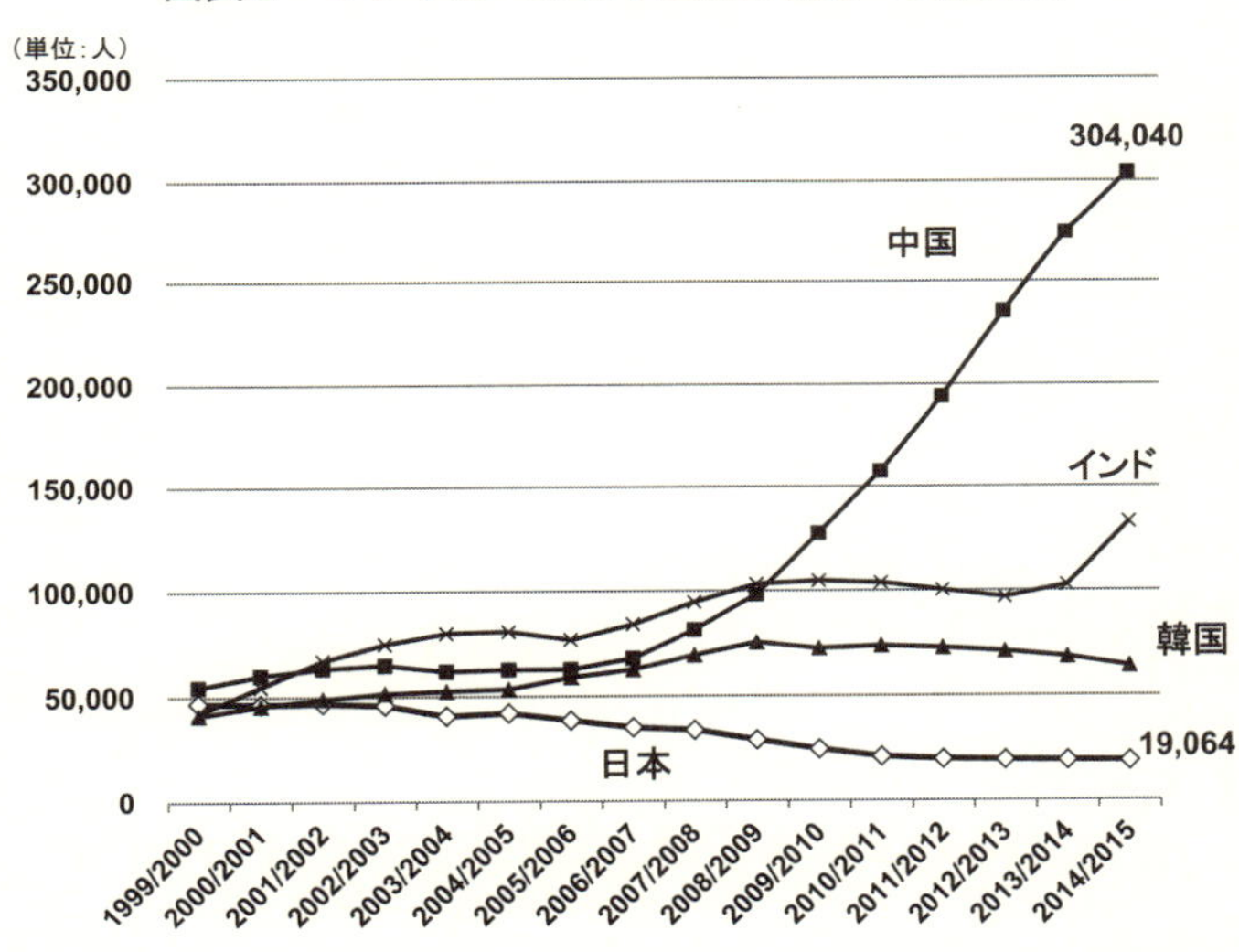

出　典：IIE [Open Doors] (http://www.iie.org/Research-and-Publications/Open-Doors)より

ーラム21参加企業を中心に、もっと盛り上げていきたいと思う。

また、高校や大学での単位取得の国際共通化を狙った制度も出てきている。「国際バカロレア」という制度がそれで、小学校から大学に至るまで国際的に共通して単位が認められる。国際バカロレアは徐々に広がってきており、グローバル人材の育成につながっている。

図表7に、２０１５年時点の国際バカロレアの認定校数の多い上位20カ国を示している。アメリカを中心に英語圏の国に認定校が多い一方で、新興国も積極的に参加していることがわかる。国を挙げてグローバル化に取り組

図表7　国際バカロレア認定校数（上位20カ国）

国	PYP（小学校）	MYP（中学校）	DP（高校）	学校数
アメリカ	511	628	892	1,741
カナダ	81	171	171	367
エクアドル	10	9	254	254
オーストラリア	112	43	65	169
イギリス	13	13	123	130
インド	63	21	110	130
メキシコ	55	38	67	108
中国	44	30	86	106
スペイン	12	17	95	97
ドイツ	24	12	71	74
トルコ	26	11	44	62
アルゼンチン	7	3	56	57
香港	33	9	29	57
スイス	18	11	42	49
インドネシア	31	14	31	49
ポーランド	6	8	40	45
日本	21	10	28	39
アラブ首長国連邦	20	13	35	38
スウェーデン	10	9	31	38
ノルウェー	12	10	25	35
世界合計	1,428	1,309	3,087	4,631

出典：文部科学省ホームページ（http://www.mext.go.jp/）世界における国際バカロレア認定校数（平成28年8月1日時点）および国際バカロレア機構のウェブサイト（http://www.ibo.org/about-the-ib/the-ib-by-country/）を加工して作成

んでいる様子が窺える。日本では、高校で２００校を認定校にしようとする動きがあるが、国公立の高校で認定されているのは、まだ国立1校、公立1校の2校だけだそうだ。私は、この制度が高校や大学から外国に出る機会を増やす施策になるのではないかと注目している。

東京・練馬区にある東京学芸大学附属国際中等教育学校は、1学年１００名程度の少人数制で、15人ほどが毎年1年間の留学をしている。夏休みを利用した短期留学も含めると、かなりの割合で海外に出ている学校だ。英語を中心としたカリキュラムに特徴があるだろうとは思っていたけど、実際に訪問してみると語学だけではなかった。暗記詰め込み型の教育ではなく、理数系の探究を重視した教育に精力的に取り組んでいて、生徒が作成する研究報告書はとても高校生とは思えないテーマで、調査の観点もユニーク、大人顔負けの内容になっている。1年間の留学を終えた生徒たちと意見交換をしてみると、年齢の離れた初対面の人間に対して臆することなくプレゼンテーションをして、質問にも自然体で答え、将来の夢も迷うことなく説明する姿に圧倒された。グローバル人材育成を実践している学校がすでにあることを頼もしく思った。

しかし、海外への留学生の人数が伸び悩んでいるのは、いまだ現実だ。外国に学生時代からの友人を持つことだけでも、後々強みになるはず。高校生と言えども、多少の無理をしてでも、早く外国に行ってみるべきだと私は思う。

次に、留学生が日本企業に就職する際の支援を考えてみる。せっかく留学して知見を広げてきても、日本の就職活動時期は海外の大学では期末テストや卒論発表の時期であり、国内の学生と同じように、学校を休んで就職活動ができないという問題があるらしい。かといって、留学期間半ばで帰国してしまっては中途半端な経歴になってしまう。企業の採用サイトを見ても、グローバル人材募集と言っている割には、留学生に対する採用について説明はまだまだ乏しい。これでは、帰国後の不安は解消できないだろう。また、留学によって元の大学では休学扱いになってしまい、結果的に同級生といっしょに卒業できず、そもそも就職時期自体が遅れてしまう例もあるようだ。各自の就職時期に合わせた柔軟な採用が必要だと思う。

ところで日本は、新卒の学生を一斉に採用することが一般的だ。しかし海外ではこの「新卒採用」という制度がない。

海外の採用スタイルでは、個人が能力と経験を会社に売り込んで採用してもらうのが一般的だ。日本のように、新卒が一律に同じ給料をもらえる方が珍しい。日本の制度にはそうなった理由があるだろうから拙速はまずいが、外国との違いを知り自身を相対化することで、将来を変えていくことは大事だと思う。

今後のグローバル化を進めるうえで、外国を経験した人材を採用する間口を広げることは必要である。安心して留学に挑戦する人材を増やすために、まずは私たちの会社から、積極的に採用する体制を整えていきたい。

察してもらえない、さてどうする？

異文化を理解し、多様性を受容することの重要性はわかるとして、理解したうえでそれを実際の行動に移すのとは次元が違う。何が言いたいのかというと、日本人のやり方が、日本とは異なるバックグランドを持つ人には通用しないことがままあるということだ。

日本人は和を尊ぶあまり意見をあえて明確にせず、互いに察し合い譲り合うと先に語ったが、このことは、日本人に自分の考えがないのではなくて、それを表に出す方法がユニークなだけだということを意味する。ところが、私自身仕事で外国人と接してわかったけど、このグローバル化社会では、自分の意見を言葉で明確に主張し、相手と対話し、論理的に解決点を見つけることができなければ、自分の考えのないくだらない人間として扱われる。。

だから、まず〝対話〟の方法を習得する必要がある。グローバル化に対応した対話というのは、自分の意見を論理的に主張し、相手の意見をよく聴いて理解し、そのうえで意見をさらに交換する理性的なやりとりだ。最終的には対話を通じて解決点を見出す。しかし日本人は、察することでその場の上下関係を確定して、最上位の人の意見をそのまま採用することが多い。議論を通じて論理的に意見を決めることに慣れていない。キミも議論が白熱するあまり、結果として感情的になってしまった経験があるのはではないか。これからは、議論を通じて意見を理性的に決めることに慣れ、それを普通に使えるよう訓練しないとダメだ。

それにはディベートが有効だと思う。日本ではディベートというと強烈な自己主張で優劣を決めるという、よくないイメージを持っている人が多い。でも、ディベートは本来、ひとつの立場に立って、相手の意見を聴きながら、論理的に意見を主張することであり、論理的思考力が試されるものだ。このディベートを中学校・高校の授業に積極的に導入すべきと私は思う。中学生は、社会への興味も広がり、自分なりにいろいろ考える機会が増える年ごろだ。そのころから訓練することが大切だ。

また、グローバル化社会のコミュニケーションツールとして英語は外せない。望むか望まないかは別として、英語が事実上の世界標準語となっていることに異論はないと思う。英語を習得している方が、より多くの人と円滑に交流ができ、グローバル化社会で活躍の場が広がることは間違いない。

高校ぐらいから、英語で授業を行う学校を増やすというのも効果的だ。いま現在も学習指導要領によらずに学校教育を行える教育課程特例校制度というものがあって、これを使って英語での授業を行う高校が少数ながらあるそうだ。このような学校を少しずつ増やし、その高校では、併せて1年の海外留学を生徒に義務づけるようにする。生徒は、早めに異文化を知ることができ、また英語の習得にも有効であり、一石二鳥の取り組みとなるはずだ。

でも、英語が重要だからと言って、国語がおろそかになっては本末転倒だ。国語はわが国の風土や慣習、そして長い歴史の中で形づくられてきたもので、わが国のその歴史と文化を日本人に連綿と伝えてきた重要なツールだ。ある意味、日本の文化そのものであり、日本人のアイデンティティを支えるものなんだ。だから、英語教育には国語教育とのバランスが常に求められるべきだ。

グローバル化の中で大切な力

グローバル化社会で活躍できる人材とは、周囲の人々を巻き込みながら、自ら課題を見つけ、その解決方法を見出し、それを実行できる力を持つ人間であろう。すなわち「課題発見力」「課題解決力」「実行力」の３つを兼ね備えた人材だ。

グローバル化とＩＴは今後さらに進展する。移動手段も発達して、国際的な人的交流がそこかしこで日常化し、タイムラグなく世界とつながることが可能になるだろう。ただ、具体的に

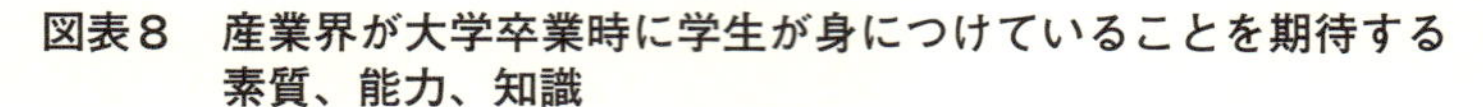

図表８　産業界が大学卒業時に学生が身につけていることを期待する素質、能力、知識

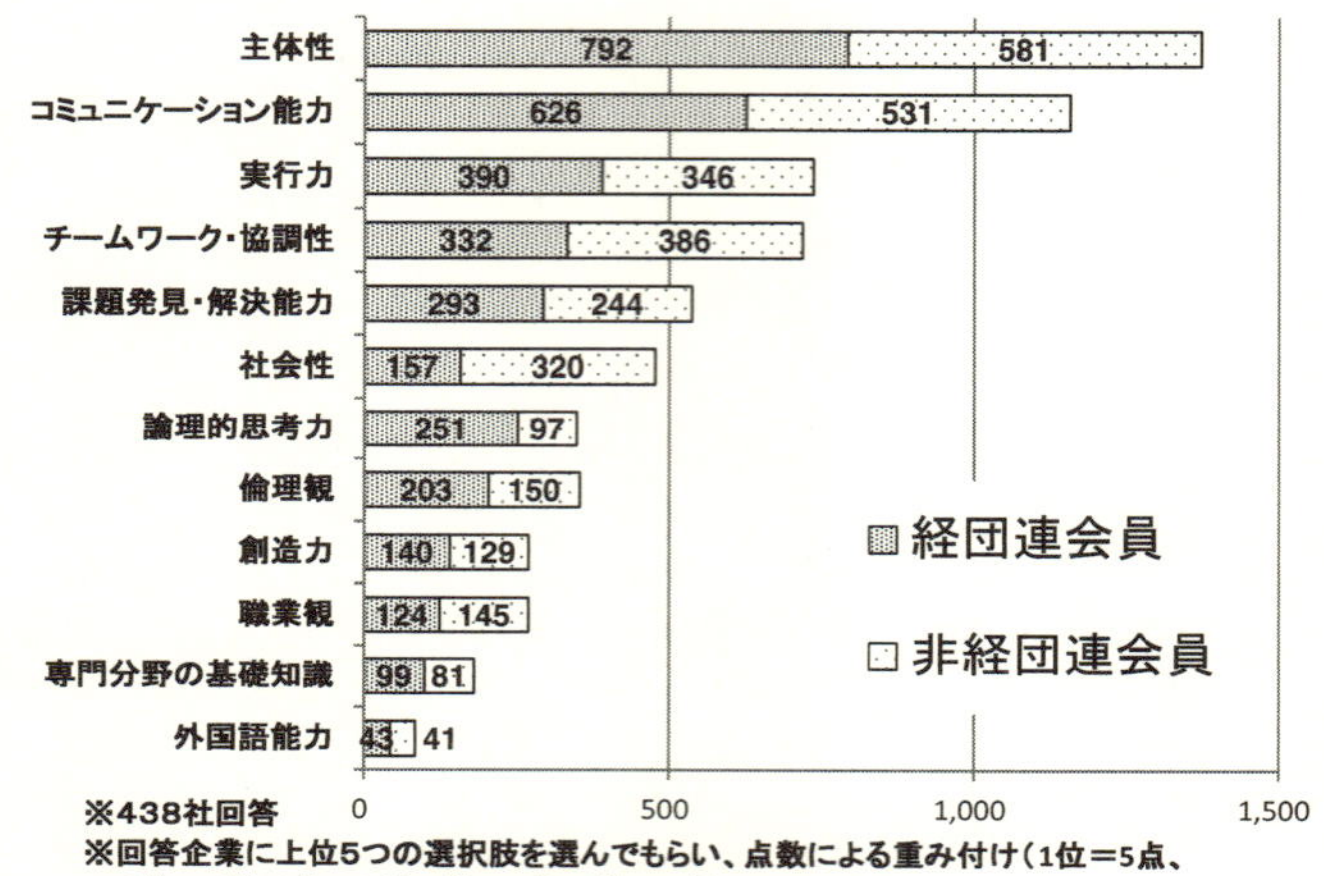

出典：グローバル人材の育成・活用に向けて求められる取り組みに関するアンケート結果（平成27年３月一般社団法人 日本経済団体連合会）

どのような社会が到来するのかを正確に見通すことは難しい。異なる文化を持つ人たちの頻繁な交流が新しい文化の創造に寄与する可能性は高いが、価値観の衝突によりさまざまな課題が生じるとも想像できる。課題はごく身近なものだけではなく、環境問題、エネルギー問題などのように、離れた場所で発生していても自国に影響があるものまで、多様なものが生じてくるだろう。

　未来を見通せないなかで、課題解決のための知識や経験の全てを、次世代を担う子どもや若者たちに教えるのはとても難しい。それは何を教えておくのかが明確にならないからだ。

だから若い世代には、どのような社会が到来しようと、その都度何が必要なのかを考え、新しい知識を学び経験を積み、新しい社会に適合する、そして社会を変えていく力を身につけてほしいと願う。グローバル化社会で生じる課題は、他人任せでは解決しない。課題に関わるすべての当事者が対話して問題を共有し、具体的な解決策を全員で探る必要があり、全員でそれを実行することが大切だ。自らが動かないと、役割を果たさない人間と見なされ、信用を失墜する。

若い世代にはアクティブラーニングが重要だと思う。すでに学校教育でも取り入れられつつあるが、アクティブラーニングは、教師の話を聞くという受け身の学習姿勢を見直し、自分の考えをまとめ、発言し、討論しあうなど、積極的な学習姿勢の育成を目指すもので、近年注目される教育方法だ。課題解決のために前向きに学習する姿勢を培ううえで、非常に有効だと思われる。学習する意欲、姿勢は、課題発見力、解決力、実行力の基礎だ。優れたアクティブラーニングの取り組み内容を全学校で共有化するなど、その質的向上を図る取り組みが期待される。

本当にこれだけでいいの？

世界の中の日本人、グローバル化のまっただ中にいる日本人を考えるとき、思い出す出来事がある。

それは、2014年のサッカーワールドカップでの日本人サポーターの行動だ。日本がコートジボワールとの試合に敗れた後、彼らは意気消沈しながらも周囲に落ちていたゴミをビニール袋に集めてその場を立ち去ったという話。この日本人の礼儀正しさが各国メディアで取り上げられた。同じように、東日本大震災のときも、日本国民がこの歴史的な災害の中でも冷静さを保ち、略奪や暴動を起こさず、相互に助けあい、秩序ある行動をとったことが、世界から称賛を受けた。

私は、これらの日本人の行動を誇らしく感じる一方で、この行動がどこから来るものなのか、そもそもこれは日本人特有の行動なのか、と考えないわけにはいかなかった。もしかして、このような日本人の行動こそが、グローバル化が進展する環境のなかでは、もっとも必要なのではないか？

キミはひとりで生きていない

ワールドカップや東日本大震災での日本人の行動はどこからくるのだろう。私は、日本人の道徳心が大きく影響していると思っている。

道徳とは、「自分がどのように生きるべきか考えるものであると同時に、人が互いに尊重し合い、力を合わせて社会を形づくっていくうえで求められるルール・マナー、それらを身につけるためのもの」と言われている。ゴミを持ち帰ったり、危機に瀕しても秩序だった行動をすることは、日本人らしいルールでありマナーだと思われる。そして、道徳というと毛嫌いする人も多いけど、やっぱり大切なんだと思う。

キミがいま、こうして一人前の社会人として活躍できているのは、もちろんキミの努力があってのものだ。でも、キミ一人の力で生きてこれたわけではなく、両親はもとより近隣住人、学校の先生、友人たちに支えてもらったのだと思う。さらには、毎日の暮らしに不可欠な生活インフラをはじめ日々の衣食住すべてにおいて、さまざまな人が関わりあってこの社会は成り立っている。あまりに自明すぎて、普段何の気にも留めていないことだが、こう考えていくと、キミも自分と社会や地域の関わりについてもっと知ることが大切だと思うだろう。

逆にキミは、社会の一員として何ができるだろうか。キミは地域や社会に対して、どんな役割を果たしているだろう。自分は周りの人に支えられて生きていることを知り、そして自分も周りの人のために行動する。これがまさに道徳心であり、この道徳心を持っているからこそ、これからも日本人は、世界から称賛されることができると私は思っている。

コラム●サービスラーニングによる公共心の醸成

昨今、社会と個人との関係について考える機会を与える「サービスラーニング」という教育手法が注目されている。私は、愛知県知多半島にある日本福祉大学・原田正樹教授を訪ね、大学教育における「サービスラーニング」の意義、取り組み内容などについて話を伺ってきた。

「サービスラーニング」は、1980年代からアメリカで始まった教育活動のひとつで、「社会活動を通して市民性を育む学習」のことを言う。「ボランティア」との違いがわかりにくいと思う人もいるだろう。ボランティアは本人の主体性、自発性を重んじるものであり、義務でやらされたりするものではない。それゆえ、「ボランティアをしない自由」も存在する。

一方で、「サービスラーニング」は、自らの生活が地域社会とのかかわりの上に成り立っていることを理解し、そのうえで、逆に、「自分が地域社会の一員として役割を果たしていこう、地域社会の一員としてこんなことをしていく責任があるのではないか」ということを考え実践する学びの場であり、教育プログラムなのだ。

同大学では、社会福祉学科２年生のカリキュラムとして「サービスラーニング」を取り入れており、学生が地域のニーズに応えるＮＰＯの活動に参加し、多くの人々と関わることで、市民性を育むことができるカリキュラムとなっている。大学がある知多半島は、全国的にもＮＰＯ活動が盛んな地域であり、知多半島型福祉モデル「まちづくり型福祉」として注目されている。そこで、市民活動の中間支援組織であるＮＰＯ法人「地域福祉サポートちた」をパートナーに多数のＮＰＯとの協働を実現、大学とＮＰＯがパートナーシップを発揮しながらプログラムを開発している。

実際に授業を体験した学生に話を聞くと、彼女は「地域の中で必要とされている支援とは何か考えるいい機会となった。私自身は高齢者介護施設の支援を行い、さまざまな人々と触れ合ったことで、世代間の交流がもっと必要だと感じた。この経験を生かし、卒業後は地元地域の活性化に貢献したい」と、目を輝かせながら語った。

日本福祉大学にて原田正樹教授、学生の皆さんと

日本人を意識するということ

日本の〝国〟と言っても、その存在が当たり前過ぎて、正直言ってあまりピンとこないかもしれない。しかし、私たちの身の回りには、道路や河川の整備、社会保障、学校教育、治安の確保……挙げれば切りがないほど国がかかわっていて、そこには私たちが納めた税金が投入されている。新聞やテレビのニュースでは毎日、経済政策や外交、防衛政策など、国が進める仕事がたくさん報道されている。

こう意識してみると、キミや私が普段の生活を営むことができるのは、日本国があってのことだということがわかる。私たちが受けてきた学校教育の内容や、普段馴染んでいる制度や仕組みは日本独自のもので、万国共通のものではない。だから、こうしたもろもろは日本国の存在が前提となっていて、私たちが普段使っている日本人という言葉は、実は日本国民と同じ意味だと考えることができる。

ここで、衆議院議員総選挙の投票率の推移を見ると（図表9）、年々投票率が低下していることがよくわかる。どうも国と自分とは関係がないと考える人たちが増えていることを示しているようだ。

第1章で話したように、キミは国の借金がいまや838兆円にも上ることや、税金から拠出

図表９　衆議院議員総選挙（大選挙区・中選挙区・小選挙区）における投票率の推移

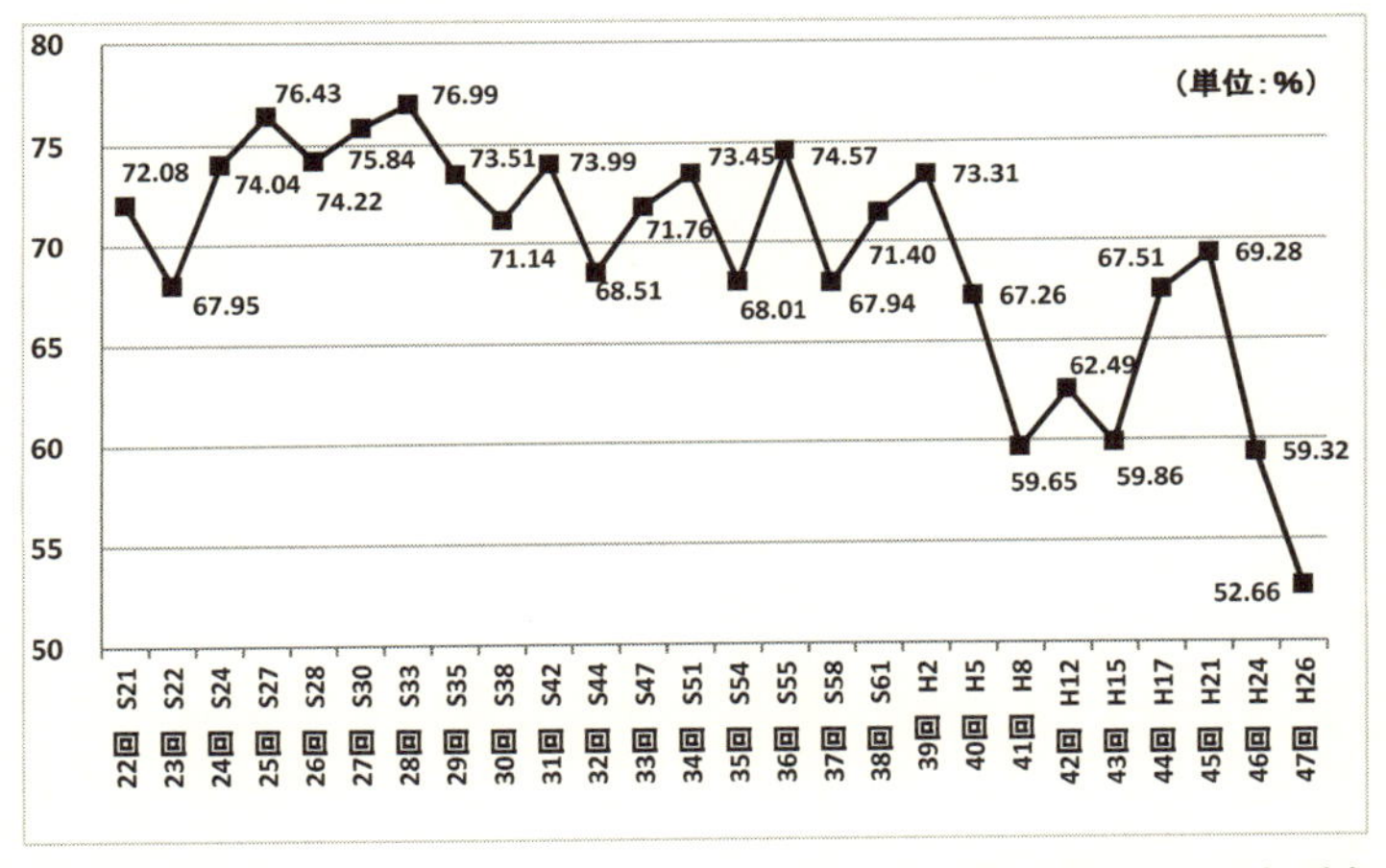

出典：総務省ホームページ（http://www.soumu.go.jp/）国政選挙における投票率の推移を加工して作成

される生活保護の不正受給について、大変なことだと感じたり、怒りを覚えたりはするけど、どこか他人事のように感じていないか。国の借金が増えることには頓着せず、自分に不利益なことばかりを徹底的に反対し、権利を強く主張する人間が周囲に増えている気がしないか。

この問題は結局のところ、私たちの主権者・納税者としての当事者意識、つまり国民としての意識や自覚という問題に行き着くような気がしている。おそらく戦後日本が置き去りにしてきた問題だ。

グローバル化が進めば、たしかに国境を越えてヒト・モノ・カネ・情報の往来が盛んになる。しかし、ここ数年の世界の動きを見ても、ロシアによるクリミア併合、ウクライナ東部への支援や中国による南シナ海、東シナ海での活動に代表されるように「国」を背景にした紛争やトラブルは多い。また、イギリスが国民投票によって、EUから離脱するという結果になったけど、これもまた「国」のあり方に関するひとつの動きと言ってい い。グローバル化した世界であっても、「国」の存在は依然として大きいし、グローバル化するほど、「自分は何者か」というアイデンティティを求める動きが強まると、私は考えている。グローバル化すればするほど、嫌でも「国」を意識するようになるんだと思う。

日本に住んでいる以上、常に「日本人」であることを意識し、そして誇りを持って欲しいと思う。諸外国でも自国に誇りを持たせるためにさまざまな取り組みを行っている。アメリカの公立小中学校は、毎日朝礼時、国旗である星条旗に向かって右手を左胸に当てて、忠誠の誓いを唱えることになっているし、シンガポールでは、「国民教育」を1997年から始めていて、国家と社会を愛する人格の優れた国民を育てるために、道徳、社会科のほか奉仕活動なども取り入れている。しばしば議論になる徴兵制度は、依然としてスイスやオーストリアの永世中立国やノルウェー、スウェーデン、フィンランド、デンマークなどで維持されてはいるが、その様子はだいぶ変わってきた。現在では装備の高度化により、軍隊はより専門的な教育を受けた者を必要とするようになってきていて、多くの国々では兵役義務と並び、病院、社会福祉、環

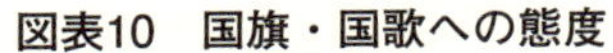
図表10　国旗・国歌への態度

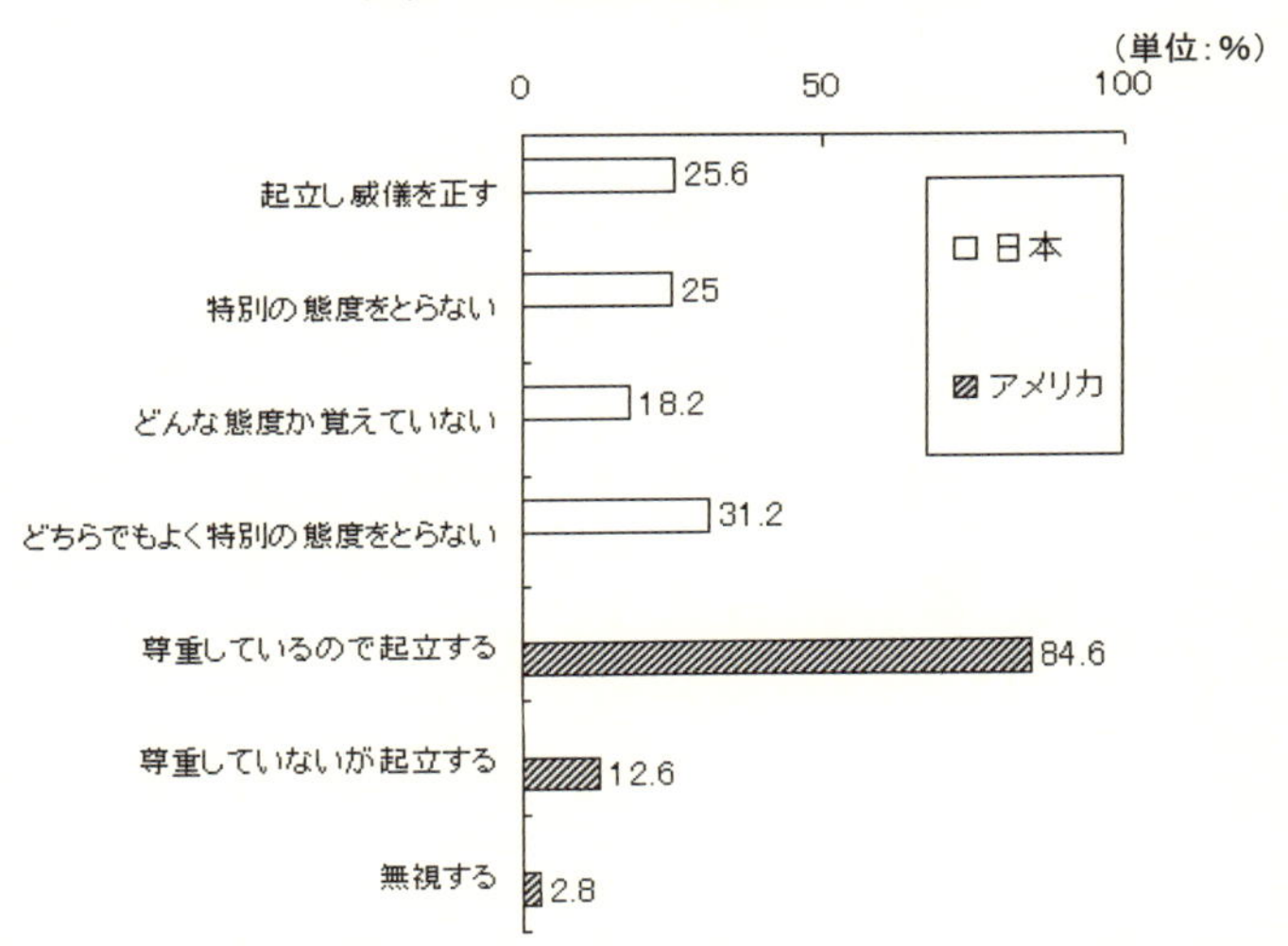

出典：「国旗・国歌に対する意識と態度調査報告書」（財）日本青少年研究所 1989年9月）

境保護などの公的業務に従事させることで、国への参加を義務づけるようになっている。

日本でも国民としての自覚を高めるべく、こうした取り組みを考える必要があるかもしれない。こういうことを言うと、すぐに戦前日本の復活だと主張する人がいるが、冷静に考えてみれば、日本は民主主義国であり、これらの施策を行っている国々も別に軍国主義国家でも全体主義国家でもない。自信をもって、私たちが日本国民としての自覚を持つための方策を考えていいと思う。

私はその第一歩として、日本の国旗である日の丸と国歌である君が代を尊重することから始めるのがいいのではないかと考えている。国旗や国歌こそ国の歴史や文化を象徴するものだからである。

私が大学生だったころ、日米両国の高校生に対し、自国の国旗や国歌に対する態度をアンケートした調査結果がある（図表10）。残念ながら、その結果が大きく違っていて驚いた。と同時に、「ここから変えていこう」とも思った。

と言ってもそんなに難しい話ではなく、国旗が掲揚されるときには起立し正対すること。国歌が吹奏される際は大きな声で歌うことだ。これを私たちから日本社会に広めていこう。キミもオリンピックなどで日の丸が掲揚されるとき、君が代が吹奏されるときに胸が熱くなったことはあるだろう。

コラム●転機を迎える道徳教育

「修身科」という言葉がある。戦前の学校では、道徳は修身科という教科として教えられていた（太平洋戦争中は「国民科」）。そして、明治時代中盤以降、修身科で教えられる内容として最も大事にされたのが、「教育勅語（教育ニ関スル勅語）」というものだった。教育勅語には、「博愛」や「公益」など、臣民（天皇からみた国民）が守るべきことが示されていた。

敗戦を機に修身科は廃止され、教育勅語もまた効力を失う。この修身科や教育勅語が、日本を戦争への道へと進めた元凶のように扱われたんだ。その代わりに「社会科」が新設されるものの、道徳教育としては実質的に空白の期間が生じることになってしまう。

その後1958年になって、小学校、中学校に「道徳の時間」が設置され、道徳教育は復活する。でも多くの学校教育現場においては、戦前の「修身科」で教えられた内容が不幸な戦争を引き起こしたという思いがまだまだ強かった。だから道徳の時間を導入した後も長らく、道徳教育そのものを避け、もしくは軽視する風潮が色濃く残っていった。深刻な少年事件やいじめ問題が起こるたびに道徳の重要性が叫ばれ、中央教育審議会をはじめとした政府の会議において道徳教育のあり方が議論され、改善の努力がなされてきたけど、いまだ道徳教育の目的が十分果たされているとは言えない。

ようやくここにきて、道徳教育は大きな転機を迎えている。2006年の教育基本法改正を踏まえ、2015年、学習指導要領が改正され、これまでの「道徳の時間」が「特別の教科　道徳」

道徳教育用教材『私たちの道徳』

出典：文部科学省ホームページ（http://www.mext.go.jp/）より

として新たに位置づけられることが決まったからだ。これにより小学校は2018年度、中学校は2019年度から、これまでのような任意の教材（『私たちの道徳』など）ではなく、検定教科書を用いて、年間35時間の道徳の授業が確実に実施されることになる。

キミが子どものころに配られていた文部科学省作成の『心のノート』は、じつは副教材という扱いだった。道徳は数値による評価がなじまないなど、他の教科にはない面があるため「特別の教科」という新たな位置づけにはなったけれど、戦後約70年を経て、国語や算数と同じ「教科」として、いわば〝一人前に〟扱われることになった。

とはいえ、これですべてが解決というわけではない。形式ばったものとなりやすい道徳の授業を、問題解決的な学習や体験的な学習などを取り入れ、指導方法を工夫することなどにより、子どもたちが生き生きと学べる授業に変えていくこと、その取り組みはこれからがいよいよ本番だ。

これからの日本人

本章の最初に話したように、日本人には「和」「受」「究」で特徴づけられる「日本人らしさ」の土台があり、それが時代の社会環境によって、良い面が発現したり、悪い面が発現したりする。今後、「日本人らしさ」の良い面が出るためにはどんなことをすべきか。

私は「和」「受」「究」の土台をもった「日本人らしさ」に誇りを持つ。その土台ゆえに悪い面が出て、世界から信頼されないようになって欲しくない。

もう一度、土台に戻ろう。日本人は何かをいっしょに取り組むことが得意であるし、どんな環境も受け入れる素養がある。またとことんまで突き詰めることを惜しまない。そんな日本人なら、きっとどんな環境変化にも対応できるはずだ。

海外に行って「あなたはどこの国の人ですか？」と聞かれたとき胸を張って、

「日本人です！　私の国の人々は自然を大切にし、伝統を重んじ、とても穏やかで、常に協力し合う気持ちを持っています。私はそんな日本、日本人が大好きです。あなたの国も素晴らしい文化がたくさんあり、素敵なところですね」

と、自然にコミュニケーションが取れるようになれば嬉しい。

これからの日本、そして日本人についていっしょに考え、行動しよう。そして共に汗を流そう！

終章

2040年夏

2040年8月、都内某社会議室

「それでは、ご起立願います。塾是唱和。……流汗悟道！」

「流汗悟道！」

「実践躬行！」

「実践躬行！」

いや、これが「塾是唱和」か。二重さんにも、「キミもさぁ、本気出せよ。流汗悟道！」ってしょっちゅう言われていたな。

何を言ってんだ、この人と思っていたけど、これだったんだなぁ。

今日はフォーラム21梅下村塾53期・54期の交流会。これまで1年間研鑽を重ねてきた53期の人たちに向かい合う私たち、お互いが初対面の54期の面々は、53期の前向き感溢れる大声での唱和に、一同圧倒される。

2カ月前、私は役員室に呼ばれ、「フォーラム21・梅下村塾に、わが社からの54期の塾生として参加してもらいたい」と言われた。思わず「ばいか……何ですか？」と聞いてしまったが、すぐに入社2年目のころの上司の二重さんを思い出した。二重さんから「日本の未来について話をしないか？」とある日突然声をかけられて、それ以降、朝に夕に2人の時間が合えば、「僕はこう思うんだけど、君はどう思う？」と、地方創生、社会保障、経済、安全保障といった新聞で見るようなタイトルの事柄から、それまで考えてもみなかった日本人らしさというテーマまで、二重さんは滔々と語り、私の考えを求めてきた。二重さんは、29期の塾生だったんだ。あれからもう25年近く経つのか。

２０４０年夏、蝉の鳴き声をＢＧＭに、53期一人ひとりからの54期に対するメッセージを聞きながら、私は二重さんとの会話を思い出していた。

２０１６年夏の「危機感」はいま

二重さんからは「入社2年目のキミにこそ、私が塾で1年間学び、わかったことを伝えたいんだ」と声をかけられた。

「私は塾に参加してから、ふと、大学を出てからの20年間をフルに生きてこなかったんじゃないかって気がしたんだ。いままで毎日、新聞を読んでわかった気になっていた一面や二面、三面の記事の内容も、本当のところは、関係している当事者が何をしているか、何を考えているかという『事実』はわかっていなかったのかもしれないなぁと。

塾でいろいろな本を読み、次から次へといろいろな有識者の話を伺い、過疎化が進む地方にもお邪魔して、それからアメリカ、中国、フィリピン、ヨーロッパ各国にも行き、自分の目と耳で事実を知るうちに、何だか難しそうだとか、それは役人の仕事だとか、俺の仕事は会社で利益を上げればそれで十分なんだと思っていたのは、じつは損してたのかなって思ったよ。もっと早く気づいていれば、自分が住むこの日本をもっと良い国にすることができたんじゃないかと、ちょっと悔しい思いがした。だから、将来この会社を背負っていく人材となり、家庭も持って社会を支える存在になるキミに、参考にしてもらえたら嬉しいなぁと思って」

それ以来、時間を見つけては、二重さんとたくさん話をしたけれど、正直何だかよくわからないことも多かった。でも、二重さんが「この危機感、共有してもらえるかなぁ」と繰り返すから、聞いたことは忘れてはいけないような気がして、時が経っても、二重さんが強調していたことは何となく行く末をフォローしていた。

『健康で75歳まで働こう。そして社会に対して価値を提供して、この国づくりに参画しよう』という議論をしているんだ」と話していた二重さんは、いま71歳だけど、故郷の奈良県吉野町で「地域活性化リーダー」になって、町長の右腕として、地域づくりに取り組んでいる。二重さんは私と同じ部署から異動した後、長く米国に駐在していた。そのときにアクティブラーニングを学んだみたいで、いまはリーダーの仕事のほかに、地域の小中学生を相手に、英語とか比較文化論みたいなことも教えているそうだ。

「子どもたちから『学校のアクティブラーニングの授業よりも楽しい』と人気なんだ」と、

二重さん、とても生き生きしていた。それから、吉野の山に魅せられて山歩きが日課になって、おかげで糖尿病も克服したらしい。そう言えば、二重さんは会社にいたころ、ご両親の介護のために2回休職されたけど、ご家族皆さんでご両親を看取った後に復職された。いまは、介護や育児、ボランティアの休暇制度の取得実績が、仕事の業績同様に評価されるから、私も共働きの妻と協力して、3人の子どもを育ててこられた気がする。

二重さんとは人口減少とIT、とりわけAIの革新で、私たちの仕事や日本経済全体の様子も大きく変わるだろうという話もした。当時に比べていまは、あらゆるものがネットワーク化されているし、AIが私たちの回りに溢れている。家電の機能もずいぶん変わった。工場では、AI技術システムで24時間自動生産、事故もほぼ100%未然に防止できるし、緊急時にはネットワークで遠隔対応だ。その分、うちの社員はセカンドキャリア制度を活用して、別の会社でも働いて、いろいろな経験・視点から新しい商品やサービスを創り出すケースが増えてきた気がする。「日本にはイノベーションの文化がない」なんて言われていた入社当時からは、信じられないことだ。日々わくわくするよ。そういえば、二重さんがこの間送ってくれた奈良県の柿は、AI栽培ロボットがいちばんおいしい時期を判断して収穫したもの。だから品質も一定にコントロールできて、海外市場で飛ぶように売れていると言っていた。ちょうど20年前ごろから官民一体となったインフラ輸出が取り組まれはじめたけど、それも軌道に乗ってきた。やっぱりオールジャパンの力は強い。

オールジャパンでの海外展開といえば、いまや日本の防衛産業は世界の平和と安定に大きく貢献していると高く評価されている。二重さんからは、当時の安倍政権が制定した平和安全法制について本当にていねいに教えてもらったけれど、その時世間では、戦争反対とか憲法違反とか、なんだか感情にまかせた議論しか行われていなかった気がする。それを思い出すと、いまの日本の国際社会での立ち位置は隔世の感がある。

当時は、国際社会で行われている安全保障に関する議論や、安全保障において日本がどういう立場を担うべきかといった議論を冷静に取り上げることは難しく、国民自身の問題として扱われていなかった。しかし当時の安保法制がきっかけとなって、テレビや新聞もただ批判するだけとか、一方的に決めつけるような情報発信ではなく、深い取材のうえでさまざまな主張を提示するようになり、結果として国民にしっかり考えさせるような報道を行うようになったと思う。そう言えば、今朝の新聞には日米韓豪安全保障会議の結果と、インドやＡＳＥＡＮとの協力分野の拡大の記事が載っていたな。

2020年の東京オリンピック・パラリンピックがきっかけだったかもしれないが、いろいろな標識や案内板には、最低限、日英中の言語表示は必ずあるし、私が20代のころの「グローバル化」の比ではなく、日本にいながらさまざまな国のことを意識するようになっている。そうなればなるほど、二重さんに「日本人は、『和』『受』『究』で特徴づけられる『日本人らしさ』が表出する『日本人らしさ』の土台がある。この土台の上に、時代や環境に応じて変化する『日本人らしさ』が表出するんだ」と何度も言われたことを思い出す。

いつの時代も「国づくりは人づくり」だと思うが、私の子どもが学校で受けている教育は、私の時代とは大違いだ。学校の先生だけでなく地域の皆さん、有名な大学の先生からもいろいろな授業を受けていたり、ディベートやサービスラーニングの授業もあるらしい。そんな様子を土曜学級で積極的に公開してくれるから、私も子どもの学びがよくわかるし、何より私まで新たに気づかされることがたくさんある。

近現代史に関する知識は、もしかしたら子どもたちの方が私よりも詳しいかもしれない。海外勤務をしていたときは、日本の歴史や伝統文化についてあまりに知識がなくて、同僚との雑談が盛り上がらず、わが身を恥じたけど、子どもたちはそういう苦労をしないで済みそうだ。今晩も、テレビで能と茶道と禅寺の番組を見るんだと言っていた。いちばん上の高校生は今度留学するから、テレビを見るのも真剣だよ。

日本の未来を話そう！

「このままじゃ、日本は２０５０年には滅びてるかもしれないな」と二重さんは言っていた。どうしちゃったの二重さんって思ったけれど、２０５０年まであと10年。多分、いまの日本なら滅びるなんてことはない。

人間社会は「生き物」だ。刻一刻と変化し続ける情勢に適した社会の姿になるように、今日も、社会のさまざまなシステムについて国会で議論されている。いまこの一瞬は負担を強いられることになる政策でも、政策を採った場合の成果と採らなかった場合のワーストシナリオとが、国会中継や新聞・テレビのマスメディア、ネットの報道でもきちんと説明され、私たち一人ひとりが考えることができるようになっている。私の学生時代はそんな感じじゃなかったな。

選挙でも、国民がしっかり判断をするようになってきていると思う。二重さんといっしょに働いていたころ、『国』というのは誰かがつくってくれるものじゃないんだ。国づくりができるのは、自分たち自身、私たち国民一人ひとりなんだ」と二重さんから言われた。お酒に酔ってもいないのに何でこの人、こんな青臭いこと言うのだろうと思ったけど、なんかあの勢いに負けて、私も選挙には必ず行くようになった。

選挙の度に、マニフェストとか街頭演説とか、一瞬「そんな政策はイヤだよ」と思う話がどんどん出てきたけれど、でもその政策の方が、何年か後には日本人がいっそう幸せに生活できる社会を実現すると訴える論拠もわかりやすく示されて、その政策を選択したらやっぱり良かったということもたくさん経験した。

このいろいろな変化を後押ししたのは「見える化」という言葉だったかもしれない。いまや「見える化」は社会のどの分野でも当たり前の言葉になっている。ネットワーク化の進展もあって、いつでもどこにでも情報は溢れているし、一方でわかりやすい情報開示もしやすくなった。政府の情報発信も、国家財政事情、国際情勢など、どの分野でも私が学生時代とは雲泥の差のわかりやすさだ。情報の海の中から正しい情報を選択する私たちのリテラシーも高くなったと思う。情報を選び抜くこと、よく考えること。この好循環でとにかく私たち一人ひとりが社会のさまざまな問題を「自分ごと化」するようになったように思う。

日本のことをちゃんと考える。そんな国民が切り拓く日本の将来は、大丈夫なんじゃないか。「キミたちは『ゆとり世代』と言われるかもしれないけど、フォーラム21で勉強してから、私たちこそじつは『ゆとり』世代だったのかもしれないなと感じたよ」と二重さんが話したことがあった。いや、二重さんは僕たちの世代とは違います、と言おうとしたら、二重さんはこう続けた。

「私たちは、入社して間もなくバブル崩壊で一気にビジネスが厳しくなって、自分の親のように生涯同じ会社で働ける保障もなくなって、なんで自分たちがって思ったりもしたけど、それでも社会に出るまで、なんでも右肩上がり、明日は今日より必ず幸せって思って育ってきたから、経済社会の状況が厳しい環境になっても、それがわかってなかったんだろうな。まさに、『ゆでガエル』だな」

2040年、私たちが「ゆでガエル」になることはない。私たちは日本の現実をしっかり見つめている。安心して心豊かに暮らせる日本を私たちの子や孫の世代に残すためにどうすればいいかが、私たちの判断基準だ。

もっともっと私たち国民一人ひとりが日本人であることを幸せに、誇りに思えるように。諸外国からは「日本は信頼できるパートナーだ」と外交・経済関係の強化につながるように。いま、日本で何が起こっているのか、世界の中で日本はどのような立場にあるのか、そして私たちは何をすべきなのか、自分の目で見て耳で聞き、自分の足で各所を歩き、事実を知り、そして、自分の頭で考えて行動していこうと思う。

汗をかき、行動する。あ、これがさっきの「流汗悟道」、「実践躬行」なのか。やっぱり昔から語り継がれる言葉は、いつの時代にも通じるものがあるんだな。まだまだ私たち日本人にできることはたくさんある。まだまだ。

さて、明日出勤したら、いつも元気よく挨拶してくれるあの彼に声をかけてみようかな。入社2年目だったな、たしか。

「最近調子はどう？　だいぶこの仕事にも慣れてきたようだね。今日は仕事の話じゃないんだ。いっしょに日本の未来について話をしないか？」

出版に寄せて

私は日本の未来を憂い、次代のリーダーが必要との強い信念のもと、このフォーラム21・梅下村塾を１９８７年に立ち上げ、今年で29年目になる。一期一年の期間で参加する研修生――経団連、経済同友会を構成するような日本の主要な企業ならびに官庁から選抜された幹部候補生たちは、この29期生を含めると９５０名に達した。

この国のあり方を真剣に考え、これからの日本をあるべき方向へ導く、リーダーの育成を目的とした設立当初の思いは、いまも変わらない。ただ、この30年の間で、日本の置かれている環境はますます厳しい状況になった。少子高齢化の進展は、生産年齢人口の減少や経済成長の鈍化を招き、地方から都市への人の移動は、大都市の育児や介護といった問題を生むだけでなく地方の衰退を加速させている。さらに、世界に目を転じると、情報化・交通・物流といったテクノロジーの進化が、世界中の距離と時間を限りなく短くし、国家間の結びつきが強まり、いまではどの国も単独では自国を守ることはできなくなってきている。良好な外交関係を築くためには、強い国力と厚い信頼関係の構築が必要である。しかし、いまや日本に対する海外からの評価は決して高くない。

このような国家間の新たな課題を踏まえ、主要国の在京外交官との人的交流を深めるために、私は昨年「国際フォーラム」を立ち上げ、すでに3回の全体会合と個別のミーティングを開催している。ミドル層同士として相互理解を深め、友情を育みつつ、今後の日本および国際関係のあり方について忌憚のない議論をし、厚い信頼のネットワークを築くことが、お互いのため、世界のためにかけがえのない財産になるとの思いである。こうした交流の場を積み重ねていくことが、やがて大きな力となるであろう。

また、情報化の進展にともなう新たなサイバーテロといった問題や、ISに見られるような宗教的な思想に基づく無差別の殺傑行為などの脅威にも、日本はまだまだ十分に対応できているとは言いがたい。今年は、G7伊勢志摩サミット2016において「G7テロ・暴力的過激主義対策行動計画」が合意された。テロへの対応も注目されるなか、サミット前の5月上旬に、フォーラム21現役生による「テロ対策の強化に関する緊急提言」も行った。

そして、この2016年夏、塾生が集い、学び、交流する場をつくるという私の永年の夢を実現した。「梅花道場」と命名した本道場は、塾生が議論や勉強ができる研修室ばかりでなく、梅下村塾一期生からのレポートや写真等が詰まった資料室や本格的なお茶室も有している。梅

激しい議論が繰り広げられる
木の香あふれる研修室

内なる自分に静かに
向き合うお茶室

2016年オープン「梅花道場」

下村塾の目指す理念と精神をしっかりと受け継いでいってもらいたい。そして、リーダーとして、日本のために貢献して欲しい。私の切なる願いである。

国の資源配分はいまだ高齢者に偏っており、少子高齢化による社会保障費の増大は、国の借金を膨れ上がらせ、いつ破綻するともわからない。「若い世代の育成を」「次の世代にツケを残すな」とかけ声は大きくても巨額の財政赤字は解決の糸口も見られず、現実は放置されたままである。なぜ、日本のリーダーたちはそれらの課題に対処できないのか。私の憂いは30年前と変わらず、ますます、危機的な状況は増すばかりである。

戦後の復興、高度経済成長を牽引したころの、がむしゃらに国のために働いた時代を経て、現在の日本は、どうも自分だけよければいいという利己主義で身勝手な人たちが増えたように思える。戦後、民主主義と自由を得た日本ではあるが、自己の権利だけを主張し、義務を負わない利己主義が蔓延した未成熟な国民意識のままでは、本来理想とする民主主義を正しく機能させることはできない。

国民の感情で国の方向を決定させてはいけない。正しい情報を提供し、国家にとって正しい判断を導くのは、リーダーたちの責任である。憲法問題についても目を背けてはいけない。国際情勢に照らして考えれば、憲法改正を否定する理由はないのである。「平和、平和」と呪文のように唱えても、戦争はなくならない。どうすれば、あのような決して起こしてはならない戦争というものを防ぐことができるのか、それを考えるのがリーダーであり、それを国民の総意となるよう導くのもリーダーの役割である。

これからの日本に輝ける未来をつくり出すためにも、現代に生きるリーダーたちの責任は重大である。世界の情勢を機敏に察知し、日本の魅力を最大限に高め、日本が世界において、確たる地位を築き、大いに責任を果たさなければならない。一見とても恵まれたように見えるいまの日本の在り方を議論し続けてほしい。そしてその議論から得た誤魔化しのない本来の姿へ日本が向かうよう実践に移さなければならない。そのためにも日本のあるべき姿を描き、日本が進むべき道を指し示さなければならない。そこには、痛みをともなう改革も必要となるだろう。その痛みの必要性を国民全員が共有し、日本の将来に向けて、痛みを受け入れなければならない。

本書のテーマは、そのタイトルどおり、「日本の未来の話をしよう」である。1年の勉強会で得た知識や学びを、入社2年目の部下に語りかけるという手法で、より誰もが理解しやすい形態をとったのだと言う。輝ける日本の未来は、若い世代も含めた全国民が総動員で取り組んで、つくり出さなければならない。それが、この日本を「未来はナシ（未来話）」から「未来ある話」に導くのだ。

一業種一社とした業界を代表する企業ならびに官庁から派遣された29期生42名は、まさに、この1年間全精力を傾け、この国のかたちを議論してきた。これに費やした時間は決して、彼たちのこれからの人生において無駄にはならない。これほどまでに、この国を考え、この国の将来を真剣に議論したことは、彼たちの血となり肉となっている。彼らならきっと周りを巻き込み、このネットワークを生かして変革を起こし、次代のリーダーとしての自覚と責任をもって、これからの日本を変えていってくれるだろう。

一人ひとりの顔が、交わした言葉が、いまも忘れられない。1年前の彼たちにはなかった瞳の奥にある力強い光が物語っている。いま、目の前にいる自信と活力に溢れるその姿を見て、この1年の私の苦労も癒される。

でも、これは始まりでしかない。これからの人生、先を読み、行動することこそがすべてである。

まずは、行動に移すこと、そのための一歩を踏み出してほしい。そして、「何ごともやればできる」のである。

日本の未来は君たちにかかっているのだ。

平成28年10月

フォーラム21　梅下村塾
塾長　梅津昇一

【主要参考文献】

●第1章

『人口蒸発「５０００万人国家」日本の衝撃』日本再建イニシアティブ、新潮社、２０１５年
『財政危機の深層―増税・年金・赤字国債を問う』小黒一正、ＮＨＫ出版、２０１４年
『地域再生の失敗学』飯田泰之・木下斉・川崎一泰・入山章栄・林直樹・熊谷俊人、光文社、２０１６年
『撤退の農村計画―過疎地域からはじまる戦略的再編』林直樹・齋藤晋（編著）、学芸出版社、２０１０年
『地方消滅―東京一極集中が招く人口急減』増田寛也、中央公論新社、２０１４年
『人口減が地方を強くする』藤波匠、日本経済新聞出版社、２０１６年
『農山村は消滅しない』小田切徳美、岩波書店、２０１４年
『行政ビジネス』稲継裕昭、山田賢一、東洋経済新報社、２０１１年
『神山プロジェクト―未来の働き方を実験する』篠原匡、日経ＢＰ社、２０１４年
『生活保障―排除しない社会へ』宮本太郎、岩波書店、２００９年
『医療政策を問いなおす―国民皆保険の将来』島崎謙治、筑摩書房、２０１５年
『分断社会を終わらせる―「だれもが受益者」という財政戦略』井手英策・古市将人・宮崎雅人、筑摩書房、２０１６年
『民主主義〈一九四八-五三〉中学・高校社会科教科書エッセンス復刻版』文部省（著）・西田亮介（編）、幻冬舎、２０１６年
『民主主義のつくり方』宇野重規、筑摩書房、２０１３年
『代議制民主主義―「民意」と「政治家」を問い直す』待鳥聡史、中央公論新社、２０１５年

●第2章

Frey, C. B. and Osborne, M. A, 2013, "The Future of Employment: How Susceptible are Jobs to Computerisation?", OXFORD Univ.（以下のサイトで閲覧が可能：http://www.oxfordmartin.ox.ac.uk/downloads/academic/The_Future_of_Employment.pdf）
『あと20年でなくなる50の仕事』水野操、青春出版社、２０１５年

『AI時代の勝者と敗者―機械に奪われる仕事、生き残る仕事』トーマス・H・ダベンポート/ジュリア・カービー、日経BP社、2016年
『50歳からの「死に方」―残り30年の生き方』弘兼憲史、廣済堂出版、2014年
『混ぜる教育―80カ国の学生が学ぶ立命館アジア太平洋大学APUの秘密』崎谷実穂・柳瀬博一、日経BP社、2016年
『スイスのイノベーション力の秘密―競争力世界一の国に学ぶ』江藤学・岩井晴美、日本貿易振興機構、2015年
『日本型インダストリー4・0』長島聡、日本経済新聞出版社、2015年
『モノ造りでもインターネットでも勝てない日本が、再び世界を驚かせる方法―センサーネット構想』三品和広・センサー研究会、東洋経済新報社、2016年
『大前研一ビジネスジャーナル 2015 №8―アイドルエコノミー 空いているものに隠れたビジネスチャンス』大前研一、good.book編集部、2015年
『日台IoT同盟―第四次産業革命は東アジアで爆発する』李登輝、浜田宏一、講談社、2016年
『農業新時代の技術・技能伝承―ICTによる営農可視化と人材育成』南石晃明・藤井吉隆、農林統計出版、2015年
『TPP時代の稲作経営革新とスマート農業』南石晃明、養賢堂、2016年
『日本農業は世界に勝てる』山下一仁、日本経済新聞出版社、2015年
『新・観光立国論』デービッド・アトキンソン、東洋経済新報社、2015年
『新・観光立国論―モノづくり国家を超えて』寺島実郎・日本総合研究所、NHK出版、2015年
『サイロ・エフェクト―高度専門化社会の罠』ジリアン・テット、文藝春秋、2016年
『拡大する直接投資と日本企業』清田耕造、NTT出版、2015年
『地方創生ビジネスの教科書』増田寛也、文藝春秋、2015年
『CSV経営戦略―本業での高収益と、社会の課題を同時に解決する』名和高司、東洋経済新報社、2015年
『世界一しあわせな国―ブータン人の幸福論』福永正明、徳間書店、2012年
『経済は、人類を幸せにできるのか?―〈ホモ・エコノミクス〉と21世紀世界』ダニエル・コーエン、作品社、2015年

●第3章

『外交青書2015』外務省、日経印刷、2015年

『平成27年版　日本の防衛　防衛白書』防衛省、日経印刷、２０１５年
『東アジア戦略概観２０１５』防衛省防衛研究所、土曜社、２０１５年
『戦略外交原論』兼原信克、日本経済新聞出版社、２０１１年
『南シナ海　中国海洋覇権の野望』ロバート・Ｄ・カプラン、講談社、２０１４年
『安倍官邸ＶＳ．習近平―激化する日中外交戦争』読売新聞政治部、新潮社、２０１５年
『習近平の中国』宮本雄二、新潮社、２０１５年
『Ｃｈｉｎａ　２０４９』マイケル・ピルズベリー、日経ＢＰ社、２０１５年
『中国外交戦略―その根底にあるもの』三船恵美、講談社、２０１６年
『中国の軍事戦略』小原凡司、東洋経済新報社、２０１４年
『米中激突で中国は敗退する―南シナ海での習近平の誤算』長谷川慶太郎・小原凡司、東洋経済新報社、２０１６年
『アメリカにとって同盟とはなにか』日本国際問題研究所（監修）久保文明（編）、中央公論新社、２０１３年
『サイバーセキュリティと国際政治』土屋大洋、千倉書房、２０１５年
『「第5の戦場」サイバー戦の脅威』伊東寛、祥伝社、２０１２年
『防衛装備庁―防衛産業とその将来』森本敏、海竜社、２０１５年
『世界紛争地図』日本経済新聞社（編）、日本経済新聞出版社、２０１３年
『世界から戦争がなくならない本当の理由』池上彰、祥伝社、２０１５年
『憲法　第6版』芦部信喜・高橋和之、岩波書店、２０１５年
『基礎からわかる憲法改正論争』読売新聞政治部、中央公論新社、２０１３年
『憲法改正の論点』西修、文藝春秋、２０１３年

●第４章

『日本の愛国心―序説的考察』佐伯啓思、ＮＴＴ出版、２００８年
『愛国心について』読売新聞社、１９７０年
『現代日本人の意識構造［第八版］』ＮＨＫ放送文化研究所（編）、ＮＨＫ出版、２０１５年
『日本人が世界に誇れる33のこと』ルース・ジャーマン・白石、あさ出版、２０１２年

『やっぱりすごいよ、日本人』ルース・ジャーマン・白石、あさ出版、２０１４年
『「学力」の経済学』中室牧子、ディスカヴァー・トゥエンティワン、２０１５年
『海外に飛び出す前に知っておきたかったこと』小林慎和、ディスカヴァー・トゥエンティワン、２０１６年
『凛とした日本人』金美齢、ＰＨＰ研究所、２０１５年
『菊と刀』ルース・ベネディクト、光文社、２００８年
『文明の衝突』サミュエル・Ｐ・ハンチントン、集英社、１９９８年
『風土―人間学的考察』和辻哲郎、岩波書店、１９７９年
『日本辺境論』内田樹、新潮社、２００９年
『「日本文化論」の変容―戦後日本の文化とアイデンティティー』青木保、中央公論新社、１９９９年
『文明の生態史観』梅棹忠夫、中央公論新社、１９９８年
『17歳のための世界と日本の見方―セイゴオ先生の人間文化講義』松岡正剛、春秋社、２００６年
「日本人が持つ国への愛着とは～ＩＳＳＰ国際比較調査（国への帰属意識）・日本の結果から～」『放送研究と調査』２０１４年５月号、ｐ17

【執筆者一覧】

石崎宏明（文部科学省）、伊藤一秀（本田技研工業）、岩瀬一人（富士ゼロックス）、岩田光則（サントリービール）、牛山百合子（東日本電信電話）、梅基彰史（みずほフィナンシャルグループ）、大友丈晴（ヤマト運輸）、尾見法昭（東レ）、柿花祥太（全日本空輸）、菊川人吾（経済産業省）、越川直毅（オリックス生命）、後藤千尋（イオンリテール）、是川幸士（日本電信電話）、坂越健一（総務省）、佐村俊幸（NTTコミュニケーションズ）、下山貴史（東日本旅客鉄道）、関口祐司（財務省）、瀬戸晴彦（東京電力ホールディングス）、高崎修一（日本生命保険）、田村竜多（三井不動産）、千葉信義（国土交通省）、中田貴士（セコム）、中村康一（三菱重工業）、中村朋宏（日本郵船）、中村暢明（電通）、西経子（農林水産省）、八幡道典（財務省）、平野貴久（ソニーモバイルコミュニケーションズ）、平松孝朗（NTTドコモ）、福元竜哉（読売新聞）、藤澤健（日立製作所）、槇啓（出光興産）、松下剛（三菱商事）、村上由泰（花王）、森谷高行（大日本印刷）、矢田貝泰之（厚生労働省）、谷地秀信（日本アイ・ビー・エム）、山根健嗣（新日鐵住金）、渡邉裕子（資生堂）、ほか3名

（50音順）

＊本書の意見や提言は個人の立場で書かれたものであり、所属する企業や官庁の見解ではありません。

編集後記

本書はフォーラム21・29期生の集大成として、42名全員で執筆した。42名がリレーしながら1冊の本に仕上げることの難しさと、同時に楽しさを感じた編集期間だったように思う。はじめはどうなることかと思ったものだ。なぜならこういったビジネス書の文章に慣れている者もいればそうでない者もいるから。そして何より限られた頁数に書きたいことを厳選しなければならないから。想いは人それぞれである。

リレー形式で執筆するからこそ、統一感を出すために、まずはじめに編集コンセプトなるものを42名全員で議論した。そのためにまずは先輩ＯＢが出版した本を読み比べることから始めた。せっかくなら29期生らしい独自色を出したいとの強い想いがあったからだ。私自身は、少なくともその当初の想いは実現できたのではないかと思っている。それもすべて同期のみんなが力を合わせてくれた結果だ。そういう意味でも、同期のメンバーを心から誇らしく思うし、何よりこの出会いと絆の大切さを教えてくれた梅津塾長には、言葉では言い尽くせないほどに深い感謝の意を捧げたい。

もちろん私たちの取材活動に、多大なるご協力をいただいた多くの皆さまや、ご助言いただいた先生方との出会いがなければこの本はできない。重ねて感謝を申し上げる。

また出版に向けてご尽力いただいた丸善プラネットの戸辺幸美様、有限会社アーカイブの陣内一徳様、お忙しいなか、本書の帯への寄稿を引き受けてくださった小泉進次郎先生、お世話になったすべての方々にも心から感謝を申し上げる。

さて、二重九樹（ふたえきゅうき）の「日本未来話」、皆さんはどう感じられただろうか？　私たちの思う危機感、明るい未来を迎えるための提言の数々、受け止めていただければ幸甚である。そのうえで、ぜひとも忌憚のないご意見・ご感想をお寄せいただきたい。辛口コメント大歓迎。課題解決は対話することから始まるのだから。

さあ、ともにつくろう！　新しい国のカタチを。

平成28年10月

心から愛を込めて

編集長

フォーラム 21・梅下村塾

フォーラム 21 は、日本を牽引する次世代リーダーの交流育成を目的に、1987 年、真藤恒（当時日本電信電話株式会社社長）、小林陽太郎（当時富士ゼロックス株式会社社長）、梅津昇一（当時株式会社ユーエス・コーポレイション社長）の三氏が中心となって設立された異業種交流機関である。1999 年、今井敬氏（当時新日本製鐵株式会社会長・経団連会長）が「平成の松下村塾たれ」との思いでこれに「梅下村塾（ばいかそんじゅく）」と命名した。同塾は、梅津昇一氏が〈塾長〉として主宰し、毎年、主要企業や官庁から推薦を受けた中堅幹部が参加している。一期一年、これまで（1 期～ 29 期）の修了生は 950 名にのぼり、その中から企業社長や事務次官など各界トップを多数輩出、日本を牽引するリーダーたちの巨大なネットワークを形成している。

http://www.forum21.gr.jp/index.html

日本未来話
ともにつくろう！新しい国のカタチ

二〇一六年一〇月三一日　初版発行

著作者　フォーラム21・梅下村塾29期生　©2016

発行所　丸善プラネット株式会社
〒一〇一-〇〇五一
東京都千代田区神田神保町二-一七
電話（〇三）三五一二-八五一六
http://planet.maruzen.co.jp/

発売所　丸善出版株式会社
〒一〇一-〇〇五一
東京都千代田区神田神保町二-一七
電話（〇三）三五一二-三二五六
http://pub.maruzen.co.jp/

編集／有限会社アーカイブ
組版／株式会社明昌堂
印刷・製本／大日本印刷株式会社
ISBN 978-4-86345-309-8 C0036